동영상강의 www.pmg.co.kr

합격을 결정짓는

신정환 필수서

공인중개사법·중개실무 2차

박문각 공인중개사

브랜드만족 1위 박문각

2025

근거자료 별면표기

이 책의 머리말

공인중개사 시험에 합격하신 분들은 모두 공인중개사법령 및 중개실무에서 고득점을 받았다는 공통점이 있습니다. 그러나 공인중개사 시험이 점점 어려워짐에 따라 공인중개사법령 및 중개실무도 갈수록 어렵게 출제되는 추세에 있습니다. 앞으로도 고득점을 받기 위해서는 이전에 합격하신 분들보다 공인중개사법령 및 중개실무에 좀 더 비중을 많이 두어 열심히 공부하셔야 합니다.

공인중개사법령 및 중개실무에서 고득점을 받는 방법은 범위를 넓혀서 공부하는 것이 아니라 시험에서 출제되는 부분을 정확하게 선별하여 반복적으로 정확하게 공부하는 것입니다. 이와 같은 취지에서 공인중개사법령 및 중개실무 필수서 교재는 시험에 출제되는 부분만을 엄선해서 전체 문제를 모두 커버할 수 있도록 기술되었고 꼭 알아야 되는 내용만을 넣었습니다.

01 ㅣ 단원별로 꼭 알아야 하는 이론을 핵심 내용 중심으로 정리하여 빠른 시간 안에 한눈에 정리할 수 있도록 하였으며, 서로 비슷한 내용을 혼동하지 않게 정리할 수 있도록 비교 도표를 많이 첨부하였습니다.

02 ㅣ 공부를 했어도 문제로 접근할 때는 혼동되는 부분이 많이 발생합니다. 따라서 기본 내용을 정확하게 인식시키기 위하여 괄호 넣기로 확인학습란을 만들었습니다.

03 ㅣ 출제경향을 정확하게 분석하여 출제되는 비율에 맞춰서 책의 분량을 정리했고, 한 번이라도 더 반복할 수 있도록 최소한의 내용으로 정리하려고 노력했습니다.

공인중개사법령 및 중개실무를 공부할 때는 두꺼운 책을 한 번 정독하는 것보다는 얇은 책을 여러 번 반복해서 개념을 정확하게 함으로써 출제자가 어떤 형태로 지문을 만들어도 함정에 빠지지 않고 정답을 찾도록 공부하는 것이 중요합니다.

그동안 공인중개사법령 및 중개실무도 시대적 변화에 따라 시험 문제가 점점 변화되어 현재에 이르고 있습니다. 지난 20여 년간 학원에서 강의를 하면서 공인중개사법령 및 중개실무의 실제 시험의 변화 과정을 정확하게 분석하여 본 교재가 만들어졌으므로 이번 제36회 시험은 이 틀 안에서 모두 출제될 것이라고 확신합니다. 본 교재를 통하여 적은 학습량으로 고득점을 받아 모두가 합격의 기쁨을 누리시길 바랍니다.

끝으로 이 교재가 나오기까지 물심양면으로 도와주신 박문각 임직원 여러분의 노고에 감사드립니다.

2025년 2월
저자 신정환

이 책의 구성 및 특징

이론정리

각 단원의 중요내용을 엄선하여 놓치지 않고 공부할 수 있도록 체계적으로 정리·구성하여 단시간 내에 효율적인 학습이 가능하도록 하였습니다.

넓혀보기

본문의 내용과 관련된 내용들로 좀 더 자세히 알아두어야 할 필요가 있는 부분을 쉽고 더 풍부하게 이해할 수 있도록 자세하게 설명하였습니다.

Chapter
05

개업공인중개사의 의무

제1절 **개업공인중개사 등의 기본윤리**

01

법 제29조【개업공인중개사 등의 기본윤리】 ① 개업공인중개사 및 소속공인중개사는 전문직업인으로서 지녀야 할 품위를 유지하고 신의와 성실로써 공정하게 중개 관련 업무를 수행해야 한다.
② 개업공인중개사 등은 이 법 및 다른 법률에 특별한 규정이 있는 경우를 제외하고는 그 업무상 알게 된 비밀을 누설하여서는 아니 된다. 개업공인중개사 등이 그 업무를 떠난 후에도 또한 같다.

1 품위유지의무

개업공인중개사는 전문직업인으로서 의뢰인의 이익을 위해 최선을 다해야 한다.

2 신의와 성실로써 공정하게 중개행위를 수행할 의무

개업공인중개사의 가장 기본적이고 최고의 의무에 해당한다.

3 선량한 관리자의 주의의무

「공인중개사법」에서 명문으로 규정하고 있지 않고, 학설과 판례가 인정하고 있는 개업공인중개사의 의무이다.

판례

개업공인중개사와 중개의뢰인과의 법률관계는 「민법」상의 위임관계와 같으므로 개업공인중개사는 중개의뢰의 본지에 따라 선량한 관리자의 주의로써 의뢰받은 중개업무를 처리하여야 할 의무가 있다(대판 1993.5.11, 92다55350).

넓혀 보기

02

과실의 구분
과실은 부주의의 정도에 따라 경과실과 중과실로 나누어지는데, 일반적으로 과실은 경과실을 의미하며, 중과실을 요건으로 하는 경우에는 특별히 '중대한 과실'이라고 표현한다. 또한 과실은 주의의무의 정도에 따라 추상적 과실과 구체적 과실로 나누어지는데, 추상적 과실은 일반적으로 평균인에게 요구되는 주의로서 선량한 관리자의 주의 또는 선관주의라고 하며, 구체적 과실은 개인차가 인정되는 과실로서 자기재산과 동일한 주의 등으로 표현된다. 일반적으로 과실이라 함은 추상적 경과실을 의미한다.

| 핵심다지기 |

확정일자

1. **의의**: 임대차계약서상의 확정일자란 그 날짜 현재 그 문서가 존재하고 있었다는 사실을 증명하기 위하여 임대차계약서의 여백에 기부(記簿)번호를 기입하고 확정일자인을 찍어 주는 것을 말한다.
2. **확정일자부여기관**: 확정일자는 주택 소재지의 읍·면사무소, 동 주민센터 또는 시(특별시·광역시·특별자치시는 제외하고, 특별자치도는 포함한다)·군·구(자치구를 말한다)의 출장소, 지방법원 및 그 지원과 등기소 또는 「공증인법」에 따른 공증인(이하 이 조에서 "확정일자부여기관"이라 한다)이 부여한다(「주택임대차보호법」 제3조의6 제1항).
3. **확정일자부여기관의 의무**: 확정일자부여기관은 해당 주택의 소재지, 확정일자 부여일, 차임 및 보증금 등을 기재한 확정일자부를 작성해야 한다. 이 경우 전산처리정보조직을 이용할 수 있다(동법 제3조의6 제2항). 주택의 임대차에 이해관계가 있는 자는 확정일자부여기관에 해당 주택의 확정일자 부여일, 차임 및 보증금 등 정보의 제공을 요청할 수 있다. 이 경우 요청을 받은 확정일자부여기관은 정당한 사유 없이 이를 거부할 수 없다(동법 제3조의6 제3항).
4. **임대차 정보제공**: 임대차계약을 체결하려는 자는 임대인의 동의를 받아 확정일자부여기관에 정보제공을 요청할 수 있다(동법 제3조의6 제4항). 또한 확정일자를 부여받거나 정보를 제공받으려는 자는 수수료를 내야 한다(동법 제3조의6 제5항).
5. **확정일자부 기재사항 등**: 확정일자부에 적어야 할 사항, 주택의 임대차에 이해관계가 있는 자의 범위, 확정일자부여기관에 요청할 수 있는 정보의 범위 및 수수료, 그 밖에 확정일자부여사무와 정보제공 등에 필요한 사항은 대통령령 또는 대법원규칙으로 정한다(동법 제3조의6 제6항).

| 판례 |

1. 확정일자를 받은 임대차계약서가 당사자 사이에 체결된 해당 임대차계약에 관한 것으로서 진정하게 작성된 이상, 위와 같이 임대차계약서에 임대차 목적물을 표시하면서 아파트의 명칭과 그 전유 부분의 동·호수의 기재를 누락하였다는 사유만으로 「주택임대차보호법」 제3조의2 제2항에 규정된 확정일자의 요건을 갖추지 못하였다고 볼 수는 없다(대판 1999.6.11, 99다7992).
2. 주택의 임차인이 주택의 인도와 주민등록을 마친 당일 또는 그 이전에 임대차계약증서상에 확정일자를 갖춘 경우 같은 법 제3조의2 제1항에 의한 우선변제권은 같은 법 제3조 제1항에 의한 대항력과 마찬가지로 주택의 인도와 주민등록을 마친 다음 날을 기준으로 발생한다(대판 1999.3.23, 98다46938).

② **효력**: 후순위 물권에 우선

| 판례 |

임대차계약증서에 확정일자를 갖춘 경우에는 부동산담보권에 유사한 권리를 인정한다는 취지이므로, 부동산담보권자보다 선순위의 가압류채권자가 있는 경우에 그 담보권자가 선순위의 가압류채권자와 채권액에 비례한 평등배당을 받을 수 있는 것과 마찬가지로 위 규정에 따라 우선변제권을 갖게 되는 임차보증금채권자도 선순위의 가압류채권자와 평등배당의 관계에 있게 된다(대판 1992.10.13, 92다30597).

③ **범위**: 무제한

이 책의 **차례**

PART 01

공인중개사법령

PART 02

부동산
거래신고 등에
관한 법률

PART
03

중개실무

PART

01

공인중개사법령

1 「공인중개사법」의 목적과 법적 성질

(1) 「공인중개사법」의 목적

> 법 제1조【목적】이 법은 공인중개사의 업무 등에 관한 사항을 정하여 그 전문성을 제고하고 부동산 중개업을 건전하게 육성하여 국민경제에 이바지함을 목적으로 한다.

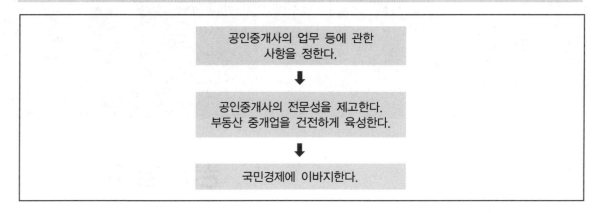

공인중개사의 업무 등에 관한
사항을 정한다.

↓

공인중개사의 전문성을 제고한다.
부동산 중개업을 건전하게 육성한다.

↓

국민경제에 이바지한다.

(2) 「공인중개사법」의 법적 성질

① 공법과 <u>사법</u> - 중간적인 법영역

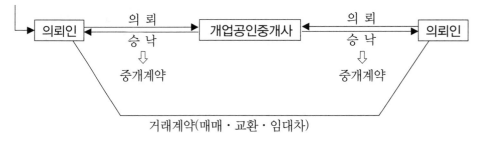

의뢰인 ← 의뢰 / 승낙 → 개업공인중개사 ← 의뢰 / 승낙 → 의뢰인

⇩ 중개계약   ⇩ 중개계약

거래계약(매매·교환·임대차)

② 「민법」과 「상법」에 대한 특별법 ⇔ 부동산 중개에 대하여는 일반법

✦ 법적용 순위

| 「공인중개사법」 | ⇨ | 「상 법」 | ⇨ | 「민 법」 |

③ 국제법과 국내법 − 국내법

2 「공인중개사법 시행령」의 목적

「공인중개사법」 ──위임된 사항, 시행에 필요한 사항──▶ 「공인중개사법 시행령」

3 「공인중개사법 시행규칙」의 목적

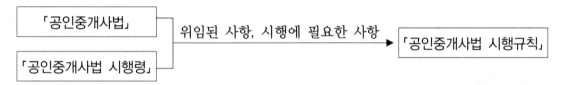

「공인중개사법」
「공인중개사법 시행령」 ──위임된 사항, 시행에 필요한 사항──▶ 「공인중개사법 시행규칙」

◢ 공인중개사법령의 구성

공인중개사법령명	구 성
「공인중개사법」	전 7장 51개 조문과 부칙
「공인중개사법 시행령」	대통령령 전 38개 조문
「공인중개사법 시행규칙」	국토교통부령 전 29개 조문
「공인중개사의 매수신청대리인 등록 등에 관한 규칙 및 예규」	대법원규칙 전 24개 조문과 부칙
지방자치단체 조례	주택의 중개보수 요율과 한도액

제2절 | 용어의 정의

1 공인중개사

(1) 정 의

"공인중개사"라 함은 이 법에 의한 공인중개사자격을 취득한 자를 말한다(법 제2조 제2호).

(2) 유 형

① **공인중개사인 개업공인중개사**: 공인중개사자격을 취득하고 중개사무소 개설등록을 하면 공인중개사인 개업공인중개사가 된다.

② **소속공인중개사**: 공인중개사자격을 취득하고 개업공인중개사에 소속되어 개업공인중개사의 중개업무를 수행하거나 개업공인중개사의 중개업무를 보조하면 소속공인중개사가 된다.

③ **공인중개사**: 공인중개사자격을 취득하면 공인중개사라 한다.

🏳 공인중개사인 개업공인중개사와 소속공인중개사 및 공인중개사

공인중개사인 개업공인중개사	소속공인중개사	공인중개사
자격보유 + 등록	자격보유 + 중개업무 수행 및 보조	자격보유자

2 개업공인중개사

(1) 정 의

"개업공인중개사"라 함은 이 법에 따라 중개사무소의 개설등록을 한 자를 말한다(법 제2조 제4호).

(2) 유 형

① **법인인 개업공인중개사**: 법인을 설립하고 중개사무소 개설등록을 한 자

② **공인중개사인 개업공인중개사**: 공인중개사자격을 가지고 중개사무소 개설등록을 한 자

③ **중개인**(법 부칙 제6조 제2항의 개업공인중개사)

(3) 개업공인중개사의 법적 지위

① 공익적 지위

② 상인으로서의 지위

③ 소속공인중개사

(1) 정 의

"소속공인중개사"라 함은 개업공인중개사에 소속된 공인중개사(개업공인중개사인 법인의 사원 또는 임원으로서 공인중개사인 자를 포함한다)로서 중개업무를 수행하거나 개업공인중개사의 중개업무를 보조하는 자를 말한다(법 제2조 제5호).

(2) 종 류

① 개업공인중개사에 소속된 소속공인중개사

② 개업공인중개사인 법인의 사원 또는 임원인 소속공인중개사

(3) 소속공인중개사의 업무

① **중개업무 수행**: 소속공인중개사는 개업공인중개사의 중개업무를 수행할 수 있다. 소속공인중개사는 거래계약체결을 중개하고 거래계약서를 작성해도 되고, 확인·설명의무를 이행하거나 확인·설명서를 작성할 수 있다.

② **중개업무 보조**: 소속공인중개사는 개업공인중개사의 중개업무를 보조할 수 있으므로 중개대상물에 대한 현장안내 및 일반서무 등 개업공인중개사의 중개업무에 관련된 단순한 업무를 보조할 수 있다.

④ 중개보조원

(1) 정 의

"중개보조원"이라 함은 공인중개사가 아닌 자로서 개업공인중개사에 소속되어 중개대상물에 대한 현장안내 및 일반서무 등 개업공인중개사의 중개업무와 관련된 단순한 업무를 보조하는 자를 말한다(법 제2조 제6호).

(2) 업무범위

① 중개보조원은 소속공인중개사와는 달리 중개업무를 수행할 수 없고 개업공인중개사의 중개업무와 관련된 단순한 업무를 보조하는 역할만을 할 수 있다.

② '보조업무'에 관하여 공인중개사법령은 중개대상물에 대한 현장안내 및 일반서무 등 개업공인중개사의 중개업무에 관련된 단순한 업무라고 규정하고 있다.

③ 중개보조원은 보조업무만 수행할 수 있고 중개행위의 주업무는 개업공인중개사가 직접 하거나 소속공인중개사가 수행해야 한다.

⑤ 중 개

(1) **중개의 의의** : "중개"라 함은 법 제3조에 따른 중개대상물에 대하여 거래당사자 간의 매매·교환·임대차 그 밖의 권리의 득실변경에 관한 행위를 알선하는 것을 말한다(법 제2조 제1호).

　① **중개대상물**(법 제3조)

　　㉠ 토지

　　㉡ 건축물 그 밖의 토지의 정착물

　　㉢ 「입목에 관한 법률」에 의한 입목

　　㉣ 「공장 및 광업재단 저당법」에 의한 공장재단 및 광업재단

　② **거래당사자 간에 매매·교환·임대차 그 밖의 권리의 득실·변경**

　　㉠ 물권행위 : 소유권

　　　　　　　　용익물권 – 지상권, 지역권, 전세권

　　　　　　　　담보물권 – 유치권, 저당권

　　　　　　　　가등기담보권, 환매권

　　㉡ 채권행위 : 일신전속적이 아닌 부동산임차권 등

> **［판례］**
>
> 저당권 등 담보물권을 알선하는 것이 중개에 해당되는지 여부
>
> 「공인중개사법」 제2조 제1호에서 말하는 '그 밖의 권리'에는 저당권 등 담보물권도 포함되고, 따라서 다른 사람의 의뢰에 따라 일정한 보수를 받고 저당권의 설정에 관한 행위의 알선을 업으로 하는 경우에는 같은 법 제2조 제2호가 정의하는 중개업에 해당한다 할 것이고(당원 1991. 6. 25, 91도485 판결 참조), 그와 같은 저당권 설정에 관한 행위의 알선이 금전소비대차의 알선에 부수하여 이루어졌다 하여 달리 볼 것도 아니다(대판 1996.9.24, 96도1641).

> **［판례］**
>
> 부동산 유치권이 중개대상권리에 해당되는지 여부
>
> 유치권도 일신전속적이 아닌 재산권으로서 피담보채권과 목적물의 점유를 함께 이전할 경우 그 이전이 가능하고, 이는 부동산 유치권의 경우도 마찬가지이므로, 결국 부동산 유치권은 부동산중개대상권리가 된다(서울행정법원 2001구860).

　③ **알선하는 것** : 중개를 알선하는 것으로 정의함으로써 중개와 알선을 동일개념으로 사용하고 있다.

⑵ **중개행위의 법적 성질**

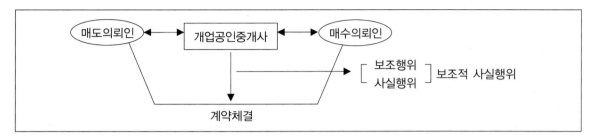

판례

중개행위의 범위

1. 중개행위란 개업공인중개사가 거래의 쌍방 당사자로부터 중개 의뢰를 받은 경우뿐만 아니라 거래의 일방 당사자의 의뢰에 따라 중개대상물의 매매·교환·임대차 기타 권리의 득실·변경에 관한 행위를 알선·중개하는 경우도 포함하는 것이다(대판 1995.9.29, 94다47261).

2. 어떠한 행위가 중개행위에 해당하는지 여부는 거래당사자의 보호에 목적을 둔 법 규정의 취지에 비추어 볼 때 개업공인중개사가 진정으로 거래당사자를 위하여 거래를 알선·중개하려는 의사를 갖고 있었느냐고 하는 개업공인중개사의 주관적 의사에 따라 결정할 것이 아니라 개업공인중개사의 행위를 객관적으로 보아 사회통념상 거래의 알선·중개를 위한 행위라고 인정되는지 여부에 따라 결정해야 한다(대판 2005.10.7, 2005다32197).

6 **중개업**

"중개업"이라 함은 다른 사람의 의뢰에 따라 일정한 보수를 받고 중개를 업으로 행하는 것을 말한다 (법 제2조 제3호).

⑴ **다른 사람의 의뢰**: 중개계약

⑵ **일정한 보수를 받고**: 보수를 받아야만 중개업이 될 수 있고, 보수를 받지 않으면 어떤 경우에도 중개업에 해당되지 않는다. 그러나 보수를 받아야 하는 것이 중개의 요건에 해당되는 것은 아니다.

판례

보수를 약속·요구하는 행위가 중개업에 해당하는지의 여부

중개대상물의 거래당사자들로부터 보수를 현실적으로 받지 아니하고 단지 보수를 받을 것을 약속하거나 거래당사자들에게 보수를 요구하는 데 그친 경우에는 「공인중개사법」 제2조 제3호 소정의 '중개업'에 해당한다고 할 수 없어 같은 법 제38조 제1항 제1호(무등록 중개업)에 의한 처벌대상이 아니다. 또한 중개사무소 개설등록을 하지 아니하고 부동산 거래를 중개하면서 그에 대한 보수를 약속·요구하는 행위를 「공인중개사법」 위반죄로 처벌할 수는 없다(대판 2006.9.22, 2006도4842).

(3) 중개를: 중개란 중개대상물에 대하여 거래당사자 간의 매매 · 교환 · 임대차 그 밖의 권리의 득실 · 변경에 관한 행위를 알선하는 것을 말한다(법 제2조 제1호).

> **판례**
>
> **저당권 등 담보물권을 알선하는 행위가 중개에 해당되는지의 여부**
>
> 「공인중개사법」 제2조 제1호에서 말하는 '그 밖의 권리'에는 저당권 등 담보물권도 포함되고, 따라서 다른 사람의 의뢰에 따라 일정한 보수를 받고 저당권의 설정에 관한 행위의 알선을 업으로 하는 경우에는 같은 법 제2조 제2호가 정의하는 중개업에 해당한다 할 것이고(당원 1991.6.25, 91도485 판결 참조), 그와 같은 저당권 설정에 관한 행위의 알선이 금전소비대차의 알선에 부수하여 이루어졌다 하여 달리 볼 것도 아니다(대판 1996.9.24, 96도1641).

(4) 업: 일반적으로는 불특정다수인을 상대로 계속적 · 반복적으로 영리를 목적으로 하는 것을 의미한다. 그러므로 특정인을 대상으로 한 경우나, 우연히 거래계약체결을 중개한 경우에는 중개업에 해당되지 않는다.

> **판례**
>
> **중개업에서 '업'의 의미**
>
> 「공인중개사법」 제2조 제1호 소정의 '알선 · 중개를 업으로 한다'함은 반복 · 계속하여 영업으로 알선 · 중개를 하는 것을 의미한다고 해석하여야 할 것이므로 알선 · 중개를 업으로 하였는지의 여부는 알선 · 중개행위의 반복 · 계속성 · 영업성 등의 유무와 그 행위의 목적이나 규모 · 횟수 · 기간 · 태양 등 여러 사정을 종합적으로 고려하여 사회통념에 따라 판단하여야 할 것인즉 우연한 기회에 단 1회 건물 전세계약의 중개를 하고 보수를 받은 사실만으로는 알선 · 중개를 업으로 한 것이라고 볼 수 없다(대판 1988.8.9, 88도998).

🔊 중개와 중개업 및 무등록 중개업

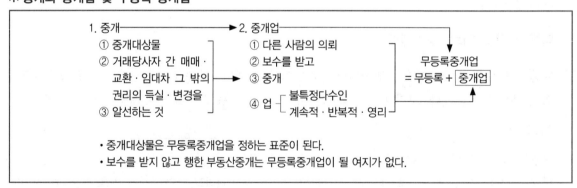

> **판례**
>
> **부동산 컨설팅행위에 부수하여 이루어진 중개행위**
>
> 부동산 중개행위가 부동산 컨설팅행위에 부수하여 이루어졌다고 하여도 「공인중개사법」상 중개업에 해당한다(대판 2007.1.11, 2006도7594).

제**3**절 공인중개사 정책심의위원회

1 공인중개사 정책심의위원회의 의의

다음의 사항을 심의하기 위하여 국토교통부에 공인중개사 정책심의위원회를 둘 수 있다.

> **넓혀 보기**
>
> **공인중개사법령상 공인중개사 정책심의위원회의 심의 · 의결사항**
> 1. 공인중개사의 시험 등 공인중개사의 자격취득에 관한 사항
> 2. 부동산 중개업의 육성에 관한 사항
> 3. 중개보수 변경에 관한 사항
> 4. 손해배상책임의 보장 등에 관한 사항
> 5. 심의위원회 위원이 기피신청을 한 경우에 이를 받아들일 것인지의 여부
> 6. 국토교통부장관이 직접 시험문제를 출제하거나 시험을 시행하려는 경우
> 7. 부득이한 사정으로 해당 연도의 시험을 시행하지 않을 것인지에 대한 의결
> 8. 시험시행기관장이 공인중개사의 수급상 필요하다고 인정하여 선발예정인원을 미리 공고하는 경우

2 공인중개사 정책심의위원회의 구성

공인중개사 정책심의위원회(이하 "심의위원회"라 한다)는 위원장 1명을 포함하여 7명 이상 11명 이내의 위원으로 구성한다.

(1) 심의위원회의 위원장

심의위원회 위원장은 국토교통부 제1차관이 된다(영 제1조의2 제2항). 위원장이 부득이한 사유로 직무를 수행할 수 없을 때에는 위원장이 미리 지명한 위원이 그 직무를 대행한다(영 제1조의4 제2항).

(2) 심의위원회의 위원

심의위원회의 위원은 부동산 · 금융 관련 분야에 학식과 경험이 풍부한 사람 중에서 국토교통부장관이 임명하거나 위촉한다.

(3) 심의위원회 위원의 임기

국토교통부의 4급 이상 또는 이에 상당하는 공무원이나 고위공무원단에 속하는 일반직공무원을 제외한 위원의 임기는 2년으로 하되, 위원의 사임 등으로 새로 위촉된 위원의 임기는 전임위원 임기의 남은 기간으로 한다(영 제1조의2 제3항).

(4) 심의위원회 위원의 제척 · 기피 · 회피

① **위원의 제척**: 심의위원회 위원 또는 그 배우자나 배우자이었던 사람이 해당안건의 당사자가 되거나 공동권리자 또는 공동의무자인 경우나 해당안건의 당사자와 친족이거나 친족이었던 경우, 해당안건에 대하여 증언, 진술, 자문, 조사, 연구, 용역 또는 감정을 한 경우 등은 심의위원회 심의 · 의결에서 제척된다(영 제1조의3 제1항).

② **위원의 기피**: 해당 안건의 당사자는 위원에게 공정한 심의 · 의결을 기대하기 어려운 사정이 있는 경우에는 심의위원회에 기피 신청을 할 수 있고, 심의위원회는 의결로 이를 결정한다.

③ **위원의 회피**: 위원 본인이 제척 사유에 해당하는 경우에는 스스로 해당 안건의 심의 · 의결에서 회피해야 한다.

③ 공인중개사 정책심의위원회의 운영

(1) 회 의

① 위원장은 심의위원회의 회의를 소집하고, 그 의장이 된다.

② 심의위원회의 회의는 재적위원 과반수의 출석으로 개의하고, 출석위원 과반수의 찬성으로 의결한다. 공인중개사 정책심의위원회에서 심의한 사항 중 공인중개사의 시험 등 공인중개사의 자격취득에 관한 사항의 경우에는 특별시장 · 광역시장 · 도지사 · 특별자치도지사(이하 "시 · 도지사"라 한다)는 이에 따라야 한다.

(2) 간 사

① 심의위원회에 심의위원회의 사무를 처리할 간사 1명을 둔다.

② 간사는 심의위원회의 위원장이 국토교통부 소속 공무원 중에서 지명한다.

(3) 수당 등

심의위원회에 출석한 위원 및 관계 전문가에게는 예산의 범위에서 수당과 여비를 지급할 수 있다. 다만, 공무원인 위원이 그 소관 업무와 직접적으로 관련되어 심의위원회에 출석하는 경우에는 그러하지 아니하다.

(4) 운영세칙

「공인중개사법 시행령」에서 규정한 사항 외에 심의위원회의 운영 등에 필요한 사항은 심의위원회 의결을 거쳐 위원장이 정한다.

제**4**절 **중개대상물**

1 **중개대상물의 의의**

공인중개사법령은 중개대상물에 대하여 ① 토지, ② 건축물 그 밖의 토지의 정착물, ③ 입목, ④ 공장재단 및 광업재단으로 규정하고 있다.

┌ **판례** ┐

영업권이 중개대상물에 해당하는지의 여부

영업용 건물의 영업시설·비품 등 유형물이나 거래처, 신용, 영업상의 노하우 또는 점포위치에 따른 영업상의 이점 등 무형의 재산적 가치는 중개대상물이라고 할 수 없다(대판 2006.9.22, 2005도6054).

2 **법정 중개대상물**

⑴ **토 지**

① **1필의 토지의 일부**: 매매의 대상은 되지 못하나 용익물권(지상권, 지역권, 전세권)의 대상이 되므로 중개대상물이 된다. 그러나 저당권설정의 대상은 되지 못한다.

② **미채굴의 광물**: 국가소유로서 중개대상물이 되지 않는다.

┌ **판례** ┐

대토권이 중개대상물에 해당하는지의 여부

이 사건 대토권은 이 사건 주택이 철거될 경우 일정한 요건하에 택지개발지구 내에 이주자택지를 공급받을 지위에 불과하고 특정한 토지나 건물, 기타 정착물 또는 법 시행령이 정하는 재산권 및 물건에 해당한다고 볼 수 없으므로 법 제3조에서 정한 중개대상물에 해당하지 않는다고 볼 것이다(대판 2011.5.26, 2011다23682).

⑵ **건축물 그 밖의 토지의 정착물**

① **건 물**

㉠ 토지의 정착물인 건물이어야 중개대상물이 된다. 그러므로 이동용 차량주택이나 판잣집은 중개대상물이 될 수 없다.

┌ **판례** ┐

세차장구조물이 중개대상물에 해당하는지의 여부

콘크리트 지반 위에 볼트조립방식으로 철제 파이프 또는 철골 기둥을 세우고 지붕을 덮은 다음 3면에 천막이나 유리를 설치한 세차장구조물은 「민법」상 부동산인 '토지의 정착물'에 해당하지 않는다(대판 2009.1.15, 2008도9427).

㉡ 건물이면 되고, 등기나 허가여부를 불문한다. 그러므로 미등기·무허가 건물도 중개대상물이 된다.

ⓒ 1동의 건물의 일부에 대하여도 전세권을 설정하거나 임대차의 목적물이 될 수 있으므로 중개대상물이 된다.

ⓔ 장래의 건물(분양권, 분양증서 등)도 중개대상물이 된다. 그러나 아파트에 대한 추첨기일에 신청을 하여 당첨이 되면 아파트의 분양예정자로 선정될 수 있는 지위를 가리키는 데에 불과한 입주권은 중개대상물에 해당되지 않는다.

판례

분양권이 중개대상물에 해당되는지의 여부

「공인중개사법」 제3조 제2호에 규정된 중개대상물 중 '건물'에는 기존 건축물뿐만 아니라 장차 건축될 특정한 건물도 포함되므로, 장차 건축될 아파트의 동·호수가 특정되어 거래의 목적이 되는 경우에는 그 특정아파트가 완성되기 전이라도 이에 관한 분양, 매매 등 거래를 중개하는 것은 '건물'의 중개에 해당한다(대판 2012.2.23, 2011다77870).

판례

입주권이 중개대상물에 해당되는지의 여부

특정한 아파트에 입주할 수 있는 권리가 아니라 아파트에 대한 추첨기일에 신청을 하여 당첨이 되면 아파트의 분양예정자로 선정될 수 있는 지위를 가리키는 데에 불과한 입주권은 「공인중개사법」 제3조 제2호 소정의 중개대상물인 건물에 해당한다고 보기 어렵다(대판 1991.4.23, 90도1287).

---

② **그 밖의 토지의 정착물**: 명인방법을 갖춘 수목의 집단은 중개대상물이 된다.

(3) 「입목에 관한 법률」에 의한 입목

'입목'이란 토지에 부착된 수목의 집단으로서 그 소유자가 「입목에 관한 법률」에 따라 소유권보존의 등기를 받은 것을 말한다. 입목은 부동산으로 본다.

(4) 「공장 및 광업재단 저당법」에 의한 공장재단과 광업재단

① '공장'이란 영업을 하기 위하여 물품의 제조·가공, 인쇄, 촬영, 방송 또는 전기나 가스의 공급 목적에 사용하는 장소를 말한다. 이와 같은 공장에 속하는 일정한 기업용 재산으로 구성되는 일단(一團)의 기업재산으로서 「공장 및 광업재단 저당법」에 따라 소유권과 저당권의 목적이 되는 것을 '공장재단'이라 한다.

② '광업재단'이란 광업권(鑛業權)과 광업권에 기하여 광물(鑛物)을 채굴(採掘)·취득하기 위한 각종 설비 및 이에 부속하는 사업의 설비로 구성되는 일단의 기업재산으로서 「공장 및 광업재단 저당법」에 따라 소유권과 저당권의 목적이 되는 것을 말한다.

3 중개대상물의 요건

	중개대상물이 되는 것		중개대상물이 되지 않는 것
① **법정중개대상물** (「공인중개사법」 및 같은 법 시행령)	• 토지 ⇨ 1필의 토지의 일부 ○ • 건축물 그 밖의 토지의 정착물 　- 미등기건물 ○ 　- 장래의 건물(분양권 분양증서) ○ • 「입목에 관한 법률」에 따른 입목 • 「공장 및 광업재단 저당법」에 따른 　공장재단과 광업재단	**법정중개대상물이 아닌 것**	• 미채굴 광물·판자집·차량주택 　·어업권·어업재단·광업권· 　상표권·영업권·자동차·선 　박·중기·항공기 등 • 세차장 구조물, 입주권, 대토권 등
② **사법상 거래대상이 될 것**	• 공법상 제한이 있는 중개대상물 　⇨ 개발제한구역 내의 토지·건물 • 사법상 제한이 있는 중개대상물 　⇨ 법정지상권이 설정된 토지, 　　유치권이 설정된 건물	**사법상 거래대상이 될 수 없는 것 (국·공유재산)**	• 행정재산 ⇨ 시청·군청·동 주 　민센터 등 행정목적에 제공되는 　재산 • 일반재산 ⇨ 경복궁 등 문화재, 　무주부동산, 미채굴광물, 포락지, 　바닷가 등
③ **중개행위가 개입될 수 있을 것**	• 매매, 교환, 임대차 등 • 환매권 양도 등 • 지상권·지역권·전세권 설정 • 저당권 설정·이전 등 • 유치권·법정지상권 양도	**중개행위가 개입될 수 없는 것**	• 상속, 경매 등 • 환매권 행사 등 • 분묘기지권 등 • 유치권·법정지상권 설정

공인중개사제도

제1절 공인중개사 자격시험

1 시험시행기관

(1) **원칙**: 특·광·도지사 ┐
   예외: 국토교통부장관 ┘ ⇨ 시험시행기관의 장

(2) **시험의 위탁시행**

시험시행기관장은 시험의 시행에 관한 업무를 공인중개사협회, 공기업, 준정부기관에 위탁할 수 있다.

2 응시자격

(1) **원칙** ⇨ 원칙적으로 제한이 없다.

① 연령제한이 없으므로 미성년자도 시험에 응시하여 자격을 취득할 수 있다.

② 국적제한도 없으므로 외국인도 공인중개사 시험에 응시하여 공인중개사자격을 취득할 수 있다.

③ 개업공인중개사 등의 결격사유에 해당되어도 공인중개사 시험에 응시하여 공인중개사자격을 취득할 수 있다.

(2) **응시자격이 없는 자**

① 공인중개사 시험에서 부정행위자로 적발되고 그 시험의 무효처분을 받은 날부터 5년이 지나지 않은 자

② 자격취소처분을 받고 3년이 지나지 않은 자

3 시험방법

(1) **시험의 구분실시**

시험은 제1차 시험과 제2차 시험으로 구분하여 시행한다. 다만, 시험시행기관의 장이 필요하다고 인정하는 때에는 제1차 시험과 제2차 시험을 구분하되, 동시에 시행할 수 있으며 이 경우의 시험방법은 제1차 시험유형에 의한다.

(2) 시험의 유형

① 제1차 시험은 선택형으로 출제하는 것을 원칙으로 하되, 주관식 단답형 또는 기입형을 가미할 수 있다.

② 제2차 시험은 논문형으로 출제하는 것을 원칙으로 하되, 주관식 단답형 또는 기입형을 가미할 수 있다.

(3) 시험의 일부면제

제1차 시험에 합격한 자에 대하여는 다음 회의 시험에 한하여 제1차 시험을 면제한다.

4 시험의 출제 및 채점

(1) 출제위원의 임명 또는 위촉 : 시험시행기관장이 임명 또는 위촉한다.

(2) 출제위원의 임무 : 시험문제의 출제·선정·검토한다.

(3) 출제위원에 대한 제재

시험시행기관장은 규정을 위반함으로써 시험의 신뢰도를 크게 떨어뜨리는 행위를 한 출제위원이 있는 때에는 그 명단을 다른 시험시행기관장 및 그 출제위원이 소속하고 있는 기관의 장에게 통보해야 한다. 국토교통부장관 또는 시·도지사는 시험시행기관장이 명단을 통보한 출제위원에 대하여는 그 명단을 통보한 날부터 5년간 시험의 출제위원으로 위촉하여서는 아니 된다.

5 시험의 실시

(1) 시험의 시기

시험은 매년 1회 이상 시행한다. 다만, 시험시행기관장은 시험을 시행하기 어려운 부득이한 사정이 있는 경우에는 정책심의위원회의 의결을 거쳐 해당 연도의 시험을 시행하지 아니할 수 있다.

(2) 시험의 공고

① 예비공고 : 시험시행기관장은 시험시행에 관한 개략적인 사항을 매년 2월 말일까지 일간신문, 관보, 방송 중 하나 이상에 공고하고, 인터넷 홈페이지 등에도 이를 공고해야 한다(영 제7조 제2항).

② 정식공고 : 시험의 예비공고 후 시험을 시행하려는 때에는 시험의 시행에 관하여 필요한 사항을 시험시행일 90일 전까지 일간신문, 관보, 방송 중 하나 이상에 공고하고, 인터넷 홈페이지 등에도 이를 공고해야 한다(영 제7조 제3항).

(3) 응시수수료 반환

시험시행기관장은 응시수수료를 납부한 자가 응시 의사를 철회하는 경우에는 국토교통부령으로 정하는 바에 따라 응시수수료의 전부 또는 일부를 반환해야 한다.

6 시험의 합격자 결정

제1차 시험	제2차 시험		
	원 칙	선발예정인원 공고	최소선발인원(비율) 공고
절대평가	절대평가	상대평가	절대평가 (미달은 상대평가)

7 시험부정행위자에 대한 조치

시험을 시행하는 시·도지사 또는 국토교통부장관(이하 "시험시행기관장"이라 한다)은 시험에서 부정한 행위를 한 응시자에 대하여는 그 시험을 무효로 하고, 그 처분이 있은 날부터 5년간 시험응시자격을 정지한다. 이 경우 시험시행기관장은 지체 없이 이를 다른 시험시행기관장에게 통보해야 한다.

8 합격자 공고와 자격증교부

(1) 공인중개사 자격시험을 시행하는 시험시행기관의 장은 공인중개사 자격시험의 합격자가 결정된 때에는 이를 공고해야 한다(법 제5조 제1항).

(2) 시·도지사는 시험합격자의 결정 공고일부터 1개월 이내에 시험합격자에 관한 사항을 공인중개사자격증교부대장에 기재한 후, 시험합격자에게 공인중개사자격증을 교부해야 한다(규칙 제3조 제1항).

(3) 공인중개사자격증교부대장은 전자적 처리가 불가능한 특별한 사유가 없으면 전자적 처리가 가능한 방법으로 작성·관리해야 한다(규칙 제3조 제3항).

9 자격증 재교부

(1) 공인중개사자격증을 교부받은 자는 공인중개사자격증을 잃어버리거나 못쓰게 된 경우에는 국토교통부령으로 정하는 바에 따라 시·도지사에게 재교부를 신청할 수 있다(법 제5조 제3항).

(2) 공인중개사자격증의 재교부를 신청하는 자는 별지 제4호 서식의 재교부신청서를 자격증을 교부한 시·도지사에게 제출해야 한다(규칙 제3조 제2항).

(3) 공인중개사자격증의 재교부를 신청하는 자는 해당 지방자치단체의 조례로 정하는 바에 따라 수수료를 납부해야 한다(법 제47조 제1항).

(4) 공인중개사자격증 재교부업무를 위탁한 경우에는 해당 업무를 위탁받은 자가 위탁한 자의 승인을 얻어 결정·공고하는 수수료를 각각 납부해야 한다(법 제47조 제2항).

제2절 공인중개사자격증의 부정사용에 대한 제재

1 자격증 대여 등의 금지

① 공인중개사는 다른 사람에게 자기의 성명을 사용하여 중개업무를 하게 하거나 자기의 공인중개사자격증을 양도 또는 대여하여서는 아니 된다.

② 누구든지 다른 사람의 공인중개사자격증을 양수하거나 대여 받아 이를 사용하여서는 아니 된다.

③ 누구든지 ① 및 ②에서 금지한 행위를 알선하여서는 아니 된다. 위반한 경우에는 1년 이하의 징역이나 1천만원 이하의 벌금에 처한다.

(1) 자격증 대여의 의미

> **판례**
>
> 중개사무소 경영에 관여하고 자금을 투자하고 이익을 분배받은 경우
>
> '공인중개사자격증의 대여'란 다른 사람이 그 자격증을 이용하여 공인중개사로 행세하면서 공인중개사의 업무를 행하려는 것을 알면서도 그에게 자격증 자체를 빌려주는 것을 말하므로, 만일 공인중개사가 무자격자로 하여금 그 공인중개사 명의로 개설등록을 마친 중개사무소의 경영에 관여하거나 자금을 투자하고 그로 인한 이익을 분배받도록 하는 경우라도 공인중개사 자신이 그 중개사무소에서 공인중개사의 업무인 부동산거래 중개행위를 수행하고 무자격자로 하여금 공인중개사의 업무를 수행하도록 하지 않는다면, 이를 가리켜 등록증·자격증의 대여를 한 것이라고 말할 수는 없을 것이다(대판 2007.3.29, 2006도9334).

(2) 자격증 양도·대여의 판단기준

> **판례**
>
> 무자격자가 중개업무를 수행했는지의 여부는 실질적으로 판단해야 한다.
>
> 무자격자가 공인중개사의 업무를 수행하였는지 여부는 외관상 공인중개사가 직접 업무를 수행하는 형식을 취하였는지 여부에 구애됨이 없이 실질적으로 무자격자가 공인중개사의 명의를 사용하여 업무를 수행하였는지 여부에 따라 판단해야 한다. 따라서 공인중개사가 비록 스스로 몇 건의 중개업무를 직접 수행한 바 있다 하더라도, 적어도 무자격자가 성사시킨 거래에 관해서는 무자격자가 거래를 성사시켜 작성한 계약서에 자신의 인감을 날인하는 방법으로 자신이 직접 공인중개사 업무를 수행하는 형식만 갖추었을 뿐, 실질적으로는 무자격자로 하여금 자기 명의로 공인중개사 업무를 수행하도록 한 것이므로, 이는 공인중개사의 업무 및 「부동산 거래신고에 관한 법률」이 금지하는 공인중개사자격증의 대여행위에 해당한다(대판 2007.3.29, 2006도9334).

2 유사명칭 사용금지

공인중개사가 아닌 자는 공인중개사 또는 이와 유사한 명칭을 사용하지 못한다. 위반한 경우에는 1년 이하의 징역이나 1천만원 이하의 벌금에 처한다.

판례

'부동산뉴스 대표'가 공인중개사와 유사명칭에 해당하는지의 여부

중개사무소의 대표자를 가리키는 명칭은 일반인으로 하여금 그 명칭을 사용하는 자를 공인중개사로 오인하도록 할 위험성이 있는 것으로 「공인중개사법」이 사용을 금지하는 '공인중개사와 유사한 명칭'에 해당한다. 그러므로 무자격자가 자신의 명함에 '부동산뉴스 대표'라는 명칭을 적어 사용한 것이 공인중개사와 유사한 명칭을 사용한 것에 해당한다(대판 2007.3.29, 2006도9334).

중개업 등록 및 결격사유

제1절 **중개업 등록**

1 등록의 법적 성질

(1) 대인적 성질로서 일신전속적

⇨ 양도, 상속, 대여의 대상이 되지 않는다.

(2) 중개업을 영위하기 위한 **적법요건** ⇔ 유효요건 ×

```
        의뢰인 ──── 무등록 중개업자 ──── 의뢰인
          │                                 │
          ↓                                 │
   무등록은 불법 - 처벌 ○                    │
          └──────── 계약체결(유효) ◄─────────┘
```

(3) 행정청의 기속행위에 해당

🏠 등록절차

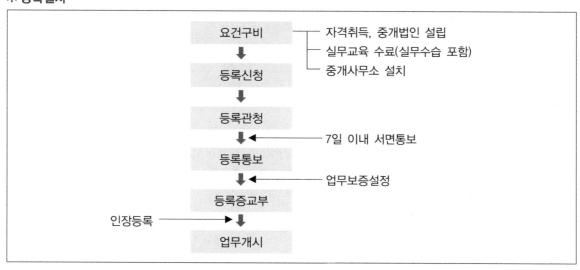

```
   요건구비  ──┬── 자격취득, 중개법인 설립
     ↓        ├── 실무교육 수료(실무수습 포함)
   등록신청    └── 중개사무소 설치
     ↓
   등록관청
     ↓  ◄───── 7일 이내 서면통보
   등록통보
     ↓  ◄───── 업무보증설정
   등록증교부
     ↓  ◄───── 인장등록
   업무개시
```

2 등록신청자와 등록관청

(1) 등록신청자

① **신규 중개사무소 개설등록 신청자** : 공인중개사(소속공인중개사는 제외한다) 또는 법인이 아닌 자는 중개사무소의 개설등록을 신청할 수 없다.

> **판례**
>
> 「변호사법」상 법률사무에 중개행위가 당연히 포함되는지의 여부
> 1. 「변호사법」 제3조에서 규정한 법률사무는 거래당사자의 행위를 사실상 보조하는 업무를 수행하는 데 그 치는 「공인중개사법」 제2조 제1호 소정의 중개행위와는 구별되는 것이고, 일반의 법률사무에 중개행위가 당연히 포함되는 것이라고 해석할 수 없다.
> 2. 변호사의 직무에 부동산중개행위가 당연히 포함된다고 해석할 수도 없고, 「변호사법」에서 변호사의 직무 가 「공인중개사법 시행령」 제13조 단서 소정의 '다른 법률의 규정'에 해당한다고 명시한 바도 없으므로, 중개사무소개설등록의 기준을 적용받지 않는다고 할 수는 없다(대판 2006.5.11, 2003두14888).

② **개업공인중개사가 종별을 변경하려는 경우** ⇨ 실무교육수료 ×, 수수료 ○

중개사무소 개설등록을 한 개업공인중개사가 종별을 달리하여 업무를 하려는 경우에는 등록신청서를 다시 제출해야 한다(규칙 제4조 제3항).

개업공인중개사의 종별 변경	변경요건	구비서류
법인인 개업공인중개사 ⇨ 공인중개사인 개업공인중개사	신규등록	종전에 제출한 서류 중 변동사항이 없는 서류는 제출하지 아니할 수 있으며, 종전의 등록증은 이를 반납해야 한다.
공인중개사인 개업공인중개사 ⇨ 법인인 개업공인중개사	신규등록	
법 부칙 제6조 제2항에 의해 중개업을 하는 자 ⇨ 공인중개사인 개업공인중개사	등록증 기재사항 변경	• 등록증 • 공인중개사자격증 사본

(2) 등록관청

중개업을 영위하려는 자는 국토교통부령으로 정하는 바에 따라 중개사무소(법인의 경우에는 주된 중 개사무소를 말한다)를 두려는 지역을 관할하는 시장(구가 설치되지 아니한 시의 시장과 특별자치도 행정시의 시장을 말한다)·군수 또는 구청장(이하 "등록관청"이라 한다)에게 중개사무소의 개설등록 을 해야 한다(법 제9조 제1항).

3 등록기준

다른 법률의 규정에 따라 부동산 중개업을 할 수 있는 경우에는 등록기준을 적용하지 아니한다.

> **넓혀 보기**
>
> **다른 법률의 규정에 따라 부동산 중개업을 할 수 있는 경우**
> 공인중개사법령은 다른 법률에 따라 중개업을 할 수 있는 경우에 대하여 3가지 근거규정을 두고 있다.
> 1. 다른 법률의 규정에 따라 부동산 중개업을 할 수 있는 경우에는 등록기준을 적용하지 않는다.
> 2. 분사무소를 설치하는 경우에 책임자에 관한 규정이 적용되지 않으므로 책임자는 공인중개사가 아니어도 된다.
> 3. 업무보증설정에 대하여 다른 법률에 따라 중개업을 할 수 있는 자가 중개업을 하려는 경우에는 2천만원 이상의 업무보증을 설정하여 신고하도록 규정되어 있다.

(1) 공인중개사에 대한 등록기준

① 공인중개사자격을 보유할 것

② 실무교육을 수료할 것 ⇨ 등록신청일 전 1년 이내에 시·도지사가 실시하는 실무교육을 수료할 것. 단, 폐업 후 또는 고용관계 종료신고 후 1년 이내에 재등록하는 경우에는 실무교육을 받지 않아도 된다.

③ 건축물대장(「건축법」에 따른 가설건축물대장은 제외한다)에 기재된 건물(준공검사, 준공인가, 사용승인, 사용검사 등을 받은 건물로서 건축물대장에 기재되기 전의 건물을 포함한다)에 중개사무소를 확보(소유·전세·임대차 또는 사용대차 등의 방법에 따라 사용권을 확보해야 한다)할 것

　㉠ 가설건축물대장에 기재된 건물에는 중개사무소를 설치할 수 없으므로 가설건축물대장에 기재된 건물이나 무허가건물은 중개사무소 개설등록을 받을 수 없다. 그러나 보존등기가 되어 있어야 하는 것은 아니다.

　㉡ 건축물대장에 기재되기 전의 건물이라 하더라도 준공검사, 준공인가, 사용승인, 사용검사 등을 받은 경우에는 중개사무소를 설치해도 된다.

　㉢ 중개사무소를 확보하면 되므로 반드시 본인 소유의 건물일 필요는 없고, 소유·전세·임대차 또는 사용대차 등의 방법에 따라 사용권을 확보하면 된다. 따라서 다른 사람의 명의로 임대차계약서가 작성되었다고 하더라도 사용권을 확보하면 중개사무소 개설등록을 받을 수 있다.

　㉣ 중개사무소의 면적에 대한 제한이나 개업공인중개사가 중개사무소를 중개업에 전용해야 할 의무도 없으므로 사용권한만 있으면 중개사무소 개설등록을 할 수 있다.

④ 개업공인중개사 등의 결격사유에 해당하지 않을 것

(2) 법인인 개업공인중개사에 대한 등록기준

① 「상법」상 회사 또는 「협동조합 기본법」 제2조 제1호에 따른 협동조합(같은 조 제3호에 따른 사회적협동조합은 제외한다)으로서 자본금이 5천만원 이상일 것 ⇨ 상법상 회사는 합명회사·합자회사·유한회사·유한책임회사·주식회사의 5종류가 있다.

② 법 제14조에 규정된 업무만을 영위할 목적으로 설립된 법인일 것

> **┃ 핵심다지기 ┃**
>
> **법인인 개업공인중개사의 업무범위**(법 제14조)
> 1. 중개업
> 2. 상업용 건축물 및 주택의 임대관리 등 부동산의 관리대행
> 3. 부동산의 이용·개발 및 거래에 관한 상담
> 4. 개업공인중개사를 대상으로 한 중개업의 경영기법 및 경영정보의 제공
> 5. 상업용 건축물 및 주택의 분양대행
> 6. 중개의뢰인의 의뢰에 따른 도배·이사업체의 소개 등 주거이전에 부수되는 용역의 알선
> 7. 경매 및 공매대상 부동산에 대한 권리분석 및 취득의 알선과 매수신청 또는 입찰신청의 대리

③ 대표자는 공인중개사이어야 하며, 대표자를 제외한 임원 또는 사원(합명회사 또는 합자회사의 무한 책임사원을 말한다)의 1/3 이상이 공인중개사일 것

④ 대표자, 임원 또는 사원 전원 및 분사무소의 책임자(분사무소를 설치하려는 경우에 한한다)가 실무 교육을 받았을 것 ⇨ 공인중개사에 대한 등록기준과 동일

⑤ 건축물대장(「건축법」에 따른 가설건축물대장은 제외한다)에 기재된 건물(준공검사, 준공인가, 사용 승인, 사용검사 등을 받은 건물로서 건축물대장에 기재되기 전의 건물을 포함한다)에 중개사무소를 확보(소유·전세·임대차 또는 사용대차 등의 방법에 따라 사용권을 확보해야 한다)할 것

　⇨ 공인중개사에 대한 등록기준과 동일[(1)의 ③의 ㉠㉡㉢㉣]

⑥ 사원과 임원 전체가 개업공인중개사 등의 결격사유에 해당되지 않을 것

4 등록신청

(1) 구비서류

등록관청은 공인중개사자격증을 발급한 시·도지사에게 개설등록을 하려는 자(법인의 경우에는 대표 자를 포함한 공인중개사인 임원 또는 사원을 말한다)의 공인중개사 자격 확인을 요청하여야 하고, 「전자 정부법」에 따라 행정정보의 공동이용을 통하여 법인 등기사항증명서(신청인이 법인인 경우에만 해당 한다)와 건축물대장(「건축법」에 따른 가설건축물대장은 제외한다)을 확인해야 한다(규칙 제4조 제1항).

① 등록신청서

② 실무교육의 수료확인증 사본(등록관청에서 전자적으로 확인할 수 있도록 조치한 경우는 제외)

③ 여권용 사진

④ 건축물대장에 기재된 건물(준공검사, 준공인가, 사용승인, 사용검사 등을 받은 건물로서 건축물대장 에 기재되기 전의 건물을 포함한다)에 중개사무소를 확보(소유·전세·임대차 또는 사용대차 등의 방법에 따라 사용권을 확보해야 한다)하였음을 증명하는 서류.
다만, 건축물대장에 기재되지 아니한 건물에 중개사무소를 확보하였을 경우에는 건축물대장 기재가 지연되는 사유를 적은 서류도 함께 내야 한다.

⑤ 다음의 서류(외국인이나 외국에 주된 영업소를 둔 법인의 경우에 한한다)

ㄱ 결격사유에 해당하지 않음을 증명하는 서류

ㄴ 「상법」제614조의 규정에 따른 영업소의 등기를 증명할 수 있는 서류

⑵ 수수료

지방자치단체 조례로 정한다.

5 등록처분 및 통지

⑴ 등록처분

등록관청은 중개사무소 개설등록 신청이 다음의 어느 하나에 해당하는 경우를 제외하고는 개설등록을 해 주어야 한다.

> 1. 공인중개사 또는 법인이 아닌 자가 중개사무소의 개설등록을 신청한 경우
> 2. 중개사무소의 개설등록을 신청한 자가 개업공인중개사 등의 결격사유의 어느 하나에 해당하는 경우
> 3. 중개사무소의 개설등록 기준에 적합하지 아니한 경우
> 4. 그 밖에 이 법 또는 다른 법령에 따른 제한에 위반되는 경우

⑵ 등록통보

중개사무소 개설등록의 신청을 받은 등록관청은 개업공인중개사의 종별(법인인 개업공인중개사, 공인중개사인 개업공인중개사)에 따라 구분하여 개설등록을 하고, 개설등록 신청을 받은 날부터 7일 이내에 등록신청인에게 서면으로 통지해야 한다.

6 등록증 교부와 업무개시

⑴ 업무보증설정과 등록증의 교부

등록관청은 중개사무소 개설등록한 자가 업무보증을 설정하였는지의 여부를 확인하고 등록증을 지체 없이 교부해야 한다.

⑵ 등록증의 재교부

⑶ 등록사항 등의 통보

⇨ 등록관청은 다음 달 10일까지 공인중개사협회에 통보

핵심다지기

등록관청이 다음 달 10일까지 공인중개사협회에 통보하여야 하는 사항(규칙 제6조)
1. 중개사무소 개설등록증을 교부한 때
2. 분사무소의 설치신고를 받은 때
3. 중개사무소 이전신고를 받은 때
4. 휴업, 폐업, 재개업, 휴업기간의 변경신고를 받은 때
5. 행정처분(등록취소, 업무정지)을 한 때
6. 소속공인중개사 또는 중개보조원의 고용이나 고용관계종료의 신고를 받은 때

제2절 | 중개사무소 개설등록 위반과 그 효과

1 무등록 중개업

(1) 무등록 중개업의 유형 = 무등록 + 중개업

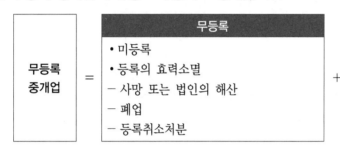

무등록 중개업 =	무등록	+	중개업

	• 미등록
	• 등록의 효력소멸
	  - 사망 또는 법인의 해산
	  - 폐업
	  - 등록취소처분
			• 다른 사람의 의뢰
			• 보수를 받고
			• 중개를
			• 업(불특정다수인 · 계속적 · 반복적 · 영리를 목적)

♠ 등록절차와 업무개시

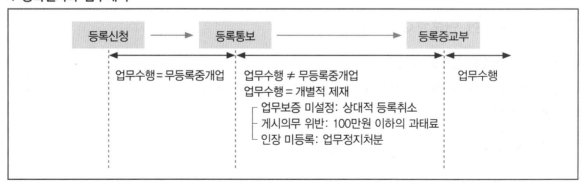

```
   등록신청  ───→  등록통보  ──────────────→  등록증교부
       │              │                         │
   업무수행=무등록중개업   업무수행 ≠ 무등록중개업          업무수행
                    업무수행 = 개별적 제재
                      ┌ 업무보증 미설정: 상대적 등록취소
                      ├ 게시의무 위반: 100만원 이하의 과태료
                      └ 인장 미등록: 업무정지처분
```

암기 절대적 취소사유와의 구별 ⇨ 보, 사. 부. 결. 이. 이. 양. 업. 2
암기 임의적 취소사유와의 구별 ⇨ 휴, 업, 계, 이, 전, 시, 3, 등, 금, 지, 2/2

(2) 무등록 중개행위의 효력

① 무등록의 상태로 중개업을 한 경우에는 위법행위로서 행정형벌의 대상이 되지만, 그 중개행위의 효력까지 무효가 되는 것은 아니다. 그러므로 그 거래계약은 그대로 유효가 된다.

② 무등록 중개업자에게 중개를 의뢰한 거래당사자가 처벌대상이 되는 것은 아니다.

③ 무등록 중개업자가 거래계약체결을 중개한 경우에 거래당사자는 보수를 지급하지 않아도 되며, 이미 지불한 경우에는 부당이득으로써 반환을 청구할 수 있다.

> **판례**
>
> 무등록 중개업의 보수청구권
>
> 무등록 중개업자에게 행정적 제재나 형사적 제재를 가하는 것만으로는 부족하고, 의뢰인과의 중개보수 약정에 의한 경제적 이익이 귀속되는 것을 방지하여야 할 필요가 있으므로 무등록 중개업자와 중개의뢰인과의 중개계약은 강행법규위반으로 무효이다. 그러므로 무등록 중개업자가 거래계약체결을 중개한 경우에 중개의뢰인은 중개보수를 지불하지 않아도 되며, 이미 중개보수를 지불한 경우에도 무등록 중개업자는 부당이득으로서 반환해야 한다(대판 2010.12.23, 2008다75119, 청주지법 2009.3.19, 2008가단3749 참고).

(3) 무등록 중개업에 대한 제재

무등록 중개업자는 3년 이하의 징역 또는 3,000만원 이하의 벌금에 처한다.

> **판례**
>
> 공인중개사인 甲의 명의로 등록되어 있으나 실제로는 공인중개사가 아닌 乙이 주도적으로 운영하는 형식으로 동업하여 중개사무소를 운영하다가 위 동업관계가 乙의 귀책사유로 종료(甲의 인감도장 양도요구)되고 甲이 동업관계의 종료로 부동산 중개업을 그만두기로 한 경우, 乙의 중개업은 법에 따라 금지된 행위로서 형사처벌의 대상이 되는 범죄행위에 해당하는 것으로서 업무방해죄의 보호대상이 되는 업무라고 볼 수 없다(대판 2007.1.12, 2006도6599).

② 이중등록 · 이중소속의 금지

(1) 이중등록 금지

① 개념과 유형

ㄱ 개념 : 개업공인중개사는 이중으로 중개사무소의 개설등록을 하여 중개업을 할 수 없다(법 제12조 제1항).

ㄴ 유 형

ⓐ 개인인 개업공인중개사(휴업이나 업무정지처분기간 중에 있는 개업공인중개사 포함)가 다른 곳에서 다시 중개사무소 개설등록을 한 경우뿐만 아니라 법인인 개업공인중개사의 대표자나 분사무소의 책임자를 겸하는 것도 이중등록에 해당된다.

ⓑ 또한 종전의 중개사무소를 사실상 폐쇄하였으나 중개사무소의 폐업신고를 완전히 이행하지 아니한 채 새로운 등록을 받은 경우도 이중등록에 해당된다고 할 수 있다.

ⓒ 이중등록은 개업공인중개사가 등록관청을 서로 달리하여 하든 개업공인중개사의 종별을 달리하여 하든 「공인중개사법」에 따라 금지되고 있다.

② **위반시 제재** : 이중등록은 절대적 등록취소 처분사유에 해당되며(법 제38조 제1항), 행정형벌로 1년 이하의 징역 또는 1천만원 이하의 벌금형에 처해진다(법 제49조).

⑵ **이중소속 금지**

① **개념과 유형**

㉠ 개념 : 개업공인중개사 등은 다른 개업공인중개사의 소속공인중개사 · 중개보조원 또는 개업공인중개사인 법인의 사원 · 임원이 될 수 없다(법 제12조 제2항).

㉡ 유형 : 개업공인중개사(법인의 경우에는 대표자나 분사무소의 책임자를 말한다)나 소속공인중개사 · 중개보조원 및 개업공인중개사인 법인의 사원 · 임원이 다른 개업공인중개사의 소속공인중개사 · 중개보조원 또는 개업공인중개사인 법인의 사원 · 임원을 겸직하는 것이 이중소속이다.

② **위반시 제재** : 개업공인중개사가 이중소속하면 등록관청은 등록을 취소해야 한다(법 제38조 제1항). 소속공인중개사가 이중소속하면 6개월의 범위 안에서 기간을 정하여 그 자격을 정지할 수 있다(법 제36조 제1항). 이중소속한 자는 1년 이하의 징역 또는 1천만원 이하의 벌금에 처한다(법 제49조).

┃ 핵심다지기 ┃

이중등록 · 이중소속 · 둘 이상의 사무소의 구별

1. 이중등록

개업공인중개사가 둘 이상의 개업공인중개사가 되는 것을 의미한다. 즉, 개업공인중개사가 다시 중개사무소 개설등록을 하여 개업공인중개사가 되거나 법인의 대표자나 분사무소의 책임자를 겸하는 것이 이중등록이다.

2. 이중소속

개업공인중개사나 개업공인중개사의 고용인이나 법인의 사원 · 임원(약칭 '개업공인중개사 등'이라 한다)이 다른 개업공인중개사의 고용인이나 법인의 사원 · 임원을 겸하는 것을 의미한다.

※참고 따라서 개업공인중개사가 다시 개업공인중개사(법인은 대표자나 분사무소의 책임자)가 되는 것이 이중등록이고, 개업공인중개사가 다른 개업공인중개사의 고용인이나 법인의 사원 · 임원이 되는 것은 이중소속에 해당된다. 그러나 이중등록과 이중소속의 처벌규정이 모두 같으므로 엄격히 구별할 실익은 없다.

3. 둘 이상의 사무소

둘 이상의 사무소란 개업공인중개사가 업무를 수행하는 장소가 둘 이상인 경우를 의미한다. 즉, 하나의 개업공인중개사가 둘 이상의 장소에서 거래계약서 작성 등 중개행위를 하면 둘 이상의 사무소에 해당하여 1년 이하의 징역이나 1천만원 이하의 벌금에 처해지며, 상대적 등록취소사유에 해당된다.

③ 등록증 양도·대여의 금지

(I) 등록증 양도·대여 등의 금지

① 양도·대여 등의 금지

㉠ 개업공인중개사는 다른 사람에게 자기의 성명 또는 상호를 사용하여 중개업무를 하게 하거나 자기의 중개사무소등록증을 양도 또는 대여하는 행위를 하여서는 아니 된다(법 제19조 제1항).

㉡ 누구든지 다른 사람의 성명 또는 상호를 사용하여 중개업무를 하거나 다른 사람의 중개사무소등록증을 양수 또는 대여받아 이를 사용하는 행위를 하여서는 아니 된다(법 제19조 제2항).

㉢ 누구든지 ㉠ 및 ㉡에서 금지한 행위를 알선하여서는 아니 된다(법 제19조 제3항).

② 중개사무소 개설등록을 한 개업공인중개사는 자기가 직접 거래계약서 작성, 중개대상물 확인·설명의무 등 중개행위를 해야 한다. 그러므로 개업공인중개사가 자기가 직접 중개행위를 하지 않고, 다른 사람에게 중개행위를 하도록 한 경우가 등록증 양도 또는 대여행위에 해당된다.

③ 자기가 직접 중개행위를 했는지의 여부는 형식적 기준으로 판단할 것이 아니라 실질적 개념으로 판단하여야 할 것이다. 그러므로 실질적인 중개행위는 다른 사람이 하고, 개업공인중개사가 거래계약서나 중개대상물확인·설명서에 서명 및 날인하는 형식만 갖추었다고 하더라도 이는 등록증 양도 또는 대여행위에 해당된다.

(2) 위반시 제재

① 개업공인중개사가 다른 사람에게 자기의 성명 또는 상호를 사용하여 중개업무를 하게 하거나 자기의 중개사무소등록증을 양도 또는 대여하는 행위를 하면 등록관청은 반드시 중개업등록을 취소하여야 하고, 1년 이하의 징역 또는 1천만원 이하의 벌금에 처해진다.

② 등록증을 양수 또는 대여받은 자는 1년 이하의 징역 또는 1천만원 이하의 벌금에 처해진다.

③ 등록증을 양도 또는 대여하거나 양수 또는 대여받는 행위를 알선하는 자는 1년 이하의 징역 또는 1천만원 이하의 벌금에 처해진다.

제3절 | 개업공인중개사 등의 결격사유

암기 제한능력자가 돈이 없어 파산을 신청하니 유예도 없이 실형을 선고하고 행정처분을 하고 300만원 이상의 벌금형까지 선고하니 처음부터 끝까지 되는 일도 없다.

① 결격사유

(1) 제한능력자

① **미성년자**: 만 19세에 달하지 않은 자를 말한다(「민법」 제3조). 미성년자는 예외 없이 결격사유에 해당된다.

② **피성년후견인**: 개시심판 ↔ 종료심판

③ **한정후견인**: 개시심판 ↔ 종료심판

　　※참고 피특정후견인은 결격사유에 해당되지 않는다.

(2) 파산자

파산자란 법원으로부터 파산선고를 받고 복권되지 아니한 자를 말한다.

(3) (모든 법 위반)금고 이상의 형을 선고받은 자

금고 이상의 형 ① 사형 ② 징역 ③ 금고	집행유예처분	집행유예기간(선고시 − 지문) + 2년 미경과시 결격사유	
	선고유예처분	미결격사유	
	실형의 선고	집행종료 • 형기만료 • 가석방 + 잔형기 경과(무기는 10년)	3년 미경과시 ⇨ 결격사유 해당
		집행을 면제받은 경우 ⇨ 특별사면을 받은 경우	
		일반사면 ⇨ 즉시 미결격사유	

- 횡령죄로 징역 3월의 선고유예처분 − 결격×
- 사기죄로 징역 2년에 집행유예 4년 처분 − 6년간 결격사유
- 잔형기를 1년 남기고 가석방 − 4년간 결격사유
- 잔형기를 1년 남기고 특별사면 − 3년간 결격사유
- 잔형기를 1년 남기고 일반사면 − 즉시 미결격사유

⑷ 「공인중개사법」에 따른 행정처분을 받은 자

「공인중개사법」 위반	자격취소	3년 미경과
	자격정지	정지기간 미경과
	등록취소	3년 미경과
	개업공인중개사가 업무정지 후 폐업	정지기간 미경과
	법인인 개업공인중개사가 업무정지	위반 행위 당시의 사원과 임원이었던 자 ⇨ 정지기간 미경과

⑸ 「공인중개사법」을 위반하여 300만원 이상의 벌금형의 선고를 받고 3년이 지나지 아니한 자

① 「공인중개사법」에 위반하여 300만원 미만의 벌금형을 선고받은 경우에는 결격사유에 해당되지 않는다.

② 「공인중개사법」을 위반하여 300만원 이상의 벌금형을 선고받은 경우만 3년간 결격사유에 해당되고, 다른 법률에 위반하여 300만원 이상의 벌금형 선고를 받은 경우에는 결격사유에 해당되지 않는다. 그러므로 「형법」이나 「도로교통법」, 「변호사법」 등에 위반하여 300만원 이상의 벌금형을 선고받은 경우에는 결격사유에 해당되지 않는다.

③ 고용인의 업무상 행위로 그를 고용한 개업공인중개사가 양벌규정에 따라 300만원 이상의 벌금형을 선고받은 경우에는 결격사유에 해당되지 않는다.

┌『판례』┐

「공인중개사법」 제10조 제1항 제11호에 규정된 '이 법을 위반하여 벌금형의 선고를 받고 3년이 지나지 아니한 자'에는 중개보조인 등이 중개업무에 관하여 같은 법 제8조를 위반하여 그 사용주인 개업공인중개사가 같은 법 제50조의 양벌규정으로 처벌받는 경우는 포함되지 않는다고 해석해야 한다(대판 2008.5.29, 2007두26568).

⑹ **사원, 임원 중에 결격사유에 해당하는 사원, 임원이 있는 법인**

결격사유에 해당하는 임원을 2개월 이내에 해소하지 않으면 법인 자체의 결격사유에 해당된다.

2 관계기관에 조회

등록관청은 개업공인중개사·소속공인중개사·중개보조원 및 개업공인중개사인 법인의 사원·임원(이하 "개업공인중개사 등"이라 한다)이 법 제10조 제1항 제1호부터 제11호까지의 어느 하나에 해당하는지 여부를 확인하기 위하여 관계 기관에 조회할 수 있다.

③ 공인중개사 시험의 응시자격제한

① 부정행위자 ⇨ 무효처분을 받은 날부터 5년 미경과

② 자격취소처분을 받고 3년 미경과자

④ 결격사유의 효과 - 퇴출

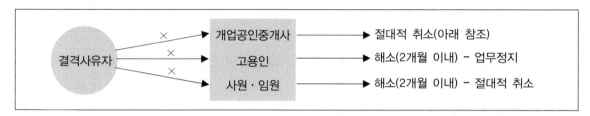

① 모든 결격사유가 절대적 취소사유에 해당되는 것은 아니다.

② 다음 3가지의 사유로 인한 등록취소는 3년간 결격사유에 해당되지 않는다.

> 1. 개인인 개업공인중개사가 사망하거나 개업공인중개사인 법인이 해산한 경우
> 2. 결격사유에 해당하게 된 경우
> 3. 등록기준에 미달하게 된 경우

　㉠ 개인인 개업공인중개사가 사망하거나 개업공인중개사인 법인이 해산한 경우는 절대적 등록취소
　　사유에 해당되나, 존재 자체가 소멸되었으므로 등록취소 후 3년의 결격사유에 해당될 여지가 없다.

　㉡ 개업공인중개사가 결격사유에 해당되어 등록이 취소된 경우에는 결격사유에서 그 기간을 명시하
　　고 있으므로 그 기간 동안만 결격사유에 해당되는 것이지 등록취소가 되었다고 추가로 3년간 결
　　격사유에 해당되지 않는다.

> 1. 개업공인중개사가 피성년후견의 개시심판을 받으면 결격사유에 해당되어 등록취소처분을 해야 한
>   다. 그러면 피성년후견의 심판이 취소되면 결격사유에서 벗어나는 것이고, 등록취소처분을 받은
>   날부터 3년간 결격사유에 해당되는 것은 아니다.
> 2. 개업공인중개사가 「공인중개사법」에 위반하여 300만원 이상의 벌금형을 선고받으면 3년간 결격사
>   유에 해당되어 등록관청은 등록을 취소해야 한다. 그러면 벌금형 선고부터 3년간 결격사유에 해당
>   되는 것이지, 등록취소처분을 받은 날부터 3년간 결격사유에 해당되는 것은 아니다.

　㉢ 등록기준 미달을 원인으로 등록이 취소된 경우에는 결격사유에 해당되지 않는다. 따라서 즉시 다
　　른 개업공인중개사의 고용인이 되거나 법인인 개업공인중개사의 사원 또는 임원이 될 수 있고 등
　　록기준을 갖추면 다시 중개사무소 개설등록을 할 수 있다.

중개사무소 관리업무

중개업 사무소

1 의 의

(1) 사무소는 개업공인중개사의 중개활동의 근거 또는 중심이 되는 장소를 말한다. 중개활동을 하는 장소가 사무소이므로 그 사무소가 등록을 했는지의 여부나, 등록기준에 적합한지의 여부는 불문한다.

> **판례**
>
> 1개의 중개사무소를 개설·등록한 개업공인중개사가 아파트 분양권의 전매 및 상담, 홍보를 하기 위하여 모델하우스 앞 보도상에 설치한 1평 정도의 돔형 천막이 「건축법」상 사무실로 사용하기에 적합한 건물은 아니라고 하더라도, 중개사무소임을 인식할 수 있는 표시가 되어 있을 뿐만 아니라 외부와 차단되고 사무집기가 갖추어져 있어 중개업을 영위할 수 있는 독립된 공간 및 시설이 확보되어 있으므로 중개업을 영위하기 위한 사무소, 즉 중개사무소에 해당한다고 할 것이고, 따라서 위 개업공인중개사는 기존에 개설·등록한 중개사무소 외에 다른 중개사무소를 둔 것이므로 「공인중개사법」 제13조 제1항 위반죄의 죄책을 면할 수 없다(대판 2004.3.25, 2003도7508).

(2) 개업공인중개사는 그 등록관청의 관할구역 안에 중개사무소를 두되, 1개의 중개사무소만을 둘 수 있다(법 제13조 제1항). 개업공인중개사는 천막, 그 밖에 이동이 용이한 임시 중개시설물을 설치하여서는 아니 된다(동조 제2항). 이에 위반하면 1년 이하의 징역 또는 1천만원 이하의 벌금형에 처하고(법 제49조 제1항), 상대적 등록취소 처분사유에 해당된다(법 제38조 제2항).

2 중개사무소의 설치

(1) 사무소의 수

개업공인중개사는 그 등록관청의 관할구역 안에 중개사무소를 두되, 1개의 중개사무소만을 둘 수 있다. 개업공인중개사는 천막, 그 밖에 이동이 용이한 임시 중개시설물을 설치하여서는 아니 된다. 다만, 법인인 개업공인중개사는 대통령령으로 정하는 기준과 절차에 따라 등록관청에 신고하고 그 관할구역 외의 지역에 분사무소를 둘 수 있다.

⑵ 법인의 분사무소

① 법인의 분사무소 설치요건

㉠ 주된 사무소의 소재지가 속한 시 · 군 · 구를 제외한 시 · 군 · 구별로 설치해야 한다.

㉡ 각 시 · 군 · 구별로 1개소를 초과할 수 없다.

㉢ 분사무소에는 공인중개사를 책임자로 두어야 한다. 다만, 다른 법률의 규정에 따라 중개업을 할 수 있는 법인의 분사무소의 경우에는 그러하지 아니하다.

② 설치절차(설치신고)

㉠ 법인의 분사무소 설치신고 : 신고서에 다음의 구비서류와 수수료를 첨부. 단, 등록관청은 자격증을 발급한 시 · 도지사에게 분사무소 책임자의 공인중개사 자격확인을 요청하여야 하고, 전자정부법에 따른 행정정보의 공동이용을 통하여 법인등기사항증명서를 확인해야 한다.

  ⓐ 분사무소 책임자의 실무교육의 수료확인증 사본(등록관청에서 전자적으로 확인가능한 경우는 제외)

  ⓑ 보증의 설정을 증명할 수 있는 서류

  ⓒ 건축물대장에 기재된 건물(준공검사, 준공인가, 사용승인, 사용검사 등을 받은 건물로서 건축물대장에 기재되기 전의 건물을 포함한다. 이하 같다)에 중개사무소를 확보(소유 · 전세 · 임대차 또는 사용대차 등의 방법에 따라 사용권을 확보해야 한다)하였음을 증명하는 서류. 다만, 건축물대장에 기재되지 아니한 건물에 중개사무소를 확보하였을 경우에는 건축물대장 기재가 지연되는 사유를 적은 서류도 함께 내야 한다.

㉡ 수수료 : 지방자치단체의 조례로 정한다.

⑶ 중개사무소의 공동사용

① 설치목적 : 개업공인중개사는 그 업무의 효율적인 수행을 위하여 다른 개업공인중개사와 중개사무소를 공동으로 사용할 수 있다. 다만, 개업공인중개사가 업무의 정지기간 중에 있는 경우로서 대통령령으로 정하는 때에는 그러하지 아니하다.

② 설치요건

㉠ 원칙 : 제한이 없다.

  ⓐ 개업공인중개사의 종별에 대한 제한은 없다.

  ⓑ 개업공인중개사 수의 제한은 없다.

  ⓒ 등록관청이 다른 개업공인중개사 상호간에도 가능하다.

  ⓓ 설치신고를 할 필요가 없다. 단, 중개사무소를 공동으로 사용하려는 개업공인중개사는 중개사무소의 개설등록 또는 중개사무소의 이전신고를 하는 때에 그 중개사무소를 사용할 권리가 있는 다른 개업공인중개사의 승낙서를 첨부해야 한다.

ⓛ 예외 : 업무정지 개업공인중개사는 다음의 어느 하나에 해당하는 방법으로 다른 개업공인중개사
와 중개사무소를 공동으로 사용할 수 없다.
ⓐ 업무정지 개업공인중개사가 다른 개업공인중개사에게 중개사무소의 공동사용을 위하여 승낙서
를 주는 방법. 다만, 업무정지 개업공인중개사가 영업정지처분을 받기 전부터 중개사무소를 공
동사용 중인 다른 개업공인중개사는 제외한다.
ⓑ 업무정지 개업공인중개사가 다른 개업공인중개사의 중개사무소를 공동으로 사용하기 위하여
중개사무소의 이전신고를 하는 방법
③ **중개사무소 공동사용의 법률관계** : 개별 개업공인중개사별로 이루어진다.

③ 사무소의 이전

(1) 중개사무소 이전신고

개업공인중개사는 중개사무소를 이전한 때에는 이전한 날부터 10일 이내에 아래의 서류를 구비하여
등록관청에 이전사실을 신고해야 한다. 다만, 중개사무소를 등록관청의 관할지역 외의 지역으로 이전
한 경우에는 이전 후 등록관청에게 신고해야 한다.

① 신고서
② 중개사무소등록증(분사무소의 경우에는 분사무소설치신고확인서를 말한다)
③ 건축물대장에 기재된 건물(준공검사, 준공인가, 사용승인, 사용검사 등을 받은 건물로서 건축물대장
에 기재되기 전의 건물을 포함한다)에 중개사무소를 확보(소유 · 전세 · 임대차 또는 사용대차 등의
방법에 따라 사용권을 확보해야 한다)하였음을 증명하는 서류.
다만, 건축물대장에 기재되지 아니한 건물에 중개사무소를 확보하였을 경우에는 건축물대장 기재가
지연되는 사유를 적은 서류도 함께 내야 한다.

(2) 관할구역 안에서의 이전

등록관청에 신고해야 한다. 중개사무소의 이전신고를 받은 등록관청은 그 내용이 적합한 경우에는 중
개사무소등록증 또는 분사무소설치신고확인서를 재교부해야 한다. 다만, 개업공인중개사가 등록관청
의 관할지역 내로 이전한 경우에는 등록관청은 중개사무소등록증 또는 분사무소설치신고확인서에 변
경사항을 적어 이를 교부할 수 있다.

(3) 관할구역 밖으로의 이전

① 이전 후 등록관청에 신고해야 한다. 신고를 받은 이전 후 등록관청은 종전의 등록관청에 관련 서류를
송부하여 줄 것을 요청해야 한다. 이 경우 종전의 등록관청은 지체 없이 관련 서류를 이전 후 등록관
청에 송부해야 한다. 송부해야 할 서류는 다음과 같다.

　　　　㉠ 이전신고를 한 중개사무소의 부동산중개사무소등록대장

　　　　㉡ 부동산중개사무소 개설등록 신청서류

　　　　㉢ 최근 1년간의 행정처분 및 행정처분절차가 진행 중인 경우 그 관련서류

　　④ 신고 전에 발생한 사유로 인한 개업공인중개사에 대한 행정처분은 이전 후 등록관청이 이를 행한다.

(4) 분사무소 이전신고

① 주된 사무소의 소재지를 관할하는 등록관청에 10일 이내에 신고해야 한다.

② 주된 사무소 소재지를 관할하는 등록관청은 분사무소의 이전신고를 받은 때에는 지체 없이 그 분사무소의 이전 전 및 이전 후의 소재지를 관할하는 시장·군수 또는 구청장에게 이를 통보해야 한다.

(5) 위반시의 제재

개업공인중개사가 사무소를 이전하고 10일 이내에 이전 후 등록관청에 중개사무소의 이전신고를 하지 않은 경우에 등록관청은 100만원 이하의 과태료처분을 할 수 있다.

4 중개사무소등록증 등의 게시의무

① 중개사무소등록증 원본(법인인 개업공인중개사의 분사무소의 경우에는 분사무소설치신고확인서 원본을 말한다)

② 개업공인중개사 및 소속공인중개사의 공인중개사자격증 원본(해당되는 자가 있는 경우로 한정한다)

③ 보증의 설정을 증명할 수 있는 서류

④ 중개보수·실비의 요율 및 한도액표

⑤ 사업자등록증

5 사무소 명칭 등

(1) 개업공인중개사
　① 사무소 명칭 : 위반시 100만원 이하 과태료
　② 광고시 일정한 사항 명시 : 위반시 100만원 이하 과태료
　　㉠ 개업공인중개사
　　㉡ 중개대상물
　③ 허위광고금지 : 위반시 500만원 이하 과태료
(2) 개업공인중개사가 아닌 자 : 1년 이하의 징역 또는 1천만원 이하의 벌금
(3) 인터넷 표시·광고 모니터링 : 정보통신서비스 제공자가 위반시 500만원 이하 과태료

(1) 개업공인중개사의 사무소 명칭표시 및 광고

① **개업공인중개사의 사무소 명칭**: 위반시 100만원 이하의 과태료

　　㉠ 개업공인중개사는 그 사무소의 명칭에 '공인중개사사무소' 또는 '부동산중개'라는 문자를 사용해야 한다. 단, 중개인은 사무소의 명칭에 '공인중개사사무소'라는 문자를 사용하여서는 아니 된다.

　　㉡ 개업공인중개사가 옥외광고물을 설치하는 경우 중개사무소등록증에 표기된 개업공인중개사(법인의 경우에는 대표자, 법인 분사무소의 경우에는 제13조 제4항의 규정에 따른 신고확인서에 기재된 책임자를 말한다)의 성명을 인식할 수 있는 정도의 크기로 표기해야 한다.

② **개업공인중개사의 중개대상물 표시 · 광고**: 위반시 100만원 이하의 과태료

　　㉠ 개업공인중개사가 의뢰받은 중개대상물에 대하여 표시 · 광고를 하려면 중개사무소, 개업공인중개사에 관한 사항으로서 대통령령으로 정하는 사항을 명시하여야 하며, 중개보조원에 관한 사항을 명시해서는 안 된다.

> ⓐ 중개사무소의 명칭, 소재지, 연락처 및 등록번호
> ⓑ 개업공인중개사의 성명(법인인 경우에는 대표자의 성명)

　　㉡ 개업공인중개사가 인터넷을 이용하여 중개대상물의 표시 · 광고를 하는 때에는 중개대상물의 종류별로 다음의 사항을 명시해야 한다.

> 1. 소재지
> 2. 면적
> 3. 가격
> 4. 중개대상물 종류
> 5. 거래 형태
> 6. 건축물 및 그 밖의 토지의 정착물인 경우 다음 각 목의 사항
>   가. 총 층수
>   나. 「건축법」 또는 「주택법」 등 관련 법률에 따른 사용승인 · 사용검사 · 준공검사 등을 받은 날
>   다. 해당 건축물의 방향, 방의 개수, 욕실의 개수, 입주가능일, 주차대수 및 관리비

③ **개업공인중개사의 중개대상물에 대한 부당한 표시 · 광고 금지**: 위반시 500만원 이하의 과태료

> ㉠ 중개대상물이 존재하지 않아서 실제로 거래를 할 수 없는 중개대상물에 대한 표시 · 광고
> ㉡ 중개대상물의 가격 등 내용을 사실과 다르게 거짓으로 표시 · 광고하거나 사실을 과장되게 하는 표시 · 광고
> ㉢ 중개대상물이 존재하지만 실제로 중개의 대상이 될 수 없는 중개대상물에 대한 표시 · 광고
> ㉣ 중개대상물이 존재하지만 실제로 중개할 의사가 없는 중개대상물에 대한 표시 · 광고
> ㉤ 중개대상물의 입지조건, 생활여건, 가격 및 거래조건 등 중개대상물 선택에 중요한 영향을 미칠 수 있는 사실을 빠뜨리거나 은폐, 축소하는 등의 방법으로 소비자를 속이는 표시 · 광고
> ㉥ 그 밖에 국토교통부장관이 정하여 고시하는 표시 · 광고

④ **간판의 철거**

㉠ 개업공인중개사는 다음의 어느 하나에 해당하는 경우에는 지체 없이 사무소의 간판을 철거해야 한다.

ⓐ 등록관청에 중개사무소의 이전사실을 신고한 경우
ⓑ 등록관청에 폐업사실을 신고한 경우
ⓒ 중개사무소의 개설등록 취소처분을 받은 경우

㉡ 등록관청은 ㉠에 따른 간판의 철거를 개업공인중개사가 이행하지 아니하는 경우에는 「행정대집행법」에 따라 대집행을 할 수 있다.

(2) **개업공인중개사가 아닌 자의 명칭표시 및 광고제한**: 위반시 1년 이하의 징역이나 1천만원 이하의 벌금

① 개업공인중개사가 아닌 자는 '공인중개사사무소', '부동산중개' 또는 이와 유사한 명칭을 사용하여서는 아니 된다.

② 개업공인중개사가 아닌 자는 중개대상물에 대한 표시·광고를 하여서는 아니 된다.

⎾ 판례 ⏋

중개사무소의 대표자를 가리키는 명칭은 일반인으로 하여금 그 명칭을 사용하는 자를 공인중개사로 오인하도록 할 위험성이 있는 것으로 「공인중개사법」이 사용을 금지하는 '공인중개사와 유사한 명칭'에 해당한다. 그러므로 무자격자가 자신의 명함에 '부동산뉴스 대표'라는 명칭을 적어 사용한 것이 공인중개사와 유사한 명칭을 사용한 것에 해당한다(대판 2007.3.29, 2006도9334).

③ 공인중개사가 아닌 자는 공인중개사 또는 이와 유사한 명칭을 사용하지 못한다.

(3) **인터넷 표시·광고 모니터링**: 정보통신서비스 제공자가 위반시 500만원 이하의 과태료

🌑 인터넷 표시·광고 모니터링 절차

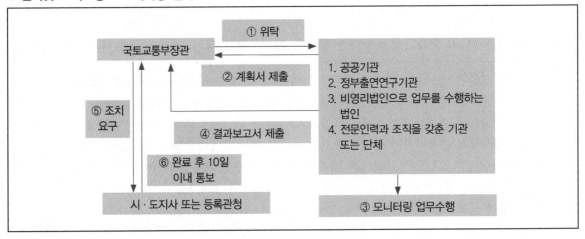

① 국토교통부장관은 인터넷을 이용한 중개대상물에 대한 표시·광고가 법규정을 준수하는지 여부를 모니터링 할 수 있다.

② 국토교통부장관은 모니터링을 위하여 필요한 때에는 정보통신서비스 제공자에게 관련 자료의 제출을 요구할 수 있다.

③ 국토교통부장관은 정보통신서비스 제공자에게 「공인중개사법」 위반이 의심되는 표시·광고에 대한 확인 또는 추가정보의 게재 등 필요한 조치를 요구할 수 있다.

④ 국토교통부장관은 모니터링 업무를 대통령령으로 정하는 기관에 위탁할 수 있고, 예산을 지원할 수 있다. 국토교통부장관은 다음의 어느 하나에 해당하는 기관 또는 단체 중에서 모니터링 업무 수탁기관을 지정할 수 있다. 국토교통부장관은 위탁기관을 지정하는 경우 위탁기관명과 위탁업무를 고시해야 한다.

> ㉠ 「공공기관의 운영에 관한 법률」 제4조에 따른 공공기관
> ㉡ 「정부출연연구기관 등의 설립·운영 및 육성에 관한 법률」 제2조에 따른 정부출연연구기관
> ㉢ 「민법」 제32조에 따라 설립된 비영리법인으로서 인터넷 표시·광고 모니터링 또는 인터넷 광고 시장감시와 관련된 업무를 수행하는 법인
> ㉣ 그 밖에 인터넷 표시·광고 모니터링 업무 수행에 필요한 전문인력과 전담조직을 갖추었다고 국토교통부장관이 인정하는 기관 또는 단체

⑤ 모니터링의 내용, 방법, 절차 등에 관한 사항은 국토교통부령으로 정한다. 인터넷을 이용한 중개대상물에 대한 표시·광고 모니터링은 다음과 같다.

　㉠ 모니터링의 내용

> ⓐ 기본 모니터링: 모니터링 기본계획에 따라 분기별로 실시하는 모니터링
> ⓑ 수시 모니터링: 모니터링 기본계획에 반영되지 않았으나, 법 위반이 의심되는 경우 등 국토교통부장관이 필요하다고 판단하여 실시하는 모니터링

　㉡ 지정된 모니터링 업무 수탁기관(이하 "모니터링 기관"이라 한다)은 기본 모니터링 업무를 수행하려면 매년 12월 31일까지 다음 연도의 모니터링 기본계획을 수립하여 국토교통부장관에게 제출해야 한다.
　㉢ 모니터링 기관은 매 분기가 끝난 후 30일 이내에 국토교통부장관에게 기본 모니터링 결과보고서를 제출해야 한다.
　㉣ 모니터링 기관은 수시 모니터링을 실시하기 전에 국토교통부장관에게 모니터링의 기간, 내용 및 방법 등을 포함한 계획서를 제출하여야 하고, 해당 모니터링을 완료한 날로부터 15일 내에 국토교통부장관에게 결과보고서를 제출해야 한다.
　㉤ 국토교통부장관은 모니터링 기관이 제출한 모니터링 결과를 시·도지사 및 등록관청 등에 통보하고 이에 대한 조사 및 조치를 요구할 수 있다.

ⓑ 국토교통부장관으로부터 결과보고서에 따른 조치요구를 받은 시·도지사 및 등록관청 등은 신속하게 해당 요구에 따른 조사 및 조치를 완료하고, 완료한 날부터 10일 이내에 그 결과를 국토교통부장관에게 통보해야 한다.

ⓢ 그 밖에 모니터링의 기준, 절차, 방법 등에 관한 세부적인 사항은 국토교통부장관이 정하여 고시한다.

🏳 기본 모니터링과 수시 모니터링의 비교

구 분	기본 모니터링	수시 모니터링
모니터링의 내용	분기별로 실시	국토교통부장관이 필요하다고 판단하여 실시
국토교통부장관에게 계획서 제출	다음 연도의 계획을 매년 12월 31일까지 제출	계획서 제출
국토교통부장관에게 결과보고서 제출	매 분기의 마지막 날부터 30일 이내	모니터링 업무를 완료하고 15일 이내
국토교통부장관의 조치요구	시·도지사 및 등록관청에 결과보고서에 따른 조치요구	
국토교통부장관에게 조치완료 후 통보	시·도지사 및 등록관청은 조치를 완료한 날부터 10일 이내	
그 밖에 세부적인 사항	국토교통부장관이 정하여 고시	

제2절 개업공인중개사의 겸업제한 등

1 법인인 개업공인중개사의 겸업제한(법 제14조)

(1) **중개업**

(2) **상업용 건축물 및 주택의 임대관리 등 부동산의 관리대행**

⇨ 부동산임대업(×)

(3) **부동산의 이용·개발 및 거래에 관한 상담**

(4) **개업공인중개사를 대상으로 한 중개업의 경영기법 및 경영정보의 제공**

⇨ 법인인 개업공인중개사(○), 공인중개사인 개업공인중개사(○), 중개인(○)

⑸ **상업용 건축물 및 주택의 분양대행**

　⇨ 농업용 건축물(×), 공업용 건축물(×), 토지(×)

⑹ **중개의뢰인의 의뢰에 따른 도배·이사업체의 소개 등 주거이전에 부수되는 용역의 알선**

　⇨ 이삿짐센터(×)

⑺ **「민사집행법」에 따른 경매 및 「국세징수법」, 그 밖의 법령에 따른 공매대상 부동산에 대한 권리분석 및 취득의 알선과 매수신청 또는 입찰신청의 대리**

　① 개업공인중개사가 「민사집행법」에 따른 경매대상 부동산의 매수신청 또는 입찰신청의 대리를 하려는 때에는 대법원규칙으로 정하는 요건을 갖추어 법원에 등록을 하고 그 감독을 받아야 한다(법 제14조 제3항).

　② 경매 또는 공매대상 부동산에 대한 권리분석 및 취득의 알선만을 하려는 경우에는 법원에 등록을 하지 않아도 된다.

　③ '공매'대상 부동산에 대한 '권리분석 및 취득의 알선과 매수신청 또는 입찰신청의 대리'를 하려는 경우에는 법원에 등록을 하지 않고도 업무수행이 가능하다.

　④ 법인인 개업공인중개사와 공인중개사인 개업공인중개사는 이와 같은 업무를 할 수 있으나 법 부칙 제6조 제2항의 개업공인중개사는 이와 같은 업무를 할 수 없다.

> ┌ **넓혀 보기** ┐
>
> 1. 개인인 개업공인중개사(공인중개사인 개업공인중개사와 중개인)는 다른 법률에 특별한 제한이 없으면 모든 업무를 다 할 수 있다.
> 2. 법인인 개업공인중개사가 할 수 있는 이와 같은 업무는 중개에는 해당되지 않는다(①은 제외).
>   ① 중개보수가 적용되지 않고, 보수는 약정에 따라 자유롭게 받는다.
>   ② 이와 같은 업무를 하기 위하여 등록을 요하지 않는다.
>   ③ 그 밖의 공인중개사법령이 적용되지 않는다.
> 3. 법인인 개업공인중개사가 업무범위에 위반하면 상대적 취소사유에 해당된다.

2 업무지역의 범위

⑴ **법인인 개업공인중개사**: 전국

⑵ **공인중개사인 개업공인중개사**: 전국

(3) **중개인**: 해당 중개사무소가 소재하는 특별시 · 광역시 · 도

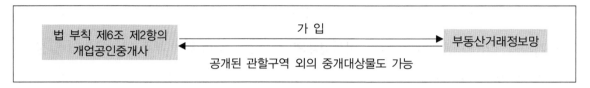

3 중개대상물의 범위

공인중개사법령에서 아무런 규정을 두고 있지 않으므로 제한이 없다. 그러므로 모든 개업공인중개사가 모든 중개대상물을 중개할 수 있다.

제3절   **개업공인중개사의 고용인**

1 의 의

(1) 중개보조원

공인중개사가 아닌 자로서 개업공인중개사에 소속되어 중개대상물에 대한 현장안내 및 일반서무 등 개업공인중개사의 중개업무와 관련된 단순한 업무를 보조하는 자를 말한다.

① **고용인 수 제한**

개업공인중개사가 고용할 수 있는 중개보조원의 수는 개업공인중개사와 소속공인중개사를 합한 수의 5배수를 초과하여서는 아니 된다(법 제15조 제3항).

② **중개보조원의 고지의무**

중개보조원은 현장안내 등 중개업무를 보조하는 경우 중개의뢰인에게 본인이 중개보조원이라는 사실을 미리 알려야 한다(법 제18조의4). 이에 위반하여 중개의뢰인에게 본인이 중개보조원이라는 사실을 미리 알리지 아니한 사람 및 그가 소속된 개업공인중개사는 500만원 이하의 과태료처분사유에 해당된다. 다만, 개업공인중개사가 그 위반행위를 방지하기 위하여 해당 업무에 관하여 상당한 주의와 감독을 게을리하지 아니한 경우는 제외한다.

(2) 소속공인중개사

개업공인중개사에 소속된 공인중개사(개업공인중개사인 법인의 사원 또는 임원으로서 공인중개사인 자를 포함한다)로서 중개업무를 수행하거나 개업공인중개사의 중개업무를 보조하는 자를 말한다.

▷ 소속공인중개사와 중개보조원 비교

구 분		개업공인중개사의 고용인	
		소속공인중개사	중개보조원
차이점	자격유무	있다	없다
	업무범위	중개업무 수행과 보조	중개업무 보조
	고용시 수의 제한	없다	있다
	서명 및 날인의무	있다	없다
	인장등록의무	있다	없다
	교 육	실무교육 및 연수교육 대상자	직무교육 대상자
	부동산거래신고서의 제출대리	가능	불가능
	행정처분대상	자격취소, 자격정지	대상 안됨
공통점	고용시의 신고의무	업무개시 전까지 신고	
	고용관계 종료시의 신고 의무	고용관계를 종료한 날부터 10일 이내에 신고	
	결격사유	적용 (개업공인중개사는 2개월 이내에 해소의무)	
	금지행위	적용	
	비밀준수의무	적용	

2 고용인의 업무상 행위에 대한 개업공인중개사의 책임

> 고용인의 업무상 행위 ⟶ 그를 고용한 개업공인중개사의 행위
> 본다(= 간주한다) ⟷ 추정한다

고용인의 업무상 행위에 대한 책임	개업공인중개사의 책임	책임의 특성
민사책임	민사책임	연대책임(구상권 가능)
형사책임	해당조의 벌금형(법정형 동일)	양벌규정(법 제50조) 121페이지 참조(①, ②, ③, ④)
행정상 책임 (고용인은 책임제한)	행정상 책임	대신책임

판례

1. 개업공인중개사가 고용한 중개보조원이 고의 또는 과실로 거래당사자에게 재산상 손해를 입힌 경우에 중 개보조원은 당연히 불법행위자로서 거래당사자가 입은 손해를 배상할 책임을 지는 것이고, (생략) 이 경 우에 중개보조원의 업무상 행위는 그를 고용한 개업공인중개사의 행위로 본다고 정함으로써 개업공인중 개사 역시 거래당사자에게 손해를 배상할 책임을 지도록 하는 규정이다.

   따라서 위 조항을 중개보조원이 고의 또는 과실로 거래당사자에게 손해를 입힌 경우에 중개보조원을 고 용한 개업공인중개사만이 손해배상책임을 지도록 하고 중개보조원에게는 손해배상책임을 지우지 않는다 는 취지를 규정한 것으로 볼 수는 없다(대판 2012.2.23, 2011다77870).

2. '이 법을 위반하여 벌금형의 선고를 받고 3년이 지나지 아니한 자'에는 중개보조원 등이 중개업무에 관하 여 「공인중개사법」 제8조를 위반하여 그 사용주인 개업공인중개사가 「공인중개사법」 제50조의 양벌규정 으로 처벌받는 경우는 포함되지 않는다고 해석해야 한다(대판 2008.5.29, 2007두26568).

제4절 인장등록

(1) 인장등록의 시기

개업공인중개사 및 소속공인중개사는 업무를 개시하기 전에 중개행위에 사용할 인장을 등록관청에 등 록(전자문서에 의한 등록을 포함한다)하여야 한다. 단, 인장등록은 중개사무소 개설등록신청이나 소속 공인중개사, 중개보조원에 대한 고용신고시에 같이 할 수 있다.

(2) 등록할 인장 및 등록절차

구 분		등록할 인장	등록장소	등록절차
법인인 개업공인 중개사	주된 사무소	「상업등기규칙」에 따라 신고한 법인의 인장	주된 사무소 등록관청	인감증명서 제출로 등록에 갈음
	분사무소	「상업등기규칙」에 따라 신고한 법인의 인장		
		「상업등기규칙」에 따라 대표자가 보증하는 인장		
개인인 개업공인중개사		가족관계등록부나 주민등록표에 기재되어 있는 성 명이 나타난 인장으로서 그 크기가 가로 · 세로 각각 7밀리미터 이상 30밀리미터 이내인 인장	등록관청	인장등록 신고서 제출
소속공인중개사			개업공인중개사 등록관청	

(3) 등록된 인장의 사용

개업공인중개사 및 소속공인중개사는 중개행위를 하는 경우 등록한 인장을 사용해야 한다.

🔖 **법령상 서명 및 날인과 서명 또는 날인**

> 서명 및 날인 − 거래계약서, 중개대상물 확인·설명서
> ⇨ 등록인장사용 : ○
> ⇨ 업무수행 공인중개사 : ○
> 서명 또는 날인 − 나머지 서식(전속중개계약서, 부동산거래계약신고서 등)
> ⇨ 등록인장사용 : ×
> ⇨ 업무수행 공인중개사 : ×

⑷ 등록인장의 변경

등록한 인장을 변경한 경우에는 개업공인중개사 및 소속공인중개사는 변경일부터 7일 이내에 그 변경된 인장을 등록관청에 등록(전자문서에 의한 등록을 포함한다)하여야 한다.

⑸ 위반에 대한 제재

① **개업공인중개사** : 업무정지

② **소속공인중개사** : 자격정지

제5절 | 휴업과 폐업

1 휴업·폐업신고

⑴ 사전신고

개업공인중개사는 3개월을 초과하는 휴업(중개사무소의 개설등록 후 업무를 개시하지 아니하는 경우를 포함한다), 폐업, 휴업한 중개업의 재개 또는 휴업기간의 변경을 하려는 때에는 신고서에 중개사무소등록증을 첨부(휴업 또는 폐업의 경우에 한한다)하여 등록관청에 미리 신고(부동산 중개업 재개·휴업기간 변경신고의 경우에는 전자문서에 따른 신고를 포함한다)해야 한다. 법인인 개업공인중개사의 분사무소의 경우에도 또한 같다.

① 개업공인중개사는 3개월을 초과하여 휴업하려는 경우에 미리 신고해야 한다. 그러므로 3개월 이하로 휴업하려는 경우에는 신고하지 않고 휴업할 수 있다. '3개월을 초과하여 휴업한 경우에 신고하는 것'이 아니라 '3개월을 초과하여 휴업하려는 경우'에 미리 신고해야 하므로 휴업신고는 사전신고를 해야 한다.

② 휴업과 폐업신고시에는 신고서에 등록증을 첨부하여 신고해야 한다.

③ 중개사무소의 개설등록 후 업무를 개시하지 아니하는 경우에도 휴업에 해당된다. 그러므로 개업공인중개사가 중개사무소 개설등록 후 신고하지 않고, 3개월을 초과하여 업무를 개시하지 않은 경우에는 공인중개사법령 위반이다.

④ 분사무소는 주된 중개사무소와 별도로 휴업과 폐업을 할 수 있다.

⑤ 휴업과 폐업신고는 방문신고만 가능하고 전자문서에 따른 신고를 할 수 없다.

⑥ 개인인 개업공인중개사가 사망한 경우에는 별도로 신고할 필요가 없다.

⑦ 개업공인중개사는 등록관청에 폐업사실을 신고한 경우에는 지체 없이 사무소의 간판을 철거해야 한다. 개업공인중개사가 이행하지 아니하는 경우에는 「행정대집행법」에 따라 대집행을 할 수 있다.

(2) 사업자 등록과 통합신고 가능

① 중개업의 휴·폐업 신고를 하려는 자가 「부가가치세법」에 따른 휴·폐업 신고를 같이 하려는 경우에는 부동산중개업 휴업(폐업·재개·휴업기간변경)신고서에 「부가가치세법 시행령」에 따른 사업자 등록 휴·폐업 신고서를 함께 제출해야 한다. 이 경우 등록관청은 함께 제출받은 사업자 등록 휴·폐업 신고서를 지체 없이 관할 세무서장에게 송부(정보통신망을 이용한 송부를 포함한다)해야 한다(영 제18조 제3항).

② 관할 세무서장이 「부가가치세법 시행령」에 따라 사업자 등록 휴·폐업 신고서를 받아 해당 등록관청에 송부한 경우에는 공인중개사법령상 부동산중개업휴업(폐업·재개·휴업기간변경)신고서가 제출된 것으로 본다(영 제18조 제4항).

2 휴업기간

휴업은 법령에 정한 사유를 제외하고 6개월을 초과할 수 없다. 다만, 질병으로 인한 요양 등 다음의 대통령령으로 정하는 부득이한 사유가 있는 경우에는 그러하시 아니하다.

① 질병으로 인한 요양

② 징집으로 인한 입영

③ 취학

④ 임신 또는 출산

⑤ 그 밖에 이에 준하는 부득이한 사유

3 휴업신고 후 재개업 및 휴업기간 변경 신고

개업공인중개사는 휴업한 중개업의 재개 또는 휴업기간의 변경을 하려는 때에는 등록관청에 미리 신고(부동산중개업 재개·휴업기간 변경신고의 경우에는 전자문서에 따른 신고를 포함한다)해야 한다. 법인인 개업공인중개사의 분사무소의 경우에도 또한 같다.

① 휴업한 중개업을 재개하고자 하거나 휴업기간을 변경하려는 경우에도 등록관청에 신고해야 하며, 전자문서에 따른 신고도 가능하다. 휴·폐업신고는 방문신고만 가능하나 재개업신고와 휴업기간변경신고는 전자문서에 따른 신고도 가능하다.

② 개업공인중개사가 휴업한 중개업의 재개를 하려는 때에는 부동산중개업재개신고서에 따라 등록관청에 미리 신고해야 한다. 개업공인중개사가 휴업신고를 하고 재개업하려는 경우에는 신고한 휴업기간의 만료 또는 만료 전에 재개업하려는 경우에 모두 신고해야 한다. 중개사무소재개신고를 받은 등록관청은 반납을 받은 중개사무소등록증을 즉시 반환해야 한다(영 제18조 제5항).

4 통보사항

등록관청이 휴업신고, 폐업신고, 휴업한 중개업의 재개신고 또는 휴업기간의 변경신고를 받은 때에는 다음 달 10일까지 공인중개사협회에 통보해야 한다.

5 위반에 대한 제재

(1) 상대적 취소사유

개업공인중개사가 신고하지 않고 계속하여 6개월을 초과하여 휴업한 경우에 등록관청은 그의 중개사무소 개설등록을 취소할 수 있다.

(2) 100만원 이하의 과태료

개업공인중개사가 휴업, 폐업, 휴업한 중개업의 재개 또는 휴업기간의 변경신고를 하지 아니한 경우에는 100만원 이하의 과태료처분사유에 해당된다.

♪ **휴업과 업무정지처분의 비교**

구 분	내 용	휴업기간 중	업무정지처분기간 중
차이점	폐업 후 신규등록	가능(예외 – 중개인)	불가능
	기간 중 업무재개	신고하고 가능	불가능
	기간 중 중개사무소 공동사용	가능	불가능
	기간만료에 따른 재개업	신고	신고의무 없음
	등록증 반환 여부	반환	규정 없음
공통점	등록은 하고 있다.	① 중개사무소를 두어야 한다. ② 중개사무소를 이전할 수 있다. ③ 이중등록과 이중소속이 금지된다.	
	업무는 하지 않는다.	① 등록관청은 협회에 다음 달 10일까지 통보해야 한다. ② 업무보증을 설정하지 않아도 된다.	

제6절 일반중개계약

1 의 의

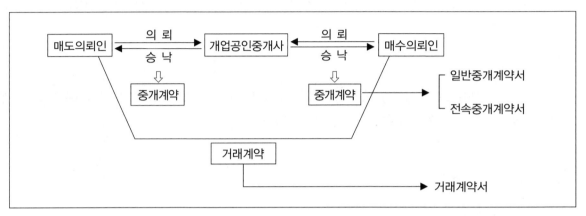

중개의뢰인은 중개의뢰내용을 명확하게 하기 위하여 필요한 경우에는 개업공인중개사에게 일반중개계약서의 작성을 요청할 수 있다.

2 일반중개계약서의 기재사항

① 중개대상물의 위치 및 규모

② 거래예정가격

③ 거래예정가격에 대하여 법 제32조에 따라 정한 중개보수

④ 그 밖에 개업공인중개사와 중개의뢰인이 준수하여야 할 사항

3 일반중개계약서의 서식

국토교통부장관은 일반중개계약의 표준이 되는 서식을 정하여 그 사용을 권장할 수 있다. 이에 따라 시행규칙 별지서식에서는 일반중개계약서의 서식을 규정하고 있다.

㉤ 일반중개계약서와 전속중개계약서 및 거래계약서

구 분	일반중개계약서	전속중개계약서	거래계약서
사용시점	중개계약시	중개계약시(전속중개계약)	거래계약 체결시
계약 당사자	개업공인중개사와 의뢰인	개업공인중개사와 의뢰인	양 의뢰인
서 식	시행규칙 별지서식	시행규칙 별지서식	국토교통부장관이 정한 표준서식 (임의사항)
사용의무	권장사항	강제사항	권장사항
미사용에 대한 제재	없음	업무정지처분사유	없음
보관의무	규정 없음	3년	5년
교부의무	의뢰인 일방(일반중개계약시)	의뢰인 일방(전속중개계약시)	거래당사자 쌍방

■ 공인중개사법 시행규칙 [별지 제14호 서식] <개정 2014.7.29>   (앞 쪽)

일 반 중 개 계 약 서

([ ] 매도 [ ] 매수 [ ] 임대 [ ] 임차 [ ] 그 밖의 계약(   ))

※ 해당하는 곳의 [   ]란에 V표를 하시기 바랍니다.

중개의뢰인(갑)은 이 계약서에 의하여 뒤쪽에 표시한 중개대상물의 중개를 개업공인중개사(을)에게 의뢰하고 을은 이를 승낙한다.

1. 을의 의무사항

　을은 중개대상물의 거래가 조속히 이루어지도록 성실히 노력하여야 한다.

2. 갑의 권리 · 의무 사항

　1) 갑은 이 계약에도 불구하고 중개대상물의 거래에 관한 중개를 다른 개업공인중개사에게도 의뢰할 수 있다.

　2) 갑은 을이 「공인중개사법」(이하 "법"이라 한다) 제25조에 따른 중개대상물의 확인 · 설명의무를 이행하는 데 협조하여야 한다.

3. 유효기간

　이 계약의 유효기간은   년   월   일까지로 한다.

　※ 유효기간은 3개월을 원칙으로 하되, 갑과 을이 합의하여 별도로 정한 경우에는 그 기간에 따른다.

4. 중개보수

　중개대상물에 대한 거래계약이 성립한 경우 갑은 거래가액의 (   )%(또는   원)을 중개보수로 을에게 지급한다.

　※ 뒤쪽 별표의 요율을 넘지 않아야 하며, 실비는 별도로 지급한다.

5. 을의 손해배상 책임

　을이 다음의 행위를 한 경우에는 갑에게 그 손해를 배상하여야 한다.

　1) 중개보수 또는 실비의 과다수령 : 차액 환급

　2) 중개대상물의 확인 · 설명을 소홀히 하여 재산상의 피해를 발생하게 한 경우 : 손해액 배상

6. 그 밖의 사항

　이 계약에 정하지 않은 사항에 대하여는 갑과 을이 합의하여 별도로 정할 수 있다.

이 계약을 확인하기 위하여 계약서 2통을 작성하여 계약 당사자 간에 이의가 없음을 확인하고 각자 서명 또는 날인한 후 쌍방이 1통씩 보관한다.

　　　　　　　　　　　　　　　　　　　　　　　　　　　　　　　　년   월   일

계약자

중개의뢰인 (갑)	주소(체류지)		성명	(서명 또는 인)
	생년월일		전화번호	
개업 공인중개사 (을)	주소(체류지)		성명 (대표자)	(서명 또는 인)
	상호(명칭)		등록번호	
	생년월일		전화번호	

210mm×297mm[일반용지 60g/㎡(재활용품)]

(뒤 쪽)

※ 중개대상물의 거래내용이 권리를 이전(매도·임대 등)하려는 경우에는 「Ⅰ. 권리이전용(매도·임대 등)」에 적고, 권리를 취득(매수·임차 등)하려는 경우에는 「Ⅱ. 권리취득용(매수·임차 등)」에 적습니다.

Ⅰ. 권리이전용(매도·임대 등)

구 분	[ ] 매도　　[ ] 임대　　[ ] 그 밖의 사항(　　　　　　　　　　　　)					
소유자 및 등기명의인	성 명			생년월일		
	주 소					
중개대상물의 표시	건축물	소재지			건축연도	
		면 적	m^2	구 조	용 도	
	토 지	소재지			지 목	
		면 적	m^2	지역·지구 등	현재 용도	
	은행융자·권리금·제세공과금 등(또는 월임대료·보증금·관리비 등)					
권리관계						
거래규제 및 공법상 제한사항						
중개의뢰 금액						
그 밖의 사항						

Ⅱ. 권리취득용(매수·임차 등)

구 분	[ ] 매수　　[ ] 임차　　[ ] 그 밖의 사항(　　　　　　　　　　　)	
항 목	내 용	세부 내용
희망물건의 종류		
취득 희망가격		
희망 지역		
그 밖의 희망조건		

첨부서류	중개보수 요율표(「공인중개사법」 제32조 제4항 및 같은 법 시행규칙 제20조에 따른 요율표를 수록합니다) ※ 해당 내용을 요약하여 수록하거나, 별지로 첨부합니다.

유의사항

[개업공인중개사 위법행위 신고안내]
개업공인중개사가 중개보수 과다수령 등 위법행위시 시·군·구 부동산중개업 담당 부서에 신고할 수 있으며, 시·군·구에서는 신고사실을 조사한 후 적정한 조치를 취하게 됩니다.

제7절 **전속중개계약**

1 전속중개계약의 의의

중개의뢰인은 중개대상물의 중개를 의뢰하는 경우 특정한 개업공인중개사를 정하여 그 개업공인중개사에 한정하여 해당 중개대상물을 중개하도록 하는 계약을 체결할 수 있다. 이를 전속중개계약이라 한다.

2 전속중개계약에 따른 개업공인중개사의 의무

(1) 전속중개계약서 사용 의무

전속중개계약은 전속중개계약서에 따라야 하며, 개업공인중개사는 전속중개계약을 체결한 때에는 해당 전속중개계약서를 3년 동안 보존해야 한다.

(2) 정보공개의무

① 개업공인중개사는 전속중개계약을 체결한 때에는 7일 이내에 부동산거래정보망 또는 일간신문에 해당 중개대상물에 관한 정보를 공개해야 한다. 다만, 중개의뢰인이 비공개를 요청한 경우에는 이를 공개하여서는 아니 된다.

② 전속중개계약을 체결한 개업공인중개사가 공개하여야 할 중개대상물에 관한 정보의 내용은 다음과 같다.

> ㉠ 중개대상물의 종류, 소재지, 지목 및 면적, 건축물의 용도 · 구조 및 건축연도 등 중개대상물을 특정하기 위하여 필요한 사항
> ㉡ 벽면 및 도배의 상태
> ㉢ 수도 · 전기 · 가스 · 소방 · 열공급 · 승강기 설비, 오수 · 폐수 · 쓰레기 처리시설 등의 상태
> ㉣ 도로 및 대중교통수단과의 연계성, 시장 · 학교 등과의 근접성, 지형 등 입지조건, 일조(日照) · 소음 · 진동 등 환경조건
> ㉤ 소유권 · 전세권 · 저당권 · 지상권 및 임차권 등 중개대상물의 권리관계에 관한 사항. 다만, 각 권리자의 주소 · 성명 등 인적사항에 관한 정보는 공개하여서는 아니 된다.
> ㉥ 공법상의 이용제한 및 거래규제에 관한 사항
> ㉦ 중개대상물의 거래예정금액 및 공시지가. 다만, 임대차의 경우에는 공시지가를 공개하지 아니할 수 있다.

③ **정보공개의 제한**: 공개사항 중에서는 두 가지 사항을 주의해야 한다.

  ㉠ 소유권·전세권·저당권·지상권 및 임차권 등 중개대상물의 권리관계에 관한 사항을 공개해야 한다. 다만, 각 권리자의 주소·성명 등 인적사항에 관한 정보는 공개하여서는 아니 된다.

  ㉡ 중개대상물의 거래예정금액 및 공시지가를 공개해야 한다. 다만, 임대차의 경우에는 공시지가를 공개하지 아니할 수 있다.

(3) 업무처리상황의 통보의무

전속중개계약을 체결한 개업공인중개사는 2주일에 1회 이상 업무처리상황을 문서로 통지해야 한다.

(4) 중개대상물 확인·설명의무를 성실히 이행

③ 전속중개계약에 따른 의뢰인의 의무

(1) 위약금 지급의무

① 중개의뢰인이 전속중개계약을 체결하고 전속중개계약의 유효기간 내에 전속중개계약을 체결한 개업공인중개사 외의 개업공인중개사에게 중개를 의뢰하여 거래한 경우에 중개의뢰인은 그가 지불하여야 할 중개보수를 위약금으로 지불해야 한다.

② 중개의뢰인이 전속중개계약의 유효기간 내에 전속중개계약을 체결한 개업공인중개사의 소개로 알게 된 상대방과 전속중개계약을 체결한 개업공인중개사를 배제하여 거래한 경우에 중개의뢰인은 그가 지불하여야 할 중개보수를 위약금으로 지불해야 한다.

(2) 지출비용 지불의무

전속중개계약의 유효기간 내에 중개의뢰인이 스스로 발견한 제3자와 직접 거래계약을 체결했을 경우 중개의뢰인은 그가 지불하여야 할 중개보수의 50%의 범위 내에서 개업공인중개사가 중개를 위하여 지출한 비용을 지불해야 한다. 지출한 비용은 사회통념에 비추어 상당하다고 인정되는 비용을 말한다.

(3) 중개의뢰인의 협조의무

중개의뢰인은 개업공인중개사가 중개대상물 확인·설명의무를 이행하는 데 협조해야 한다.

4 전속중개계약의 유효기간

전속중개계약의 유효기간은 3월로 한다. 전속중개계약서상에 당사자 간에 다른 약정이 있는 경우에는 그 약정에 따른다.

5 위반시의 제재

(1) 상대적 취소사유

전속중개계약을 체결한 개업공인중개사가 중개대상물의 정보공개의무를 위반한 경우에는 상대적 취소사유에 해당된다. 즉, 전속중개계약을 체결한 개업공인중개사가 7일 이내에 부동산거래정보망 또는 일간신문에 해당 중개대상물에 관한 정보를 공개하지 않거나, 중개의뢰인의 비공개 요청에도 중개대상물을 부동산거래정보망 등에 공개한 경우에는 상대적 취소사유에 해당된다.

(2) 업무정지처분사유

개업공인중개사가 전속중개계약서를 사용하지 않고 전속중개계약을 체결하거나 전속중개계약서를 3년간 보존하지 않은 경우는 6개월의 범위 안에서 업무정지처분을 받을 수 있다.

■ 공인중개사법 시행규칙 [별지 제15호 서식] <개정 2021.8.27>　　　　　　　　　　　(앞 쪽)

전 속 중 개 계 약 서

([　] 매도 [　] 매수 [　] 임대 [　] 임차 [　] 그 밖의 계약(　　　　))

※ 해당하는 곳의 [　]란에 V표를 하시기 바랍니다.

중개의뢰인(갑)은 이 계약서에 따라 뒤쪽에 표시한 중개대상물의 중개를 개업공인중개사(을)에게 의뢰하고 을은 이를 승낙한다.

1. 을의 의무사항

　① 을은 갑에게 계약체결 후 2주일에 1회 이상 중개업무 처리상황을 문서로 통지해야 한다.

　② 을은 이 전속중개계약 체결 후 7일 이내 「공인중개사법」(이하 "법"이라 한다) 제24조에 따른 부동산거래정보망 또는 일간신문에 중개대상물에 관한 정보를 공개하여야 하며, 중개대상물을 공개한 때에는 지체 없이 갑에게 그 내용을 문서로 통지해야 한다. 다만, 갑이 비공개를 요청한 경우에는 이를 공개하지 아니한다. (공개 또는 비공개 여부:　　　　)

　③ 법 제25조 및 같은 법 시행령 제21조에 따라 중개대상물에 관한 확인·설명의무를 성실하게 이행해야 한다.

2. 갑의 권리·의무 사항

　① 다음 각 호의 어느 하나에 해당하는 경우에는 갑은 그가 지불하여야 할 중개보수에 해당하는 금액을 을에게 위약금으로 지급해야 한다. 다만, 제3호의 경우에는 중개보수의 50퍼센트에 해당하는 금액의 범위에서 을이 중개행위를 할 때 소요된 비용(사회통념에 비추어 상당하다고 인정되는 비용을 말한다)을 지급한다.

　　1. 전속중개계약의 유효기간 내에 을 외의 다른 개업공인중개사에게 중개를 의뢰하여 거래한 경우

　　2. 전속중개계약의 유효기간 내에 을의 소개에 따라 알게 된 상대방과 을을 배제하고 거래당사자 간에 직접 거래한 경우

　　3. 전속중개계약의 유효기간 내에 갑이 스스로 발견한 상대방과 거래한 경우

　② 갑은 을이 법 제25조에 따른 중개대상물 확인·설명의무를 이행하는데 협조해야 한다.

3. 유효기간

　이 계약의 유효기간은　　　　　년　　　　월　　　　일까지로 한다.

　※ 유효기간은 3개월을 원칙으로 하되, 갑과 을이 합의하여 별도로 정한 경우에는 그 기간에 따른다.

4. 중개보수

　중개대상물에 대한 거래계약이 성립한 경우 갑은 거래가액의 (　　)%(또는　　　원)을 중개보수로 을에게 지급한다.

　※ 뒤쪽 별표의 요율을 넘지 않아야 하며, 실비는 별도로 지급한다.

5. 을의 손해배상 책임

　을이 다음의 행위를 한 경우에는 갑에게 그 손해를 배상해야 한다.

　1) 중개보수 또는 실비의 과다수령 : 차액 환급

　2) 중개대상물의 확인·설명을 소홀히 하여 재산상의 피해를 발생하게 한 경우 : 손해액 배상

6. 그 밖의 사항

　이 계약에 정하지 않은 사항에 대하여는 갑과 을이 합의하여 별도로 정할 수 있다.

이 계약을 확인하기 위하여 계약서 2통을 작성하여 계약 당사자 간에 이의가 없음을 확인하고 각자 서명 또는 날인한 후 쌍방이 1통씩 보관한다.

　　　　　　　　　　　　　　　　　　　　　년　　　　월　　　　일

계약자

중개의뢰인 (갑)	주소(체류지)		성명	(서명 또는 인)
	생년월일		전화번호	
개업 공인중개사 (을)	주소(체류지)		성명 (대표자)	(서명 또는 인)
	상호(명칭)		등록번호	
	생년월일		전화번호	

210mm × 297mm[일반용지 60g/m² (재활용품)]

(뒤 쪽)

※ 중개대상물의 거래내용이 권리를 이전(매도·임대 등)하려는 경우에는 「Ⅰ. 권리이전용(매도·임대 등)」에 적고, 권리를 취득(매수·임차 등)하려는 경우에는 「Ⅱ. 권리취득용(매수·임차 등)」에 적습니다.

Ⅰ. 권리이전용(매도·임대 등)

구 분	[ ] 매도 [ ] 임대 [ ] 그 밖의 사항( )					
소유자 및 등기명의인	성 명		생년월일			
	주 소					
중개대상물의 표시	건축물	소재지			건축연도	
		면 적	m² 구 조		용 도	
	토 지	소재지			지 목	
		면 적	m² 지역·지구 등		현재 용도	
	은행융자·권리금·제세공과금 등(또는 월임대료·보증금·관리비 등)					
권리관계						
거래규제 및 공법상 제한사항						
중개의뢰 금액	원					
그 밖의 사항						

Ⅱ. 권리취득용(매수·임차 등)

구 분	[ ] 매수 [ ] 임차 [ ] 그 밖의 사항( )	
항 목	내 용	세부 내용
희망물건의 종류		
취득 희망가격		
희망 지역		
그 밖의 희망조건		

첨부서류	중개보수 요율표(「공인중개사법」 제32조 제4항 및 같은 법 시행규칙 제20조에 따른 요율표를 수록합니다) ※ 해당 내용을 요약하여 수록하거나, 별지로 첨부합니다.

유의사항

[개업공인중개사 위법행위 신고안내]
개업공인중개사가 중개보수 과다수령 등 위법행위시 시·군·구 부동산중개업 담당 부서에 신고할 수 있으며, 시·군·구에서는 신고사실을 조사한 후 적정한 조치를 취하게 됩니다.

제8절 부동산거래정보망

1 의 의

국토교통부장관은 개업공인중개사 상호간에 부동산매매 등에 관한 정보의 공개와 유통을 촉진하고 공정한 부동산거래질서를 확립하기 위하여 부동산거래정보망을 설치·운영할 자를 지정할 수 있다.

2 거래정보사업자의 지정요건

(1) 부동산거래정보망의 가입·이용신청을 한 개업공인중개사의 수가 5백명 이상이고 2개 이상의 특별시·광역시·도 및 특별자치도(이하 "시·도"라 한다)에서 각각 30인 이상의 개업공인중개사가 가입·이용신청을 하였을 것

(2) 정보처리기사 1명 이상을 확보할 것

(3) 공인중개사 1명 이상을 확보할 것

(4) 부동산거래정보망의 가입자가 이용하는 데 지장이 없는 정도로서 국토교통부장관이 정하는 용량 및 성능을 갖춘 컴퓨터설비를 확보할 것

3 거래정보사업자의 지정절차

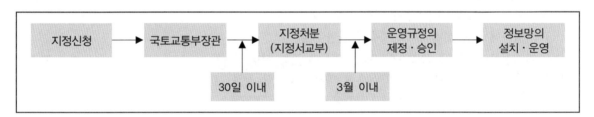

(1) 지정신청

부동산거래정보망을 설치·운영할 자로 지정받으려는 자는 거래정보사업자지정신청서에 다음의 서류를 첨부하여 국토교통부장관에게 제출해야 한다. 이 경우 담당 공무원은 「전자정부법」에 따라 행정정보의 공동이용을 통하여 법인등기사항증명서(신청인이 법인인 경우에 한한다)을 확인해야 한다.

① 부동산거래정보망의 가입·이용신청을 한 개업공인중개사의 수가 500명 이상이고 2개 이상의 특별시·광역시 및 도에서 각각 30명 이상의 개업공인중개사로부터 받은 부동산거래정보망 가입·이용신청서 및 그 개업공인중개사의 중개사무소 개설등록증 사본

② 정보처리기사자격증 사본

③ 공인중개사자격증 사본

④ 주된 컴퓨터의 용량 및 성능 등을 확인할 수 있는 서류

⑤ 「전기통신사업법」에 따라 부가통신사업자신고서를 제출하였음을 확인할 수 있는 서류

(2) 지정처분

국토교통부장관은 지정신청을 받은 때에는 지정신청을 받은 날부터 30일 이내에 이를 검토하여 지정기준에 적합하다고 인정되는 경우에는 거래정보사업자로 지정하고, 거래정보사업자지정대장에 기재한 후에 거래정보사업자지정서를 교부해야 한다. 지정서에는 다음의 사항을 기재해야 한다.

① 지정 번호 및 지정 연월일
② 상호 또는 명칭 및 대표자의 성명
③ 사무소의 소재지
④ 주된 컴퓨터설비의 내역
⑤ 전문자격자의 보유에 관한 사항

(3) 운영규정의 작성 · 승인

거래정보사업자는 지정받은 날부터 3개월 이내에 부동산거래정보망의 이용 및 정보제공방법 등에 관한 운영규정을 정하여 국토교통부장관의 승인을 얻어야 한다. 이를 변경하려는 때에도 또한 같다. 운영규정에는 다음의 사항을 정해야 한다.

① 부동산거래정보망의 등록절차
② 자료의 제공 및 이용방법에 관한 사항
③ 가입자에 대한 회비 및 그 징수에 관한 사항
④ 거래정보사업자 및 가입자의 권리 · 의무에 관한 사항
⑤ 그 밖에 부동산거래정보망의 이용에 관하여 필요한 사항

(4) 부동산거래정보망의 운영

① **거래정보사업자** : 개업공인중개사로부터 공개를 의뢰받은 중개대상물의 정보에 한정하여 이를 부동산거래정보망에 공개하여야 하며, 의뢰받은 내용과 다르게 정보를 공개하거나 어떠한 방법으로든지 개업공인중개사에 따라 정보가 차별적으로 공개되도록 하여서는 아니 된다. 이를 위반하면 1년 이하의 징역이나 1천만원 이하의 벌금에 처하고, 거래정보사업자 지정이 취소될 수 있다.

② **개업공인중개사** : 부동산거래정보망에 중개대상물에 관한 정보를 거짓으로 공개하여서는 아니 되며, 해당 중개대상물의 거래가 완성된 때에는 지체 없이 이를 해당 거래정보사업자에게 통보해야 한다. 이를 위반하면 업무정지처분사유에 해당된다.

(5) 부동산거래정보망을 이용한 거래계약체결

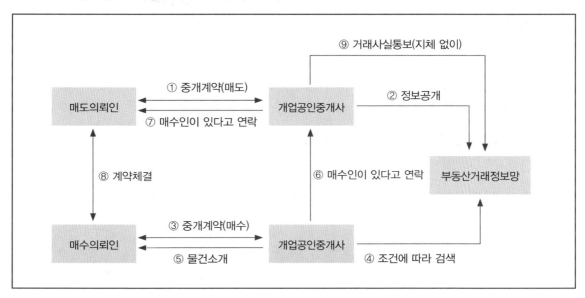

(6) 거래정보사업자에 대한 제재

① **지정취소**: 국토교통부장관은 거래정보사업자가 다음의 어느 하나에 해당하는 경우에는 그 지정을 취소할 수 있다. 국토교통부장관은 ㉠ 내지 ㉣의 규정에 따라 거래정보사업자 지정을 취소하려는 경우에는 청문을 실시해야 한다.

　㉠ 거짓이나 그 밖의 부정한 방법으로 지정을 받은 경우

　㉡ 거래정보사업자가 지정받은 날부터 3개월 이내에 운영규정을 정하여 국토교통부장관의 승인을 받지 않았거나 변경승인을 받지 아니하거나 운영규정에 위반하여 부동산거래정보망을 운영한 경우

　㉢ 거래정보사업자가 개업공인중개사로부터 공개를 의뢰받은 않은 중개대상물의 정보를 부동산거래정보망에 공개하거나 의뢰받은 내용과 다르게 정보를 공개하거나 어떠한 방법으로든지 개업공인중개사에 따라 정보가 차별적으로 공개되도록 한 경우

　㉣ 정당한 사유 없이 지정받은 날부터 1년 이내에 부동산거래정보망을 설치·운영하지 아니한 경우

　㉤ 개인인 거래정보사업자의 사망 또는 법인인 거래정보사업자의 해산 그 밖의 사유로 부동산거래정보망의 계속적인 운영이 불가능한 경우

② **벌 칙**

　㉠ 1년 이하의 징역이나 또는 1,000만원 이하의 벌금: 공개의무위반

　㉡ 500만원 이하의 과태료처분: 운영규정위반, 감독상 명령위반

개업공인중개사의 의무

제1절 **개업공인중개사 등의 기본윤리**

> **법 제29조【개업공인중개사 등의 기본윤리】** ① 개업공인중개사 및 소속공인중개사는 전문직업인으로서 지녀야 할 품위를 유지하고 신의와 성실로써 공정하게 중개 관련 업무를 수행해야 한다.
> ② 개업공인중개사 등은 이 법 및 다른 법률에 특별한 규정이 있는 경우를 제외하고는 그 업무상 알게 된 비밀을 누설하여서는 아니 된다. 개업공인중개사 등이 그 업무를 떠난 후에도 또한 같다.

1 품위유지의무

개업공인중개사는 전문직업인으로서 의뢰인의 이익을 위해 최선을 다해야 한다.

2 신의와 성실로써 공정하게 중개행위를 수행할 의무

개업공인중개사의 가장 기본적이고 최고의 의무에 해당한다.

3 선량한 관리자의 주의의무

「공인중개사법」에서 명문으로 규정하고 있지 않고, 학설과 판례가 인정하고 있는 개업공인중개사의 의무이다.

> **판례**
>
> 개업공인중개사와 중개의뢰인과의 법률관계는 「민법」상의 위임관계와 같으므로 개업공인중개사는 중개의뢰의 본지에 따라 선량한 관리자의 주의로써 의뢰받은 중개업무를 처리하여야 할 의무가 있다(대판 1993.5.11, 92다55350).

> **넓혀 보기**
>
> **과실의 구분**
> 과실은 부주의의 정도에 따라 경과실과 중과실로 나누어지는데, 일반적으로 과실은 경과실을 의미하며, 중과실을 요건으로 하는 경우에는 특별히 '중대한 과실'이라고 표현한다. 또한 과실은 주의의무의 정도에 따라 추상적 과실과 구체적 과실로 나누어지는데, 추상적 과실은 일반적으로 평균인에게 요구되는 주의로서 선량한 관리자의 주의 또는 선관주의라고 하며, 구체적 과실은 개인차가 인정되는 과실로서 자기재산과 동일한 주의 등으로 표현된다. 일반적으로 과실이라 함은 추상적 경과실을 의미한다.

4 비밀준수의무

(1) 비밀준수의무의 원칙

① 개업공인중개사 등은 그 업무상 알게 된 비밀을 누설하여서는 아니 된다. 개업공인중개사 등이 그 업무를 떠난 후에도 또한 같다.

② 개업공인중개사 등이 비밀준수의무에 위반한 경우에는 1년 이하의 징역 또는 1,000만원 이하의 벌금에 처할 수 있으나 피해자의 명시적인 의사에 반하여 처벌할 수 없다(반의사불벌죄).

> **넓혀 보기**
>
> 반의사불벌죄 · 친고죄
> 반의사불벌죄란 피해자가 처벌을 희망하지 않는다는 의사표시가 있으면 이에 반하여 처벌할 수 없는 범죄를 말한다. 즉 피해자가 처벌을 희망하는 의사표시가 없이도 기소할 수 있지만, 피해자가 처벌을 희망하지 않는 의사표시를 하거나 또는 처벌을 희망하는 의사표시를 철회한 때에는 처벌할 수 없고, 공소기각의 판결을 선고해야 한다. 반면에 친고죄란 고소권자의 고소가 있어야 기소할 수 있는 범죄를 말한다. 즉, 고소가 없으면 범죄자체가 성립되지 않는 범죄를 의미한다.

(2) 비밀준수의무의 예외

① 의뢰인의 승낙이 있는 경우

② 그 비밀사항이 다른 의뢰인에게 고지할 사항인 경우

③ 다른 법률에 특별한 규정이 있는 경우, 즉 세무공무원의 질문에 답해야 하는 의무나 선서한 증인으로 출석한 경우

제2절 | 중개대상물 확인 · 설명의무

1 의의: 일반 물건거래에서는 물건을 팔고자 하는 사람이 물건을 사고자 하는 사람에게 궁금한 사항을 설명해 주어야 하는 것이 원칙이다. 그러나 중개대상물은 권리관계가 복잡한 물건이므로 이를 전문가인 개업공인중개사의 의무로 규정하고 있다.

2 중개대상물 확인 · 설명의 방법

(1) 중개의뢰를 받은 경우: 개업공인중개사는 중개를 의뢰받은 경우에는 중개가 완성되기 전에 확인 · 설명사항을 확인하여 이를 해당 중개대상물에 관한 권리를 취득하고자 하는 중개의뢰인에게 성실 · 정확하게 설명하고, 토지대장 등본 또는 부동산종합증명서, 등기사항증명서 등 설명의 근거자료를 제시하여야 한다. 개업공인중개사는 확인 · 설명을 위하여 필요한 경우에는 중개대상물의 매도의뢰인 · 임

대의뢰인 등에게 해당 중개대상물의 상태에 관한 자료를 요구할 수 있다. 개업공인중개사는 매도의뢰인 · 임대의뢰인 등이 중개대상물의 상태에 관한 자료요구에 불응한 경우에는 그 사실을 매수의뢰인 · 임차의뢰인 등에게 설명하고, 중개대상물확인 · 설명서에 적어야 한다.

① **확인 · 설명의무를 이행해야 하는 시기**: 개업공인중개사의 중개대상물 확인 · 설명의무는 중개를 의뢰받고 중개가 완성되기 전에 해야 한다. 개업공인중개사는 거래계약체결 전까지만 확인 · 설명의무를 이행하면 된다.

② **확인 · 설명의무를 이행해야 할 대상**: 확인 · 설명의무는 거래당사자 모두에게 부담하는 의무가 아니라 매수, 임차, 그 밖에 권리를 취득하려는 중개의뢰인에게만 부담하는 의무이다.

③ **근거자료 제시**: 개업공인중개사는 확인 · 설명의무를 이행하고 근거서면을 제시해야 한다. 여기서의 근거서면이란 토지대장이나 건축물대장 등 지적관련서면과 등기사항증명서 등 권리관계서면, 토지이용계획확인서, 지적도 등을 의미한다. 그러나 중개대상물확인 · 설명서 등은 해당되지 않는다.

④ **중개대상물의 상태에 관한 자료요구권**

　　㉠ 개업공인중개사는 확인 · 설명을 위하여 필요한 경우에는 중개대상물의 매도의뢰인 · 임대의뢰인 등에게 해당 중개대상물의 상태에 관한 자료를 요구할 수 있다. 개업공인중개사가 요구할 수 있는 자료는 중개대상물의 상태에 관한 자료이며, 중개대상물 확인 · 설명사항 중에서 수도 · 전기 · 가스 · 소방 · 난방방식 및 연료공급 · 승강기 · 배수 등 내 · 외부 시설물의 상태, 벽면 · 바닥면 및 도배의 상태, 일조 · 소음 · 진동 등 환경조건 등의 자료를 요청할 수 있다. 그러나 도로와의 관계 · 대중교통 · 주차장 · 교육시설 · 판매 및 의료시설 등의 입지조건, 관리에 관한 사항 및 비선호시설 등의 자료는 요구할 수 없다.

　　㉡ 개업공인중개사는 매도의뢰인 · 임대의뢰인 등이 중개대상물의 상태에 관한 자료요구에 불응한 경우에는 그 사실을 매수의뢰인 · 임차의뢰인 등에게 설명하고, 중개대상물확인 · 설명서에 기재하도록 규정하여 개업공인중개사가 책임을 면할 수 있는 방법을 마련해 놓고 있다.

🔖 중개의뢰를 받은 경우의 확인 · 설명의무

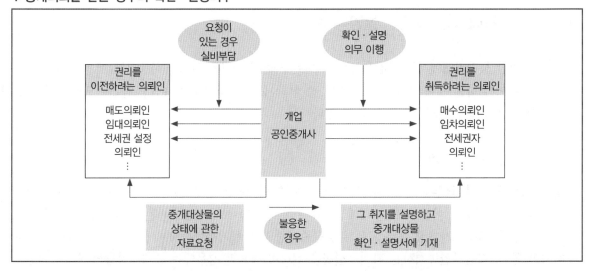

⑵ 거래계약서를 작성하는 경우

① 개업공인중개사는 중개가 완성되어 거래계약서를 작성하는 때에는 확인·설명사항을 서면으로 작성하여 거래당사자에게 교부해야 한다. 여기서의 서면은 중개대상물확인·설명서를 의미한다.

② 확인·설명서에는 개업공인중개사(법인인 경우에는 대표자를 말하며, 법인에 분사무소가 설치되어 있는 경우에는 분사무소의 책임자를 말한다)가 서명 및 날인하되, 해당 중개행위를 한 소속공인중개사가 있는 경우에는 소속공인중개사가 함께 서명 및 날인해야 한다.

③ 개업공인중개사는 중개대상물의 확인·설명서의 원본, 사본 또는 전자문서를 3년간 보관해야 한다. 다만, 확인·설명사항이 공인전자문서센터에 보관된 경우에는 그러하지 아니하다.

🄿 확인·설명의무를 이행하는 방법의 비교

구 분	중개의뢰를 받은 경우	중개가 완성된 경우
확인·설명시기	중개를 의뢰받고 중개가 완성되기 전	중개완성으로 거래계약서 작성시
확인·설명대상	권리를 취득하려는 중개의뢰인	거래당사자 쌍방
확인·설명방법	확인·설명하고 근거서면 제시	확인·설명서를 작성, 교부, 보관
확인·설명주체	개업공인중개사나 소속공인중개사	개업공인중개사나 소속공인중개사
위반시 제재	개업공인중개사는 과태료, 소속공인중개사는 자격정지	개업공인중개사는 업무정지, 소속공인중개사는 자격정지

③ 확인·설명의 내용

⑴ **소유자 등의 확인**: 개업공인중개사는 중개업무의 수행을 위하여 필요한 경우에는 중개의뢰인에게 주민등록증 등 신분을 확인할 수 있는 증표를 제시할 것을 요구할 수 있다(법 제25조의2).

⑵ 확인·설명의 내용(공통)

① 중개대상물의 종류·소재지·지번·지목·면적·용도·구조 및 건축연도 등 중개대상물에 관한 기본적인 사항

② 소유권·전세권·저당권·지상권 및 임차권 등 중개대상물의 권리관계에 관한 사항

③ 거래예정금액·중개보수 및 실비의 금액과 그 산출내역

④ 토지이용계획, 공법상의 거래규제 및 이용제한에 관한 사항

⑤ 수도·전기·가스·소방·열공급·승강기 및 배수 등 시설물의 상태

⑥ 벽면·바닥면 및 도배의 상태

⑦ 일조·소음·진동 등 환경조건

⑧ 도로 및 대중교통수단과의 연계성, 시장 · 학교와의 근접성 등 입지조건

⑨ 중개대상물에 대한 권리를 취득함에 따라 부담하여야 할 조세의 종류 및 세율

(3) 주택 임대차 중개시 추가 확인 · 설명사항

① 관리비 금액과 그 산출내역

② 「주택임대차보호법」에 따른 임대인의 정보 제시 의무 및 보증금 중 일정액의 보호에 관한 사항

③ 「주민등록법」에 따른 전입세대확인서의 열람 또는 교부에 관한 사항

④ 「민간임대주택에 관한 특별법」에 따른 임대보증금에 대한 보증에 관한 사항(중개대상물인 주택이 같은 법에 따른 민간임대주택인 경우만 해당한다)

4 확인 · 설명의무 위반에 대한 제재

(1) 민사책임

> **판례**
>
> 개업공인중개사가 중개대상물 확인 · 설명의무에 위반하여 중개의뢰인에게 손해를 끼친 경우에는 손해배상 책임을 부담하며, 중개대상물 확인 · 설명의무에 위반한 경우와 이에 기한 손해배상책임은 중개의뢰인이 개업공인중개사에게 소정의 보수를 지급하지 아니하였다고 해서 당연히 소멸되는 것이 아니다(대판 2002.2.5, 2001다71484).

(2) 행정상 책임

① **개업공인중개사**

㉠ 성실 · 정확하게 확인 · 설명의무를 이행하지 않았거나, 설명의 근거자료를 제시하지 않은 경우 : 500만원 이하의 과태료

㉡ 확인 · 설명서에 서명 및 날인하지 않았거나, 쌍방에게 교부하지 않았거나 보관하지 않은 경우 : 업무정지처분사유

② **소속공인중개사** : 성실 · 정확하게 확인 · 설명의무를 이행하지 않았거나 설명의 근거자료를 제시하지 않았거나 확인 · 설명서에 서명 및 날인하지 않은 경우 ⇨ 자격정지처분사유

거래계약서

1 의 의

부동산거래계약도 일반 계약과 마찬가지로 청약과 승낙의 의사표시의 합치(합의)에 따라 성립되며, 서면으로 거래계약서를 작성해야 부동산거래계약이 성립되는 것은 아니다.

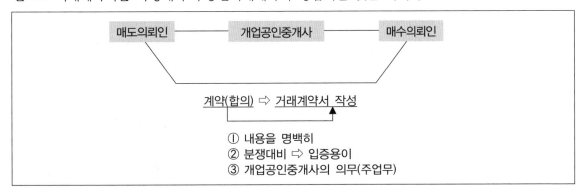

2 거래계약서의 서식

국토교통부장관은 개업공인중개사가 작성하는 거래계약서의 표준이 되는 서식을 정하여 그 사용을 권장할 수 있다. 그러나 공인중개사법령에는 거래계약서 서식을 규정하고 있지 않다.

3 거래계약서의 필수기재사항

① 거래당사자의 인적 사항
② 물건의 표시
③ 계약일
④ 거래금액·계약금액 및 그 지급일자 등 지급에 관한 사항
⑤ 물건의 인도일시
⑥ 권리이전의 내용
⑦ 계약의 조건이나 기한이 있는 경우에는 그 조건 또는 기한
⑧ 중개대상물확인·설명서 교부일자
⑨ 그 밖의 약정내용

4 거래계약서의 서명 및 날인 · 교부 · 보관의무

① 개업공인중개사는 중개대상물에 관하여 중개가 완성된 때에는 거래계약서를 작성하여 거래당사자 쌍방에게 교부하고 5년 동안 그 원본, 사본 또는 전자문서를 보존하여야 한다. 다만, 거래계약서가 공인전자문서센터에 보관된 경우에는 그러하지 아니하다. 이에 위반하면 업무정지처분사유에 해당 된다.

② 개업공인중개사가 거래계약서를 작성한 때에는 개업공인중개사(법인인 경우에는 대표자를 말하며, 법인에 분사무소가 설치되어 있는 경우에는 분사무소의 책임자를 말한다)가 서명 및 날인하되, 해당 중개행위를 한 소속공인중개사가 있는 경우에는 소속공인중개사가 함께 서명 및 날인하여야 한다. 이에 위반하면 업무정지처분사유에 해당된다.

┌ **판례** ┐

중개를 하지 않고 거래계약서를 작성한 개업공인중개사의 책임

1. 개업공인중개사는 중개가 완성된 때에만 거래계약서 등을 작성 · 교부하여야 하고 중개를 하지 아니하였음에도 함부로 거래계약서 등을 작성 · 교부하여서는 아니 된다.

2. 개업공인중개사가 자신의 중개로 전세계약이 체결되지 않았음에도 실제 계약당사자가 아닌 자에게 전세계약서와 중개대상물확인 · 설명서 등을 작성 · 교부해 줌으로써 이를 담보로 제공받아 금전을 대여한 대부업자가 대여금을 회수하지 못하는 손해를 입은 사안에서, 개업공인중개사로서는 일반 제3자가 그 전세계약서에 대하여 개업공인중개사를 통해 그 내용과 같은 전세계약이 체결되었음을 증명하는 것으로 인식하고 이를 전제로 그 전세계약서를 담보로 제공하여 금전을 차용하는 등의 거래관계에 들어갈 것임을 인식할 수 있었다고 보아, 개업공인중개사의 주의의무 위반에 따른 손해배상책임이 인정된다(대판 2010.5.13, 2009다78863, 78870).

5 이중 계약서 작성금지 등

개업공인중개사가 거래계약서를 작성하는 때에는 거래금액 등 거래내용을 거짓으로 기재하거나 서로 다른 둘 이상의 거래계약서를 작성하여서는 아니 된다. 이에 위반하면 상대적 취소사유에 해당된다.

제4절 손해배상책임과 업무보증설정

1 손해배상책임의 성립요건

(1) 개업공인중개사는 중개행위를 하는 경우에 고의 또는 과실이나(과실책임)

　　개업공인중개사가 자기의 중개사무소를 다른 사람의 중개행위의 장소로 제공함으로써(무과실책임)

(2) 거래당사자에게 재산상의 손해를 발생하게 한 때에는(인과관계)

(3) 그 손해를 배상할 책임이 있다.

판례

1. 어떠한 행위가 중개행위에 해당하는지 여부는 거래당사자의 보호에 목적을 둔 법 규정의 취지에 비추어 볼 때 개업공인중개사가 진정으로 거래당사자를 위하여 거래를 알선·중개하려는 의사를 갖고 있었느냐고 하는 개업공인중개사의 주관적 의사에 따라 결정할 것이 아니라 개업공인중개사의 행위를 객관적으로 보아 사회통념상 거래의 알선·중개를 위한 행위라고 인정되는지 여부에 따라 결정해야 한다(대판 2005.10.7, 2005다32197).

2. 임대차계약을 알선한 개업공인중개사가 계약 체결 후에도 보증금의 지급, 목적물의 인도, 확정일자의 취득 등과 같은 거래당사자의 계약상 의무의 실현에 관여함으로써 계약상 의무가 원만하게 이행되도록 주선할 것이 예정되어 있는 때에는 그러한 개업공인중개사의 행위는 객관적으로 보아 사회통념상 거래의 알선·중개를 위한 행위로서 중개행위의 범주에 포함된다(대판 2007.2.8, 2005다55008).

3. 甲이 공인중개사자격증과 중개사무소등록증을 대여받아 중개사무소를 운영하던 중 오피스텔을 임차하기 위하여 위 중개사무소를 방문한 乙에게 자신이 오피스텔을 소유하고 있는 것처럼 가장하여 직접 거래당사자로서 임대차계약을 체결한 사안에서, 비록 임대차계약서의 중개사란에 중개사무소의 명칭이 기재되고, 공인중개사 명의로 작성된 중개대상물확인·설명서가 교부되었다고 하더라도, 甲의 위 행위를 객관적으로 보아 사회통념상 거래당사자 사이의 임대차를 알선·중개하는 행위에 해당한다고 볼 수 없다(대판 2011.4.14, 2010다101486).

4. 부동산 매매계약 체결을 중개하고 계약체결 후 계약금 및 중도금 지급에도 관여한 개업공인중개사가 잔금 중 일부를 횡령한 경우, '개업공인중개사가 중개행위를 하는 경우 거래당사자에게 재산상의 손해를 발생하게 한 경우'에 해당한다(대판 2005.10.7, 2005다32197).

5. '경매대상 부동산에 대한 권리분석 및 취득의 알선'을 위한 행위도 사회통념상 거래의 알선, 중개를 위한 행위라고 인정되기에 충분하므로 중개업법 제19조 제1항의 '중개행위'에 해당한다고 해석함이 타당하다 할 것이다(대판 2007.4.12, 2005다40853).

2 업무보증설정

(1) 업무보증의 설정시기

개업공인중개사는 중개사무소 개설등록을 한 때에는 업무를 시작하기 전에 손해배상책임을 보장하기 위한 조치를 한 후 그 증명서류를 갖추어 등록관청에 신고해야 한다. 다만, 보증보험회사 · 공제사업자 또는 공탁기관이 보증사실을 등록관청에 직접 통보한 경우에는 신고를 생략할 수 있다.

(2) 업무보증 설정방법 및 내용

구 분	업무보증 설정방법	업무보증 설정내용
법인인 개업공인중개사	• 공제가입 • 보증보험가입 • 공탁(현금 또는 국공채) 중 택 1	4억원 이상(단, 분사무소는 분사무소마다 2억원 이상씩 추가설정)
법인이 아닌 개업공인중개사(공인중개사인 개업공인중개사 · 중개인)		2억원 이상
다른 법률에 의해 중개업을 할 수 있는 자		2,000만원 이상

- 보증보험계약은 개업공인중개사가 중개행위를 하는 경우 고의 또는 과실로 인하여 중개의뢰인에게 재산상의 손해를 입힌 경우 그 손해를 보상하기 위하여 체결된 이른바 타인을 위한 손해보험계약에 해당된다.
- 공인중개사협회가 운영하는 공제제도는 개업공인중개사가 그의 불법행위 또는 채무불이행으로 인하여 거래당사자에게 부담하게 되는 손해배상책임을 보증하는 보증보험적 성격을 가진 제도라고 보아야 할 것이다.

(3) 업무보증의 변경

보증을 설정한 개업공인중개사는 그 보증을 다른 보증으로 변경하려는 경우에는 이미 설정한 보증의 효력이 있는 기간 중에 다른 보증을 설정하고 그 증명서류를 갖추어 등록관청에 신고해야 한다. 다만, 보증기관이 보증사실을 등록관청에 직접 통보한 경우에는 신고를 생략할 수 있다.

(4) 업무보증의 재설정

보증보험 또는 공제에 가입한 개업공인중개사로서 보증기간이 만료되어 다시 보증을 설정하려는 자는 그 보증기간 만료일까지 다시 보증을 설정하고 그 증명서류를 갖추어 등록관청에 신고해야 한다. 다만, 보증기관이 보증사실을 등록관청에 직접 통보한 경우에는 신고를 생략할 수 있다.

(5) 공탁금 회수제한

개업공인중개사가 업무보증으로 공탁한 공탁금은 개업공인중개사가 폐업 또는 사망한 날부터 3년 이내에는 이를 회수할 수 없다.

(6) 업무보증금의 지급

① 중개의뢰인이 손해배상금으로 보증보험금·공제금 또는 공탁금을 지급받고자 하는 경우에는 그 중개의뢰인과 개업공인중개사 간의 손해배상합의서·화해조서 또는 확정된 법원의 판결문 사본 그 밖에 이에 준하는 효력이 있는 서류를 첨부하여 보증기관에 손해배상금의 지급을 청구해야 한다.

② 개업공인중개사는 보증보험금·공제금 또는 공탁금으로 손해배상을 한 때에는 15일 이내에 보증보험 또는 공제에 다시 가입하거나 공탁금 중 부족하게 된 금액을 보전해야 한다.

⚡ 업무보증에서 손해배상을 받는 절차

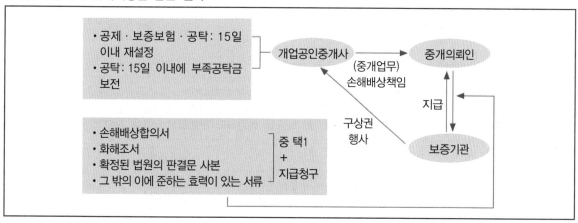

📋 판례

공제금청구권의 소멸시효의 기산점

공제사고가 발생한 것인지가 객관적으로 분명하지 아니한 등의 이유로 공제금청구권자가 공제사고의 발생 사실을 확인할 수 없는 사정이 있는 경우에는 보험금청구권의 경우와 마찬가지로, 공제금청구권자가 공제사고 발생을 알았거나 알 수 있었던 때부터 공제금청구권의 소멸시효가 진행한다고 해석해야 한다(대판 2012.2.23, 2011다77870).

📋 판례

보상한도

공제규정 및 이 사건 공제약관에 정한 이 사건 공제금은 '공제계약의 유효 기간 내에 발생된 공제사고 1건당 보상한도'라고 해석함이 상당하다(대판 2012.9.27, 2010다101776).

---

(7) 업무보증설정사항의 설명의무

개업공인중개사는 중개가 완성된 때에는 거래당사자에게 손해배상책임의 보장에 관한 다음의 사항을 설명하고 관계 증서의 사본을 교부하거나 관계 증서에 관한 전자문서를 제공해야 한다. 위반한 경우에는 100만원 이하의 과태료처분사유에 해당된다.

① 보장금액

② 보증보험회사, 공제사업을 행하는 자, 공탁기관 및 그 소재지

③ 보장기간

(8) 업무보증 설정위반에 대한 제재

업무보증을 설정하지 않고 중개업무를 한 경우에 등록관청은 중개사무소 개설등록을 취소할 수 있다.

제5절 **계약금 등의 반환채무이행의 보장**

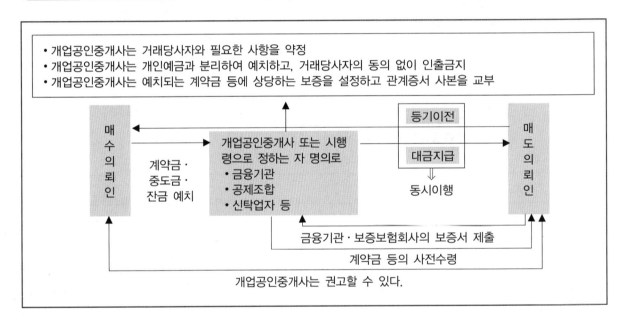

1 의 의

계약의 이행은 원칙적으로 채권자와 채무자 간의 동시이행이다. 그러나 부동산거래계약에 있어서 권리를 취득하려는 자가 계약금·중도금·잔금을 지급하여 이행을 먼저 하고, 권리를 이전하려는 자는 그때서야 등기이전 등의 이행을 하는 것이 보통이다.

부동산거래계약이 이와 같이 이루어짐으로써 여러 거래사고가 발생하고, 권리를 취득하려는 자는 등기이전 등을 받기 전에는 불안한 법적 지위를 갖게 되는 문제점이 발생하게 되었다. 이 같은 문제점을 개선하여 부동산거래계약을 동시이행관계로 정착시키고자 계약금 등의 반환채무이행의 보장을 위한 제도를 도입하게 되었다.

2 계약금 등의 예치 · 관리

개업공인중개사는 거래의 안전을 보장하기 위하여 필요하다고 인정하는 경우에는 거래계약의 이행이 완료될 때까지 계약금 · 중도금 또는 잔금(이하 "계약금 등"이라 한다)을 개업공인중개사 또는 대통령령으로 정하는 자의 명의로 금융기관, 법 제42조에 따라 공제사업을 하는 자 또는 「자본시장과 금융투자업에 관한 법률」에 따른 신탁업자 등에 예치하도록 거래당사자에게 권고할 수 있다.

(1) 예치명의자

① 개업공인중개사

② 「은행법」에 따른 은행

③ 「보험업법」에 따른 보험회사

④ 「자본시장과 금융투자업에 관한 법률」에 따른 신탁업자

⑤ 「우체국예금 · 보험에 관한 법률」에 따른 체신관서

⑥ 법 제42조에 따라 공제사업을 하는 자

⑦ 부동산거래계약의 이행을 보장하기 위하여 계약금 · 중도금 또는 잔금 및 계약 관련 서류를 관리하는 업무를 수행하는 전문회사

(2) 예치기관

① 금융기관

② 법 제42조에 따라 공제사업을 하는 자

③ 「자본시장과 금융투자업에 관한 법률」에 따른 신탁업자 등

⌐ 계약금 등의 예치명의자 등

예치금	예치명의자	예치기관	보증서 발행기관
① 계약금 ② 중도금 ③ 잔금	① 개업공인중개사 ② 은행 ③ 보험회사 ④ 신탁업자 ⑤ 체신관서 ⑥ 공제사업자 ⑦ 에스크로우 회사	① 금융기관 ② 공제사업을 하는 자 ③ 신탁업자 등	① 금융기관 ② 보증보험회사

(3) 개업공인중개사의 의무

① 개업공인중개사는 거래당사자가 계약금 등을 개업공인중개사의 명의로 금융기관 등에 예치할 것을 의뢰하는 경우에는 계약이행의 완료 또는 계약해제 등의 사유로 인한 계약금 등의 인출에 대한 거래당사자의 동의 방법, 반환채무이행 보장에 소요되는 실비 그 밖에 거래안전을 위하여 필요한 사항을 약정해야 한다.

② 개업공인중개사는 거래계약과 관련된 계약금 등을 자기 명의로 금융기관 등에 예치하는 경우에는 자기 소유의 예치금과 분리하여 관리될 수 있도록 하여야 하며, 예치된 계약금 등은 거래당사자의 동의 없이 인출하여서는 아니 된다.

③ 개업공인중개사는 계약금 등을 자기 명의로 금융기관 등에 예치하는 경우에는 그 계약금 등을 거래당사자에게 지급할 것을 보장하기 위하여 예치대상이 되는 계약금 등에 해당하는 금액을 보장하는 보증보험 또는 법 제42조의 규정에 따른 공제에 가입하거나 공탁을 하여야 하며, 거래당사자에게 관계 증서의 사본을 교부하거나 관계 증서에 관한 전자문서를 제공해야 한다.

③ 계약금 등의 사전수령

계약금 등을 예치한 경우 매도인 · 임대인 등 계약금 등을 수령 할 수 있는 권리가 있는 자는 해당 계약을 해제한 때에 계약금 등의 반환을 보장하는 내용의 금융기관 또는 보증보험회사가 발행하는 보증서를 계약금 등의 예치명의자에게 교부하고 계약금 등을 미리 수령 할 수 있다.

제6절 **개업공인중개사 등의 금지행위**

1 **개업공인중개사 등의 금지행위의 내용**

암기 매매는 서로 협조하여 보수를 받는 것이 중요사항이나(1/1), 증서를 직접거래하여 투기하거나 시세를 조정하기 위한 단체구성은 금지된다(3/3).

(1) 법 제3조에 따른 중개대상물의 매매를 업으로 하는 행위

중개대상물의 매매업이 금지되는 것이지 중개대상물의 교환, 임대차 등을 업으로 하는 것까지 폭넓게 금지하는 것은 아니다.

(2) 법 제9조에 따른 중개사무소의 개설등록을 하지 아니하고 중개업을 영위하는 자인 사실을 알면서 그를 통하여 중개를 의뢰받거나 그에게 자기의 명의를 이용하게 하는 행위

그러나 개업공인중개사가 무등록 중개업자임을 모르고 무등록 중개업자를 통하여 중개의뢰를 받은 경우에는 금지행위에 해당되지 않는다.

(3) 사례 · 증여 그 밖의 어떠한 명목으로도 중개보수 또는 실비를 초과하여 금품을 받는 행위

┌ 판례 ┐

1. 개업공인중개사가 부동산의 거래를 중개한 후 사례비나 수고비 등의 명목으로 금원을 받은 경우에도 그 금액이 소정의 보수를 초과하는 때에는 위 규정을 위반한 행위에 해당한다(대판 1999.2.9, 98도3116).
2. 영업용 건물의 영업시설 · 비품 등 유형물이나 거래처, 신용, 영업상의 노하우 또는 점포위치에 따른 영업상의 이점 등 무형의 재산적 가치는 중개대상물이라고 할 수 없으므로, 그러한 유 · 무형의 재산적 가치의 양도에 대하여 이른바 "권리금" 등을 수수하도록 중개한 것은 「공인중개사법」이 규율하고 있는 중개행위에 해당하지 아니하고, 따라서 같은 법이 규정하고 있는 중개보수의 한도액 역시 이러한 거래대상의 중개행위에는 적용되지 아니한다(대판 2006.9.22, 2005도6054).
3. 공인중개사가 토지와 건물의 임차권 및 권리금, 시설비의 교환계약을 중개하고 그 사례 명목으로 포괄적으로 지급받은 금원 중 어느 금액까지가 규율대상인 중개보수에 해당하는지를 특정할 수 없어 같은 법이 정한 한도를 초과하여 중개보수를 지급받았다고 단정할 수 없다(대판 2006.9.22, 2005도6054).
4. 개업공인중개사가 중개의뢰인으로부터 보수 등의 명목으로 소정의 한도를 초과하는 액면금액의 당좌수표를 교부받았다가 그것이 사후에 부도처리되거나 중개의뢰인에게 그대로 반환된 경우에도 개업공인중개사 등의 금지행위에 해당된다(대판 2004.11.12, 2004도4136).
5. 부동산 중개보수에 관한 위와 같은 규정들은 중개보수 약정 중 소정의 한도를 초과하는 부분에 대한 사법상의 효력을 제한하는 이른바 강행법규에 해당하고, 따라서 구 「공인중개사법」 등 관련 법령에서 정한 한도를 초과하는 부동산 중개보수 약정은 그 한도를 초과하는 범위 내에서 무효이다(대판 2007.12.20, 2005다32159).
6. 개업공인중개사가 아파트 분양권의 매매를 중개하면서 중개보수 산정에 관한 지방자치단체의 조례를 잘못 해석하여 법에서 허용하는 금액을 초과한 중개보수를 수수한 경우가 법률의 착오에 해당하지 않는다(대판 2005.5.27, 2004도62).

⑷ 해당 중개대상물의 거래상의 중요사항에 관하여 거짓된 언행 그 밖의 방법으로 중개의뢰인의 판단을 그르치게 하는 행위

⑸ 관계 법령에서 양도·알선 등이 금지된 부동산의 분양·임대 등과 관련 있는 증서 등의 매매·교환 등을 중개하거나 그 매매를 업으로 하는 행위

┌─ **판례** ─────────────────────────────────
1. 부동산의 분양·임대 등과 관련 있는 증서란 증서 소지인에게 단순히 우선적 지위를 부여하여 정부의 주택정책의 실효성을 거두기 위하여 양도가 금지되는 증서로서 국민주택예금증서, 청약저축통장, 재개발시 주는 입주권 등이 해당되며, 이와 같은 증서 등의 매매·교환 등을 중개하거나 그 매매를 업으로 하는 행위가 금지행위에 해당된다(대판 1991.4.23, 90도1287).
2. 중개대상물로 규정한 "건물"에는 기존의 건축물뿐만 아니라 장래에 건축될 건물도 포함되어 있는 것이므로, 아파트의 특정 동·호수에 대한 피분양자로 선정되거나 분양계약이 체결된 후에 특정아파트에 대한 매매를 중개하는 행위 등은 중개대상물인 건물을 중개한 것으로 볼 것이지 이를 부동산 개업공인중개사가 해서는 아니 될 부동산의 분양과 관련 있는 증서 등의 매매를 중개한 것으로 보아서는 안 된다(대판 1990.2.13, 89도1885).
───────────────────────────────────────

⑹ **중개의뢰인과 직접거래를 하거나 거래당사자 쌍방을 대리하는 행위**

① 직접거래

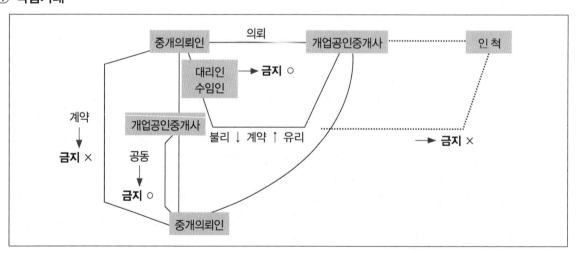

㉠ 중개의뢰인의 대리인이나 수임인과 계약을 체결한 경우에도 직접거래이다.
㉡ 개업공인중개사가 중개의뢰인과 배우자나 인척 등과 거래계약체결을 중개하는 것은 직접거래에 해당되지 않는다.
㉢ 다른 개업공인중개사의 중개에 의한 계약체결은 직접거래에 해당되지 않는다.
㉣ 개업공인중개사가 다른 사람과 공동으로 자기 중개의뢰인과 거래하는 것도 직접거래에 해당된다.
㉤ 중개의뢰인과 계약을 체결한 경우만 직접거래에 해당된다.

ⓗ 매매·교환·임대차를 불문한다.

ⓐ 보수를 받았는지는 불문한다.

ⓞ 승낙 여부를 불문한다.

> **판례**
>
> 1. 「공인중개사법」이 제33조 제1항 제6호에서 개업공인중개사 등이 '중개의뢰인과 직접거래를 하거나 거래 당사자 쌍방을 대리하는 행위'를 하지 못하도록 금지한 취지가, 이를 허용할 경우 개업공인중개사 등이 거래상 알게 된 정보 등을 자신의 이익을 꾀하는데 이용함으로써 중개의뢰인의 이익을 해하는 일이 없도록 중개의뢰인을 보호하고자 함에 있는 점에 비추어 볼 때, 위 법조 소정의 '중개의뢰인'에는 중개대상물의 소유자 뿐만 아니라 그 소유자로부터 거래에 관한 대리권을 수여받은 대리인이나 거래에 관한 사무의 처리를 위탁받은 수임인 등도 포함된다고 보아야 한다(대판 1990.11.19, 90도1872).
> 2. 개업공인중개사가 매도인으로부터 매도중개 의뢰를 받은 다른 개업공인중개사의 중개로 부동산을 매수하여 매수중개 의뢰를 받은 또 다른 개업공인중개사의 중개로 매도한 경우 「공인중개사법」 제33조 제1항 제6호에 해당하지 아니한다(대판 1991.3.27, 90도2858).
> 3. 개업공인중개사에게 중개의뢰인과 직접거래를 하는 행위를 금지하고 있는바, 개업공인중개사에 대하여 이 규정을 적용하기 위해서는 먼저 개업공인중개사가 중개의뢰인으로부터 중개의뢰를 받았다는 점이 전제되어야만 하고, 위 규정에서 금지하고 있는 '직접거래'란 개업공인중개사가 중개의뢰인으로부터 의뢰받은 매매·교환·임대차 등과 같은 권리의 득실·변경에 관한 행위의 직접 상대방이 되는 경우를 의미한다(대판 2005.10.14, 2005도4494).

② **쌍방대리** : 쌍방을 모두 대리하는 것만 금지되므로 거래당사자의 일방만을 대리하여 다른 의뢰인과 거래계약을 체결하는 일방대리는 허용된다.

⑺ **탈세 등 관계 법령을 위반할 목적으로 소유권보존등기 또는 이전등기를 하지 아니한 부동산이나 관계 법령의 규정에 따라 전매 등 권리의 변동이 제한된 부동산의 매매를 중개하는 등 부동산투기를 조장하는 행위**

> **판례**
>
> 부동산을 매수할 자력이 없는 甲이 전매차익을 노려 乙로부터 이 사건 부동산을 매수하여 계약금만 걸어 놓은 다음 중간생략등기의 방법으로 단기전매하여 각종 세금을 포탈하려는 것을 부동산중개인인 원고의 중개보조인 丙이 알고도 이에 동조하여 그 전매를 중개하였는데, 중도금 지급기일이 임박하도록 전매차익이 생길 만한 가액으로 위 부동산을 매수하겠다는 원매자가 나타나지 아니하자 계약이행을 하지 못하여 계약금을 몰취당하는 등의 손실을 방지하기 위하여 매수대금보다 싼 값에 전매하게 된 것이라면 甲이 결과적으로 전매차익을 올리지 못하고 말았다고 할지라도 丙의 위 전매중개는 「공인중개사법」 제33조 제7호 소정의 탈세를 목적으로 이전등기를 하지 아니한 부동산의 매매를 중개하여 부동산투기를 조장하는 행위에 해당한다(대판 1990.11.23, 90누4464).

⑻ **부당한 이익을 얻거나 제3자에게 부당한 이익을 얻게 할 목적으로 거짓으로 거래가 완료된 것처럼 꾸미는 등 중개대상물의 시세에 부당한 영향을 주거나 줄 우려가 있는 행위**

⑼ 단체를 구성하여 특정 중개대상물에 대하여 중개를 제한하거나 단체 구성원 이외의 자와 공동중개를 제한하는 행위

② 금지행위의 효과

⑴ 행정벌(법 제33조 제1항)

1년 이하의 징역 또는 1,000만원 이하의 벌금 (양벌규정)	• 중개대상물의 매매를 업으로 하는 행위(제1호) • 무등록 중개업자와의 협조행위(제2호) • 법정된 중개보수 또는 실비 외에 금품을 받는 행위(제3호) • 중개대상물의 중요사항에 관하여 거짓된 언행으로 의뢰인의 판단을 그르치게 하는 행위 (제4호)
3년 이하의 징역 또는 3,000만원 이하의 벌금 (양벌규정)	• 개업공인중개사 등이 부동산의 분양 등과 관련 있는 증서 등의 알선 · 중개 또는 매매를 업으로 하는 행위(제5호) • 개업공인중개사 등이 중개의뢰인과 직접거래 또는 쌍방대리를 하는 행위(제6호) • 미등기 전매행위 등 부동산투기 조장행위(제7호) • 중개대상물의 시세에 부당한 영향을 주거나 줄 우려가 있는 행위(제8호) • 단체를 구성하여 특정 중개대상물에 대하여 중개를 제한하거나 단체 구성원 이외의 자와 공동중개를 제한하는 행위(제9호)

⑵ 행정처분 : 상대적 취소사유

⑶ 손해배상책임

🔖 고용인의 금지행위에 대한 개업공인중개사의 책임

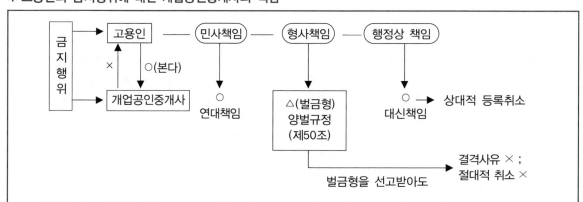

1. 고용인의 금지행위에 대하여 그를 고용한 개업공인중개사는 고용인과 동일한 책임을 지는 것은 아니다.
2. 고용인의 금지행위에 대하여 그를 고용한 개업공인중개사는 민사 · 형사 · 행정상의 책임을 진다.
3. 고용인의 행위로 인하여 그를 고용한 개업공인중개사의 공인중개사 자격이 취소되는 경우는 어떠한 경우에도 없다.

③ 개업공인중개사 등의 업무방해행위 금지(법 제33조 제2항)

누구든지 시세에 부당한 영향을 줄 목적으로 다음의 어느 하나의 방법으로 개업공인중개사 등의 업무를 방해해서는 아니 된다. 위반한 경우에는 3년 이하의 징역이나 3천만원 이하의 벌금에 처한다.

① 안내문, 온라인 커뮤니티 등을 이용하여 특정 개업공인중개사 등에 대한 중개의뢰를 제한하거나 제한을 유도하는 행위

② 안내문, 온라인 커뮤니티 등을 이용하여 중개대상물에 대하여 시세보다 현저하게 높게 표시·광고 또는 중개하는 특정 개업공인중개사 등에게만 중개의뢰를 하도록 유도함으로써 다른 개업공인중개사 등을 부당하게 차별하는 행위

③ 안내문, 온라인 커뮤니티 등을 이용하여 특정 가격 이하로 중개를 의뢰하지 아니하도록 유도하는 행위

④ 정당한 사유 없이 개업공인중개사 등의 중개대상물에 대한 정당한 표시·광고 행위를 방해하는 행위

⑤ 개업공인중개사 등에게 중개대상물을 시세보다 현저하게 높게 표시·광고하도록 강요하거나 대가를 약속하고 시세보다 현저하게 높게 표시·광고하도록 유도하는 행위

제7절 개업공인중개사 등의 교육 등

① 실무교육

(1) 실무교육 실시권자

실무교육의 실시권자는 시·도지사이다.

(2) 실무교육 대상자

① **중개사무소 개설등록을 신청하려는 자**: 중개사무소의 개설등록을 신청하려는 자(법인의 경우에는 사원·임원을 말하며, 분사무소의 설치신고를 하려는 경우에는 분사무소의 책임자를 말한다)는 등록신청일(분사무소 설치신고의 경우에는 신고일을 말한다) 전 1년 이내에 시·도지사가 실시하는 실무교육(실무수습을 포함한다)을 받아야 한다.

다만, 다음의 어느 하나에 해당하는 자는 그러하지 아니하다.

> 1. 폐업신고 후 1년 이내에 중개사무소의 개설등록을 다시 신청하려는 자
> 2. 소속공인중개사로서 고용관계 종료신고 후 1년 이내에 중개사무소의 개설등록을 신청하려는 자

② **소속공인중개사** : 소속공인중개사는 고용 신고일 전 1년 이내에 시·도지사가 실시하는 실무교육을 받아야 한다. 다만, 다음의 어느 하나에 해당하는 자는 그러하지 아니하다.

> 1. 고용관계 종료신고 후 1년 이내에 고용신고를 다시 하려는 자
> 2. 개업공인중개사로서 폐업신고를 한 후 1년 이내에 소속공인중개사로 고용신고를 하려는 자

(3) 실무교육내용과 시간

① **교육내용** : 개업공인중개사 및 소속공인중개사의 직무수행에 필요한 법률지식, 부동산 중개 및 경영 실무, 직업윤리 등이다.

② **교육시간** : 28시간 이상 32시간 이하이다(영 제28조 제1항).

2 직무교육

(1) 직무교육 실시권자

직무교육의 교육 실시권자는 시·도지사 또는 등록관청이다.

(2) 직무교육 대상자

중개보조원은 고용 신고일 전 1년 이내에 시·도지사가 실시하는 직무교육을 받아야 한다. 다만, 고용 관계 종료 신고 후 1년 이내에 고용 신고를 다시 하려는 자는 그러하지 아니하다.

(3) 직무교육의 내용과 시간

① **교육내용** : 중개보조원의 직무수행에 필요한 직업윤리 등이다.

② **교육시간** : 3시간 이상 4시간 이하이다.

3 연수교육

(1) 교육실시권자

연수교육의 교육 실시권자는 시·도지사이다.

(2) 교육대상자

실무교육을 받은 개업공인중개사 및 소속공인중개사는 실무교육을 받은 후 2년마다 시·도지사가 실 시하는 연수교육을 받아야 한다.

(3) 연수교육의 내용과 시간

① **교육내용** : 부동산중개 관련 법·제도의 변경사항, 부동산 중개 및 경영 실무, 직업윤리 등이다.

② **교육시간** : 12시간 이상 16시간 이하이다.

(4) 연수교육 통보

시·도지사는 연수교육을 실시하려는 경우 실무교육 또는 연수교육을 받은 후 2년이 되기 2개월 전까지 연수교육의 일시·장소·내용 등을 대상자에게 통지해야 한다.

4 개업공인중개사 등에 대한 교육

국토교통부장관, 시·도지사 및 등록관청은 필요하다고 인정하면 대통령령으로 정하는 바에 따라 개업공인중개사 등의 부동산거래사고 예방을 위한 교육을 실시할 수 있다.

국토교통부장관, 시·도지사 및 등록관청은 부동산 거래질서를 확립하고, 부동산거래사고로 인한 피해를 방지하기 위하여 부동산거래사고 예방을 위한 교육을 실시하려는 경우에는 교육일 10일 전까지 교육일시·교육장소 및 교육내용, 그 밖에 교육에 필요한 사항을 공고하거나 교육대상자에게 통지해야 한다.

⚑ **실무교육과 직무교육, 연수교육의 비교**

구 분	사전교육		사후교육	
	실무교육	직무교육	연수교육	거래사고예방교육
실시권자	시·도지사	시·도지사 또는 등록관청	시·도지사	국토교통부장관, 시·도지사, 등록관청
교육대상자	• 개업공인중개사가 되고자 하는 자(법인의 사원과 임원, 분사무소의 책임자가 되고자 하는 자) ⇨ 등록신청일 전 1년 이내 • 소속공인중개사 ⇨ 고용신고일 전 1년 이내	중개보조원 ⇨ 고용신고일 전 1년 이내	실무교육을 받은 개업공인중개사와 소속공인중개사(실무교육수료 후 2년 마다)	개업공인중개사 등
교육내용	직무수행에 필요한 법률지식, 부동산중개 및 경영실무, 직업윤리 등	직무수행에 필요한 직업윤리 등	부동산중개 관련 법·제도의 변경사항, 부동산중개 및 경영실무, 직업윤리 등	부동산거래사고 예방
교육시간	28시간 이상 32시간 이하	3시간 이상 4시간 이하	12시간 이상 16시간 이하	규정 없음
사전통보	규정 없음	규정 없음	실무교육 및 연수교육을 받은 후 2년이 되기 2개월 전까지 통보	교육일 10일 전까지 통지
위탁여부	위탁가능	위탁가능	위탁가능	규정 없음

개업공인중개사의 보수

총 설

개업공인중개사는 중개보수 및 실비청구권을 갖는다. 개업공인중개사는 민사중개인으로서 상인에 해당되므로, 보수에 관한 약정유무에 불문하고 당연히 보수청구권이 발생된다.

중개보수

1 중개보수청구권

(1) 중개보수청구권의 발생요건

중개계약의 성립과 동시에 조건부로 발생되므로, 양도가 가능하고 압류의 대상이 될 수 있다.

(2) 중개보수청구권의 행사요건

① 중개계약이 체결되어야 한다.

② 거래당사자 간에 거래계약이 체결되어야 한다.

③ 중개계약기간 내에 거래계약이 체결되어야 한다.

④ 개업공인중개사의 중개와 거래계약체결 간에는 인과관계가 있어야 한다.

> **판례**
>
> 개업공인중개사가 중개의뢰인 쌍방을 연결시켜 주었으나 조건을 교섭하면서 거래계약체결이 결렬되었고, 의뢰인 쌍방이 중개보수를 절약하기 위하여 직접 개업공인중개사를 배제한 채 거래계약을 체결하였어도 개업공인중개사는 중개보수청구권을 행사할 수 있다(서울 동부지원 1987.2.20, 86가2801).

(3) 중개보수청구권의 소멸

① 개업공인중개사의 고의 또는 과실로 인하여 중개의뢰인 간의 거래행위가 무효·취소 또는 해제된 경우에는 중개보수청구권도 소멸된다(법 제32조 제1항 단서).

② 이미 보수를 지불하였다고 하여도 거래당사자들은 그 반환을 청구할 수 있다.

2 중개보수의 범위

(1) 주택(부속토지 포함)

주택(부속토지를 포함한다)의 중개에 대한 보수와 실비의 한도 등에 관하여 필요한 사항은 국토교통부령으로 정하는 범위 안에서 특별시·광역시·도 또는 특별자치도(이하 "시·도"라 한다)의 조례로 정한다.

주택의 중개에 대한 보수는 중개의뢰인 쌍방으로부터 각각 받되, 그 일방으로부터 받을 수 있는 한도는 별표 1과 같으며, 그 금액은 시·도의 조례로 정하는 요율한도 이내에서 중개의뢰인과 개업공인중개사가 서로 협의하여 결정한다.

[별표 1] **주택 중개보수 상한요율**(규칙 제20조 제1항 관련)

거래내용	거래금액	상한요율	한도액
1. 매매·교환	5천만원 미만	1천분의 6	25만원
	5천만원 이상 2억원 미만	1천분의 5	80만원
	2억원 이상 9억원 미만	1천분의 4	
	9억원 이상 12억원 미만	1천분의 5	
	12억원 이상 15억원 미만	1천분의 6	
	15억원 이상	1천분의 7	
2. 임대차 등	5천만원 미만	1천분의 5	20만원
	5천만원 이상 1억원 미만	1천분의 4	30만원
	1억원 이상 6억원 미만	1천분의 3	
	6억원 이상 12억원 미만	1천분의 4	
	12억원 이상 15억원 미만	1천분의 5	
	15억원 이상	1천분의 6	

(2) 주택 외

① 주거용 오피스텔

㉠ 주거용 오피스텔은 다음 각 목의 요건을 모두 갖춘 경우에 한정한다.

ⓐ 전용면적이 85제곱미터 이하일 것

ⓑ 상·하수도 시설이 갖추어진 전용입식 부엌, 전용수세식 화장실 및 목욕시설(전용수세식 화장실에 목욕시설을 갖춘 경우를 포함한다)을 갖출 것

㉡ 중개의뢰인 쌍방으로부터 각각 받되, 별표 2의 요율 범위에서 중개보수를 결정한다.

🏳 [별표 2] **오피스텔 중개보수 요율**(규칙 제20조 제4항 관련)

구 분	상한요율
1. 매매 · 교환	1천분의 5
2. 임대차 등	1천분의 4

② **주거용 오피스텔 외**: 국토교통부령으로 정한다. 시행규칙에 따르면, 거래금액의 1천분의 9 이내에서 중개의뢰인과 개업공인중개사가 서로 협의하여 결정한다. 개업공인중개사는 중개보수 요율의 범위 안에서 실제 자기가 받고자 하는 중개보수의 상한요율을 중개보수 · 실비의 요율 및 한도액표에 명시하여야 하며, 이를 초과하여 중개보수를 받아서는 아니 된다.

(3) 복합건축물

중개대상물인 건축물 중 주택의 면적이 2분의 1 이상인 경우에는 주택의 규정을 적용하고, 주택의 면적이 2분의 1 미만인 경우에는 주택 외의 규정을 적용한다.

(4) 한도를 초과한 보수 약정

중개보수에 관한 한도는 강행규정에 해당하므로 한도를 초과한 보수 약정은 강행규정위반으로 초과부분은 무효이다.

┏ **판례** ┃┃

1. 한도를 초과한 중개보수 약정의 효력

부동산 중개보수에 관한 규정들은 중개보수 약정 중 소정의 한도를 초과하는 부분에 대한 사법상의 효력을 제한하는 이른바 강행법규에 해당하고, 따라서 구 「부동산중개업법」 등 관련 법령에서 정한 한도를 초과하는 부동산 중개보수 약정은 그 한도를 초과하는 범위 내에서 무효이다(대판 2007.12.20, 2005다32159).

2. 지방자치단체의 조례를 잘못 해석하여 보수를 초과한 경우

개업공인중개사가 아파트 분양권의 매매를 중개하면서 중개보수 산정에 관한 지방자치단체의 조례를 잘못 해석하여 법에서 허용하는 금액을 초과한 중개보수를 수수한 경우가 법률의 착오에 해당하지 않는다(대판 2005.5.27, 2004도62).

③ 보수의 계산

(I) 중개보수 계산방법

매 매	매매가액 × 요율 = 산출액 분양권은 계약금 + 기납부된 중도금 + 프리미엄을 합한 금액을 거래가액으로 한다.
교 환	큰 교환가액 × 요율 = 산출액
임대차 등	전세금 × 요율 = 산출액 [월세보증금 + (월세액 × 100)] × 요율 = 산출액 단, 합산액이 5천만원 미만인 경우는 [월세보증금 + (월세액 × 70)] × 요율 = 산출액

(2) 중개보수의 산정

① 산출액이 한도액을 초과하면 중개보수는 한도액 범위로 제한된다.

② 산출된 보수는 거래당사자 쌍방으로부터 각각 받는다.

③ 교환인 경우의 보충금은 중개보수 계산에 포함시키지 않는다. 권리금은 중개보수의 제한을 받지 않는다.

④ 중개대상물의 소재지와 중개사무소의 소재지가 다른 경우에는 그 중개사무소의 소재지를 관할하는 시·도의 조례로 정한 기준에 따라 중개보수를 받아야 한다.

⑤ 동일한 중개대상물에 대하여 동일 당사자 간에 매매를 포함한 둘 이상의 거래가 동일 기회에 이루어지는 경우에는 매매계약에 관한 거래금액만을 적용한다.

④ 보수의 지급시기

중개보수의 지급시기는 개업공인중개사와 중개의뢰인 간의 약정에 따르되, 약정이 없을 때에는 중개대상물의 거래대금 지급이 완료된 날로 한다.

실 비

1 의 의

개업공인중개사는 중개의뢰인으로부터 중개대상물의 권리관계 등의 확인 또는 계약금 등의 반환채무이행 보장에 소요되는 실비를 받을 수 있다.

2 실비의 부담자

실비는 중개대상물의 권리관계 등의 확인 또는 계약금 등의 반환채무이행 보장에 드는 비용으로 하되, 개업공인중개사가 영수증 등을 첨부하여 매도·임대 그 밖의 권리를 이전하려는 중개의뢰인(계약금 등의 반환채무이행 보장에 소요되는 실비의 경우에는 매수·임차 그 밖의 권리를 취득하려는 중개의뢰인을 말한다)에게 청구할 수 있다.

3 실비의 한도

실비의 한도 등에 관하여 필요한 사항은 국토교통부령이 정하는 범위 안에서 특별시·광역시·도 또는 특별자치도(이하 "시·도"라 한다)의 조례로 정한다.

Chapter 07 지도·감독 등

제1절 감독관청 및 감독상 필요한 명령 등의 유형

1 감독관청과 감독대상자

감독관청	감독대상자
• 국토교통부장관 • 시·도지사 • 등록관청(분사무소 등록관청 포함)	• 개업공인중개사 　(무등록 중개업자 포함) • 거래정보사업자

감 독 →

※참고 공인중개사는 감독대상자가 아니다.

2 감독상 필요한 명령 등을 할 수 있는 경우

(1) 감독상 명령을 할 수 있는 경우

① 부동산투기 등 거래동향의 파악을 위하여 필요한 경우

② 「공인중개사법」 위반행위의 확인, 공인중개사의 자격취소·정지 및 개업공인중개사에 대한 등록취소·업무정지 등 행정처분을 위하여 필요한 경우

(2) 협조요청

국토교통부장관, 시·도지사 및 등록관청은 불법 중개행위 등에 대한 단속을 하는 경우 필요한 때에는 공인중개사협회 및 관계 기관에 협조를 요청할 수 있다. 이 경우 공인중개사협회는 특별한 사정이 없으면 이에 따라야 한다.

3 감독상 필요한 명령 등의 유형

(1) 감독상 필요한 명령 등

① 그 업무에 관한 사항을 보고하게 하거나

② 자료의 제출 그 밖의 필요한 명령

③ 소속 공무원으로 하여금 중개사무소(중개사무소의 개설등록을 하지 아니하고 중개업을 하는 자의 사무소를 포함한다)에 출입하여 장부·서류 등을 조사 또는 검사하게 할 수 있다.

(2) 출입 · 검사 공무원의 실명제

출입 · 검사 등을 하는 공무원은 공무원증 및 중개사무소 조사 · 검사증명서를 지니고 상대방에게 이를 내보여야 한다.

4 위반시의 제재

(1) 개업공인중개사

6개월의 범위 안에서 기간을 정하여 업무정지를 명할 수 있다.

(2) 거래정보사업자

500만원 이하의 과태료처분사유에 해당한다.

제2절 │ 행정처분

1 행정처분 개관

행정처분	대상자	처분권자	처분의 성격	사전절차	행정처분 사항의 보고
자격취소	공인중개사	자격증을 교부한 시 · 도지사	기속취소	청 문	5일 이내 장관 보고
자격정지	소속공인중개사		재량처분	의견제출	–
등록취소	개업 공인중개사	등록관청 (시 · 군 · 구청장)	기속, 재량	청 문	–
업무정지			재량처분	의견제출	
지정취소	거래정보사업자	국토교통부장관	재량취소	청 문	–

- 업무정지처분은 오직 개업공인중개사에게만 규정되어 있고, 자격정지처분은 오직 소속공인중개사에게만 할 수 있다.
- 공인중개사에 대한 자격취소는 기속취소만 규정되어 있으므로 시 · 도지사는 반드시 자격을 취소하여야 하는 경우만 있고 취소할 수 있는 경우는 없다.
- 거래정보사업자에 대한 행정처분은 재량취소만 규정되어 있으므로 국토교통부장관은 거래정보사업자 지정을 취소해야 하는 경우는 없고 취소할 수 있는 경우만 있다.
- 개업공인중개사에 대한 업무정지처분과 공인중개사에 대한 자격정지처분은 청문사유에 해당되지 않는다.

2 공인중개사에 대한 행정처분

(1) 공인중개사 자격의 취소

① **자격취소권자**: 공인중개사자격증을 교부한 시·도지사가 행한다. 다만, 자격증을 교부한 시·도지사와 공인중개사 사무소의 소재지를 관할하는 시·도지사가 서로 다른 경우에는 공인중개사 사무소의 소재지를 관할하는 시·도지사가 자격취소처분에 필요한 절차를 모두 이행한 후 자격증을 교부한 시·도지사에게 통보해야 한다.

② **자격취소의 사유**: 시·도지사는 공인중개사가 다음 각 호의 어느 하나에 해당하는 경우에는 그 자격을 취소하여야 한다.

> ㉠ 부정한 방법으로 공인중개사의 자격을 취득한 경우
> ㉡ 다른 사람에게 자기의 성명을 사용하여 중개업무를 하게 하거나 공인중개사자격증을 양도 또는 대여한 경우
> ㉢ 자격정지처분을 받고 그 자격정지기간 중에 중개업무를 행한 경우(다른 개업공인중개사의 소속공인중개사·중개보조원 또는 법인인 개업공인중개사의 사원·임원이 되는 경우를 포함한다)
> ㉣ 「공인중개사법」 또는 공인중개사의 직무와 관련하여 형법상 범죄단체조직, 사문서 위조·변조·행사, 사기, 횡령, 배임죄에 해당하여 금고 이상의 형(집행유예를 포함한다)을 선고받은 경우

③ **자격증 반납**: 공인중개사의 자격이 취소되어 공인중개사자격증을 반납하려는 자는 자격취소처분을 받은 날부터 7일 이내에 그 공인중개사자격증을 교부한 시·도지사에게 공인중개사자격증을 반납해야 한다. 분실 등의 사유로 인하여 공인중개사자격증을 반납할 수 없는 자는 자격증 반납을 대신하여 그 이유를 기재한 사유서를 시·도지사에게 제출해야 한다. 이에 위반하면 100만원 이하의 과태료처분사유에 해당된다.

④ **청문 및 보고**: 시·도지사는 공인중개사의 자격을 취소하려는 경우에는 청문을 실시하여야 하며, 공인중개사의 자격취소처분을 한 때에는 5일 이내에 이를 국토교통부장관과 다른 시·도지사에게 통보해야 한다.

⑤ **자격취득의 제한**: 자격이 취소된 자는 그 취소된 날로부터 3년 이내에는 「공인중개사법」에 따른 공인중개사의 자격을 다시 취득하지 못한다.

(2) 공인중개사의 자격정지

① **처분권자**: 공인중개사자격증을 교부한 시·도지사가 행한다. 등록관청은 공인중개사가 자격정지처분사유 중의 어느 하나에 해당하는 사실을 알게 된 때에는 지체 없이 그 사실을 시·도지사에게 통보해야 한다. 자격증을 교부한 시·도지사와 공인중개사 사무소의 소재지를 관할하는 시·도지사가 서로 다른 경우에는 공인중개사 사무소의 소재지를 관할하는 시·도지사가 자격정지처분에 필요한 절차를 모두 이행한 후 자격증을 교부한 시·도지사에게 통보해야 한다.

② **자격정지처분 사유**: 시 · 도지사는 공인중개사가 소속공인중개사로서 업무를 수행하는 기간 중에 다음의 어느 하나에 해당하는 경우에는 6개월의 범위 안에서 기간을 정하여 그 자격을 정지할 수 있다.

⌕ 자격정지처분사유와 기준 월

암 기	사 유	기 준
이 중	둘 이상의 중개사무소에 소속된 경우	6월
거 래	거래계약서에 거래금액 등 거래내용을 거짓으로 기재하거나 서로 다른 둘 이상의 거래계약서를 작성한 경우	6월
금 지	금지행위(법 제33조 제1항)를 한 경우	6월
인 장	인장등록을 하지 아니하거나 등록하지 아니한 인장을 사용한 경우	3월
거 래	거래계약서에 서명 및 날인을 하지 아니한 경우	3월
확 인	성실 · 정확하게 중개대상물의 확인 · 설명을 하지 아니하거나 설명의 근거자료를 제시하지 아니한 경우, 중개대상물확인 · 설명서에 서명 및 날인을 하지 아니한 경우	3월

※참고 시 · 도지사는 위반행위의 동기 · 결과 및 횟수 등을 참작하여 자격정지기간의 2분의 1의 범위 안에서 가중 또는 감경할 수 있다. 이 경우 가중하여 처분하는 때에도 자격정지기간은 6월을 초과할 수 없다.

⌕ 자격취소처분과 자격정지처분의 비교

구 분	자격취소처분	자격정지처분
처분권자	자격증을 교부한 시 · 도지사	자격증을 교부한 시 · 도지사
절차의 이행	사무소 소재지 시 · 도지사	사무소 소재지 시 · 도지사
등록관청의 관여	없음	등록관청이 시 · 도지사에 통보
처분대상자	공인중개사인 개업공인중개사, 소속공인중개사, 공인중개사	소속공인중개사
처분사유	① 부정, ② 양도, ③ 자격정지 ④ 이 법 또는 공인중개사가 직무와 관련하여 형법상 범죄 단체조직, 사문서 위조 · 변조 · 행사, 사기, 횡령, 배임죄에 해당하여 금고이상의 형(집행유예포함)을 선고받은 경우	이중, 거래, 금지하고(6월) 인장, 거래, 확인하라(3월)
사전절차	청문	의견제출 기회부여
자격취득제한	3년	없음
자격증 반납	7일 이내에 자격증을 교부한 시 · 도지사에게 반납	없음
보 고	5일 이내에 국토교통부장관과 다른 시 · 도지사에 통보	없음
결격사유	3년간 결격사유	정지기간 결격사유

③ 개업공인중개사에 대한 행정처분

(1) 등록취소처분

① **절대적 등록취소**(필요적 취소·기속취소): 등록관청은 개업공인중개사가 다음의 어느 하나에 해당하는 경우에는 중개사무소의 개설등록을 취소해야 한다.

암기	사 유
보	개업공인중개사가 고용할 수 있는 중개**보**조원 수를 초과하여 고용한 경우
사	개인인 개업공인중개사가 **사**망하거나 개업공인중개사인 법인이 해산한 경우
부	거짓이나 그 밖의 **부**정한 방법으로 중개사무소의 개설등록을 한 경우
결	**결**격사유에 해당하게 된 경우. 다만, 법인의 임원이나 사원이 결격사유에 해당하는 경우로서 그 사유가 발생한 날부터 2개월 이내에 그 사유를 해소한 경우에는 그러하지 아니하다.
이	**이**중으로 중개사무소의 개설등록을 한 경우
이	다른 개업공인중개사의 소속공인중개사·중개보조원 또는 개업공인중개사인 법인의 사원·임원이 된 경우(=**이**중소속)
양	다른 사람에게 자기의 성명 또는 상호를 사용하여 중개업무를 하게 하거나 중개사무소등록증을 **양**도 또는 대여한 경우
업	**업**무정지기간 중에 중개업무를 하거나 자격정지처분을 받은 소속공인중개사로 하여금 자격정지기간 중에 중개업무를 하게 한 경우
2	최근 1년 이내에 「공인중개사법」에 따라 **2회** 이상 업무정지처분을 받고 다시 업무정지처분에 해당하는 행위를 한 경우

② **상대적 등록취소**(임의적 취소·재량취소): 등록관청은 개업공인중개사가 다음의 어느 하나에 해당하는 경우에는 중개사무소의 개설등록을 취소할 수 있다.

암기	사 유
휴	계속하여 6개월을 초과하여 **휴**업한 경우
업	손해배상책임을 보장하기 위한 조치(**업**무보증)를 이행하지 아니하고 업무를 시작한 경우
계	거래**계**약서에 거래금액 등 거래내용을 거짓으로 기재하거나 서로 다른 둘 이상의 거래계약서를 작성한 경우
이	둘(**2**) 이상의 중개사무소를 둔 경우
전	**전**속중개계약을 체결하고 중개대상물에 관한 정보를 공개하지 아니하거나 중개의뢰인의 비공개요청에도 불구하고 정보를 공개한 경우
시	임**시** 중개시설물을 설치한 경우
3	최근 1년 이내에 「공인중개사법」에 따라 **3회** 이상 업무정지 또는 과태료의 처분을 받고 다시 업무정지 또는 과태료의 처분에 해당하는 행위를 한 경우(절대적 취소사유에 해당하는 경우는 제외한다)

등	**등**록기준에 미달하게 된 경우
금	법인인 개업공인중개사가 겸업**금**지에 위반한 경우
지	**금**지행위를 한 경우 ⇨ 매매, 협조, 보수, 중요사항(1/1), 증서, 직접, 투기, 시세, 단체(3/3)
2/2	개업공인중개사가 조직한 사업자단체(「독점규제 및 공정거래에 관한 법률」의 사업자단체를 말한다. 이하 같다) 또는 그 구성원인 개업공인중개사가 「독점규제 및 공정거래에 관한 법률」을 위반하여 시정조치 또는 과징금 처분을 최근 **2**년 이내에 **2**회 이상 받은 경우

③ **청문과 등록증 반납** : 등록관청은 중개사무소의 개설등록을 취소하려는 경우에는 청문을 실시해야 한다. 다만, 개인인 개업공인중개사가 사망하거나 개업공인중개사인 법인이 해산한 경우는 청문사유에 해당되지 않는다.

중개사무소의 개설등록이 취소된 자는 등록취소처분을 받은 날부터 7일 이내에 등록관청에 그 중개사무소등록증을 반납해야 한다. 또한 개업공인중개사인 법인이 해산하여 중개사무소의 개설등록이 취소된 경우에는 그 법인의 대표자이었던 자가 등록취소처분을 받은 날부터 7일 이내에 등록관청에 중개사무소등록증을 반납해야 한다.

(2) 업무정지처분

① **업무정지처분의 사유** : 등록관청은 개업공인중개사가 다음의 어느 하나에 해당하는 경우에는 6개월의 범위 안에서 기간을 정하여 업무의 정지를 명할 수 있다. 이 경우 법인인 개업공인중개사에 대하여는 법인 또는 분사무소별로 업무의 정지를 명할 수 있다.

암기	사 유	기 준
결	**결**격사유에 해당하는 자를 소속공인중개사 또는 중개보조원으로 둔 경우. 다만, 그 사유가 발생한 날부터 2개월 이내에 그 사유를 해소한 경우에는 업무정지 대상에서 제외한다.	6월
정	개업공인중개사가 **정**보망에 중개대상물에 관한 정보를 거짓으로 공개한 경우	6월
상	**상**대적 취소사유에 해당되는 경우(1년에 1회)	6월
2회	최근 1년 이내에 「공인중개사법」에 따라 **2**회 이상 업무정지 또는 과태료의 처분을 받고 다시 과태료의 처분에 해당하는 행위를 한 경우	6월
확	중개대상물**확**인 · 설명서를 교부하지 아니하거나 보존하지 아니한 경우, 중개대상물확인 · 설명서에 서명 및 날인을 하지 아니한 경우	3월
정	개업공인중개사가 거래**정**보사업자에게 공개를 의뢰한 중개대상물의 거래가 완성된 사실을 그 거래정보사업자에게 통보하지 아니한 경우	3월
인	**인**장등록을 하지 아니하거나 등록하지 아니한 인장을 사용한 경우	3월
지	중개인이 업무**지**역의 범위를 위반하여 중개행위를 한 경우	3월
계	적정하게 거래**계**약서를 작성 · 교부하지 아니하거나 보존하지 아니한 경우, 거래계약서에 서명 및 날인을 하지 아니한 경우	3월

속	국토교통부령으로 정하는 전속중개계약서에 의하지 아니하고 **전**속중개계약을 체결하거나 계약서를 보존하지 아니한 경우	3월
개	**개**업공인중개사가 보고, 자료의 제출, 조사 또는 검사를 거부·방해 또는 기피하거나 그 밖의 명령을 이행하지 아니하거나 거짓으로 보고 또는 자료제출을 한 경우	3월
독	개업공인중개사가 조직한 사업자단체 또는 그 구성원인 개업공인중개사가 「**독**점규제 및 공정거래에 관한 법률」을 위반하여 시정조치 또는 과징금 처분을 받은 경우	1~6월
그 밖에	**그 밖에** 「공인중개사법」 또는 「공인중개사법」에 따른 명령이나 처분에 위반한 경우로서 위의 각 호에 해당되지 아니하는 경우	1월

② **업무정지처분의 기준**

　㉠ 기간의 계산은 위반행위에 대하여 업무정지처분 또는 과태료 부과처분을 받은 날과 그 처분 후 다시 같은 위반행위를 하여 적발된 날을 기준으로 한다.

　㉡ 위반행위가 둘 이상인 경우에는 각 업무정지기간을 합산한 기간을 넘지 않는 범위에서 가장 무거운 처분기준의 2분의 1의 범위에서 가중한다. 다만, 가중하는 경우에도 총 업무정지기간은 6개월을 넘을 수 없다.

　㉢ 등록관청은 다음의 어느 하나에 해당하는 경우에는 개별기준에 따른 업무정지기간의 2분의 1 범위에서 줄일 수 있다.

　　ⓐ 위반행위가 사소한 부주의나 오류 등 과실로 인한 것으로 인정되는 경우

　　ⓑ 위반행위자가 법 위반행위를 시정하거나 해소하기 위하여 노력한 사실이 인정되는 경우

　　ⓒ 그 밖에 위반행위의 동기와 결과, 위반 정도 등을 고려하여 업무정지기간을 줄일 필요가 있다고 인정되는 경우

　㉣ 등록관청은 다음의 어느 하나에 해당하는 경우에는 개별기준에 따라 업무정지기간의 2분의 1 범위에서 그 기간을 늘릴 수 있다. 다만, 최장기간은 6개월을 넘을 수 없다.

　　ⓐ 위반행위의 내용·정도가 중대하여 소비자 등에게 미치는 피해가 크다고 인정되는 경우

　　ⓑ 그 밖에 위반행위의 동기와 결과, 위반 정도 등을 고려하여 업무정지기간을 늘릴 필요가 있다고 인정되는 경우

③ **업무정지처분의 시효**: 업무정지처분은 업무정지처분사유가 발생한 날부터 3년이 지난 때에는 이를 할 수 없다.

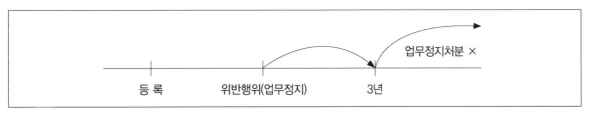

🏳 **행정처분 누적시의 제재**

구 분	내 용
절대적 등록취소사유	최근 1년 이내에 「공인중개사법」에 따라 2회 이상 업무정지처분을 받고 다시 업무정지처분에 해당하는 행위를 한 경우
상대적 등록취소사유	최근 1년 이내에 「공인중개사법」에 따라 3회 이상 업무정지 또는 과태료의 처분을 받고 다시 업무정지 또는 과태료의 처분에 해당하는 행위를 한 경우(절대적 취소사유에 해당하는 경우는 제외한다)
업무정지 처분사유	최근 1년 이내에 「공인중개사법」에 따라 2회 이상 업무정지 또는 과태료의 처분을 받고 다시 과태료의 처분에 해당하는 행위를 한 경우

🏳 **업무정지처분과 자격정지처분의 비교**

구 분	업무정지처분	자격정지처분
처분권자	등록관청	자격증을 교부한 시·도지사
처분대상자	개업공인중개사	소속공인중개사
처분기간	6개월의 범위 안에서 기간을 정하여	좌동
처분의 효력	중개업무 금지	중개업무 금지, 개업공인중개사는 2개월 이내에 해소의무
결격사유	폐업하면 정지기간 동안 결격사유	폐업하면 정지기간 동안 결격사유
시효제도	위반행위부터 3년	없음

(3) 자료제공의 요청

국토교통부장관, 시·도지사 및 등록관청은 「독점규제 및 공정거래에 관한 법률」의 처분에 따라 처분하려는 경우에는 미리 공정거래위원회에 처분과 관련된 자료의 제공을 요청할 수 있으며 공정거래위원회는 특별한 사유가 없으면 이에 따라야 한다(법 제39조의2).

(4) 행정제재처분 효과의 승계 등

① 재등록 개업공인중개사에 대한 행정처분

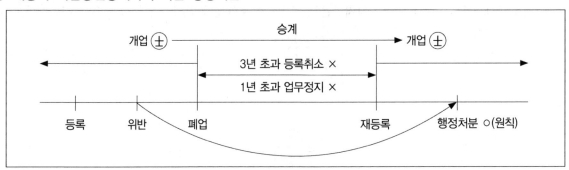

개업공인중개사가 폐업신고 후 다시 중개사무소의 개설등록을 한 때에는 폐업신고 전의 개업공인중개사의 지위를 승계한다. 그러므로 재등록 개업공인중개사에 대하여 폐업신고 전의 행정처분, 업무정지의 위반행위에 대한 행정처분을 할 수 있다. 행정처분을 하는 경우에는 폐업기간과 폐업의 사유 등을 고려해야 한다. 다만, 다음의 어느 하나에 해당하는 경우는 제외한다.

㉠ 폐업기간이 3년을 초과한 경우

㉡ 폐업신고 전의 위반행위에 대한 행정처분이 업무정지에 해당하는 경우로서 폐업기간이 1년을 초과한 경우

② **행정처분과 과태료처분의 승계**

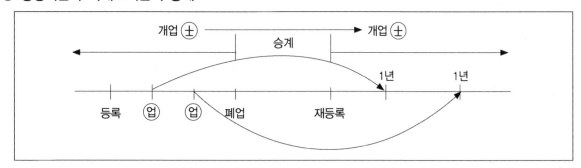

폐업신고 전의 개업공인중개사에 대하여 업무정지 또는 과태료처분의 위반행위를 사유로 행한 행정처분의 효과는 그 처분일부터 1년간 재등록 개업공인중개사에게 승계된다.

③ **재등록 개업공인중개사에 대한 행정처분시 결격사유기간**

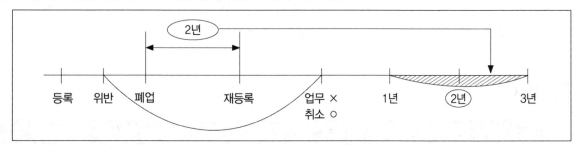

폐업 전 위반행위를 원인으로 하여 재등록 개업공인중개사에게 등록취소처분을 한 경우에는 등록취소처분을 받은 날부터 3년에서 폐업기간을 공제한 기간이 결격사유기간이 된다.

4 거래정보사업자에 대한 행정처분

(1) **지정취소 처분권자**

거래정보사업자에 대한 지정취소처분을 할 수 있는 감독관청은 국토교통부장관이다.

(2) **지정취소 처분사유**

① 거짓이나 그 밖의 부정한 방법으로 지정을 받은 경우

② 거래정보사업자가 지정받은 날부터 3개월 이내에 운영규정을 정하여 국토교통부장관의 승인을 얻지 않았거나, 변경승인을 받지 아니하거나 운영규정에 위반하여 부동산거래정보망을 운영한 경우

③ 거래정보사업자가 개업공인중개사로부터 공개를 의뢰받지 않은 중개대상물의 정보를 부동산거래정보망에 공개하거나, 의뢰받은 내용과 다르게 정보를 공개하거나 어떠한 방법으로든지 개업공인중개사에 따라 정보가 차별적으로 공개되도록 한 경우

④ 정당한 사유 없이 지정받은 날부터 1년 이내에 부동산거래정보망을 설치 · 운영하지 아니한 경우

⑤ 개인인 거래정보사업자의 사망 또는 법인인 거래정보사업자의 해산 그 밖의 사유로 부동산거래정보망의 계속적인 운영이 불가능한 경우

⑶ 청 문

국토교통부장관은 위 ⑵의 ① ~ ④의의 규정에 따라 거래정보사업자 지정을 취소하려는 경우에는 청문을 실시해야 한다.

제3절 **청 문**

1 청문의 의의

청문이라 함은 행정청이 어떠한 처분을 하기에 앞서 당사자 등의 의견을 직접 듣고, 증거를 조사함으로써 부당한 행정처분을 예방하고 처분의 적법성을 보장하기 위한 절차이다.

2 청문사유

청문사유에 해당하는 것	청문사유에 해당하지 않는 것(사전절차)
• 공인중개사 자격의 취소 • 중개사무소 개설등록의 취소 • 거래정보사업자의 지정취소	• 자격정지처분(의견진술 기회부여) • 업무정지처분(의견진술 기회부여) • 과태료 처분(질서위반행위규제법)

단, ① 개인인 거래정보사업자의 사망 또는 법인인 거래정보사업자의 해산 그 밖의 사유로 부동산거래정보망의 계속적인 운영이 불가능한 경우의 지정취소처분과 ② 개업공인중개사가 사망하거나 법인인 개업공인중개사가 해산하여 등록을 취소하는 경우는 청문사유에 해당되지 않는다.

3 청문절차

「행정절차법」이 정하는 절차에 따라 청문을 실시한다.「행정절차법」에 의하면 행정청은 청문을 실시하려는 경우에 청문이 시작되는 날부터 10일 전까지 일정한 사항을 당사자 등에게 통지해야 한다.

Chapter 08

공인중개사협회

⇨ 비영리사단법인
⇨ 설립 : 인가주의(국토교통부장관) / 강제주의(×)

제2절 협회의 설립

1 설립목적

개업공인중개사인 공인중개사(부칙 제6조 제2항에 따라「공인중개사법」에 따른 중개사무소의 개설등록을 한 것으로 보는 자를 포함한다)는 그 자질향상 및 품위유지와 중개업에 관한 제도의 개선 및 운용에 관한 업무를 효율적으로 수행하기 위하여 공인중개사협회를 설립할 수 있다. 협회는 법인으로 한다.

2 협회의 설립절차

(1) 정관의 작성

회원 300인 이상의 발기인이 작성한다.

(2) 창립총회

개업공인중개사 600인 이상이 출석해야 하며, 서울특별시에서 100인 이상, 광역시 및 도에서 각 20인 이상의 개업공인중개사가 참여해야 한다.

(3) 국토교통부장관의 인가

(4) 설립등기

③ 협회의 조직

(1) 협회의 회원

개업공인중개사만 회원이 될 수 있고, 공인중개사는 회원이 될 수 없다. 또한 개업공인중개사가 협회에 가입할 것인지의 여부는 임의사항이다.

(2) 협회의 조직

① **주된 사무소** : 협회는 주된 사무소를 두어야 하나 서울특별시에 설치해야 한다는 규정은 폐지되어 어디에 둘 것인지의 여부는 임의사항이다.

② **지부와 지회** : 협회는 정관이 정하는 바에 따라 특별시 · 광역시 · 도에 지부를, 시 · 군 · 구에 지회를 둘 수 있다.

제3절 협회의 업무

① 본래의 업무

협회는 설립목적을 달성하기 위하여 다음의 업무를 수행할 수 있다.

(1) 회원의 품위유지를 위한 업무

(2) 부동산중개제도의 연구 · 개선에 관한 업무

(3) 회원의 자질향상을 위한 지도와 교육 및 연수에 관한 업무

(4) 회원의 윤리헌장 제정 및 그 실천에 관한 업무

(5) 부동산 정보제공에 관한 업무

(6) 법 제42조의 규정에 따른 공제사업. 이 경우 공제사업은 비영리사업으로서 회원 간의 상호부조를 목적으로 한다.

(7) 그 밖의 협회의 설립목적 달성을 위하여 필요한 업무

② 수탁업무

공인중개사협회는 실무교육에 관한 업무(시 · 도지사가 위탁)와 공인중개사 시험의 시행에 관한 업무(시험시행기관장이 위탁)를 위탁받아 수행할 수 있다.

3 공제사업

(1) 공제사업의 목적

협회는 개업공인중개사의 손해배상책임을 보장하기 위하여 공제사업을 할 수 있다. 공인중개사협회가 공제사업을 영위하는 목적은 비영리사업으로서 회원 상호간의 상호부조를 목적으로 한다.

(2) 공제규정

협회는 공제사업을 하려는 때에는 공제규정을 제정하여 국토교통부장관의 승인을 얻어야 한다. 공제규정을 변경하려는 때에도 또한 같다. 공제규정에는 다음의 사항을 정해야 한다.

① **공제계약의 내용**: 협회의 공제책임, 공제금, 공제료, 공제기간, 공제금의 청구와 지급절차, 구상 및 대위권, 공제계약의 실효, 그 밖에 공제계약에 필요한 사항을 정한다. 이 경우 공제료는 공제사고 발생률, 보증보험료 등을 종합적으로 고려하여 결정한 금액으로 한다.

② **회계기준**: 공제사업을 손해배상기금과 복지기금으로 구분하여 각 기금별 목적 및 회계원칙에 부합되는 세부기준을 정한다.

③ **책임준비금의 적립비율**: 공제사고 발생률 및 공제금 지급액 등을 종합적으로 고려하여 정하되, 공제료 수입액의 100분의 10 이상으로 정한다.

(3) 회계관리

협회는 공제사업을 다른 회계와 구분하여 별도의 회계로 관리해야 하며, 책임준비금을 다른 용도로 사용하려는 경우에는 국토교통부장관의 승인을 얻어야 한다.

(4) 공제사업의 운용실적의 공시

협회는 공제사업 운용실적을 다음의 규정에 따라 매 회계연도 종료 후 3개월 이내에 일간신문 또는 협회보에 공시하고 협회의 인터넷 홈페이지에 게시해야 한다. 이에 위반하면 500만원 이하의 과태료처분사유에 해당된다.

> ① 결산서인 요약 재무상태표, 손익계산서 및 감사보고서
> ② 공제료 수입액, 공제금 지급액, 책임준비금 적립액
> ③ 그 밖에 공제사업의 운용과 관련된 참고사항

(5) 공제사업의 운영위원회

① **운영위원회의 설치**: 협회는 공제사업에 관한 사항을 심의하고 그 업무집행을 감독하기 위하여 운영위원회를 둔다. 운영위원회(이하 "운영위원회"라 한다)는 공제사업에 관한 사항을 심의하며 그 업무집행을 감독한다.

② **운영위원회의 구성**

㉠ 운영위원회의 위원: 운영위원회의 위원은 협회의 임원, 중개업 · 법률 · 회계 · 금융 · 보험 · 부동산 분야 전문가, 관계 공무원 및 그 밖에 중개업 관련 이해관계자로 구성하되, 그 수는 19명 이내로 한다. 운영위원회는 성별을 고려하여 다음의 사람으로 구성한다.

이 경우 ⓑ 및 ⓒ에 해당하는 위원의 수는 전체 위원 수의 3분의 1 미만으로 한다. ⓒ 및 ⓓ에 따른 위원의 임기는 2년으로 하되 1회에 한하여 연임할 수 있으며, 보궐위원의 임기는 전임자 임기의 남은 기간으로 한다.

ⓐ 국토교통부장관이 소속 공무원 중에서 지명하는 사람 1명

ⓑ 협회의 회장

ⓒ 협회 이사회가 협회의 임원 중에서 선임하는 사람

ⓓ 다음의 어느 하나에 해당하는 사람으로서 협회의 회장이 추천하여 국토교통부장관의 승인을 받아 위촉하는 사람

㉮ 대학 또는 정부출연연구기관에서 부교수 또는 책임연구원 이상으로 재직하고 있거나 재직하였던 사람으로서 부동산 분야 또는 법률 · 회계 · 금융 · 보험 분야를 전공한 사람

㉯ 변호사 · 공인회계사 또는 공인중개사의 자격이 있는 사람

㉰ 금융감독원 또는 금융기관에서 임원 이상의 직에 있거나 있었던 사람

㉱ 공제조합 관련 업무에 관한 학식과 경험이 풍부한 사람으로서 해당 업무에 5년 이상 종사한 사람

㉲ 「소비자기본법」 제29조에 따라 등록한 소비자단체 및 같은 법 제33조에 따른 한국 소비자원의 임원으로 재직 중인 사람

㉡ 운영위원회의 임원과 회의

ⓐ 위원장과 부위원장: 운영위원회에는 위원장과 부위원장 각각 1명을 두되, 위원장 및 부위원장은 위원 중에서 각각 호선(互選)한다. 운영위원회의 위원장은 운영위원회의 회의를 소집하며 그 의장이 된다.

운영위원회의 부위원장은 위원장을 보좌하며, 위원장이 부득이한 사유로 그 직무를 수행할 수 없을 때에는 그 직무를 대행한다.

ⓑ 운영위원회의 회의: 운영위원회의 회의는 재적위원 과반수의 출석으로 개의(開議)하고, 출석위원 과반수의 찬성으로 심의사항을 의결한다.

ⓒ 간사 및 서기: 운영위원회의 사무를 처리하기 위하여 간사 및 서기를 두되, 간사 및 서기는 공제업무를 담당하는 협회의 직원 중에서 위원장이 임명한다. 간사는 회의 때마다 회의록을 작성하여 다음 회의에 보고하고 이를 보관해야 한다.

ⓓ 위에서 규정된 사항 외에 운영위원회의 운영에 필요한 사항은 운영위원회의 심의를 거쳐 위원장이 정한다.

🏳 공인중개사 정책심의위원회와 공제사업 운영위원회의 비교

구 분	정책심의위원회	공제사업 운영위원회
설 치	국토교통부에 둘 수 있다 (임의기관)	협회에 둔다 (필수기관)
구 성	위원장 1명을 포함하여 7명 이상 11명 이내의 위원	19명 이내의 위원
위원장	국토교통부 제1차관	1명(위원 중에서 호선)
부위원장	없음(위원장이 미리 지명한 위원이 대행)	1명(위원 중에서 호선)
위원의 임기	공무원을 제외하고 2년 새로 위촉된 위원의 임기는 전임위원 임기의 남은 기간	공무원과 협회 회장을 제외하고 2년 1회 연임가능 보궐위원의 임기는 전임자 임기의 남은 기간
위원 제척 등	제척, 기피, 회피	없음

⑹ 공제사업에 대한 조사 또는 검사

「금융위원회의 설치 등에 관한 법률」에 따른 금융감독원의 원장은 국토교통부장관의 요청이 있는 경우에는 협회의 공제사업에 관하여 조사 또는 검사를 할 수 있다(법 제42조의3).

⑺ 공제사업 운영의 개선명령

국토교통부장관은 협회의 공제사업 운영이 적정하지 아니하거나 자산상황이 불량하여 중개사고 피해자 및 공제 가입자 등의 권익을 해칠 우려가 있다고 인정하면 다음의 조치를 명할 수 있다(법 제42조의4).

1. 업무집행방법의 변경
2. 자산예탁기관의 변경
3. 자산의 장부가격의 변경
4. 불건전한 자산에 대한 적립금의 보유
5. 가치가 없다고 인정되는 자산의 손실 처리
6. 그 밖에 「공인중개사법」 및 공제규정을 준수하지 아니하여 공제사업의 건전성을 해할 우려가 있는 경우 이에 대한 개선명령

⑻ 공인중개사협회 임원에 대한 제재 등

국토교통부장관은 협회의 임원이 공제사업을 건전하게 운영하지 못할 우려가 있는 경우 그 임원에 대한 징계·해임을 요구하거나 해당 위반행위를 시정하도록 명할 수 있다(법 제42조의5).

(9) 재무건전성 유지

① 협회는 공제금 지급능력과 경영의 건전성을 확보하기 위하여 대통령령으로 정하는 재무건전성 기준을 지켜야 한다(법 제42조의6).

② 협회는 다음의 재무건전성기준을 모두 준수해야 한다.

  ㉠ 지급여력비율은 100분의 100 이상을 유지할 것
  ㉡ 구상채권 등 보유자산의 건전성을 정기적으로 분류하고 대손충당금을 적립할 것

③ 국토교통부장관은 재무건전성 기준에 관하여 필요한 세부기준을 정할 수 있다.

> **넓혀 보기**
>
> 공인중개사법령상 승인사항 등 정리
>
> | 구 분 | 내 용 | 행정기관 |
> |---|---|---|
> | 인가사항 | 협회설립 | 국토교통부장관 |
> | 승인사항 | • 거래정보사업자가 운영규정을 작성한 경우 및 변경하려는 경우
• 한국부동산원이 부동산거래질서교란행위 신고센터의 업무처리방법, 절차 등에 관한 운영규정을 정한 경우 및 변경하려는 경우
• 공인중개사협회가 공제규정을 작성한 경우 및 변경하려는 경우
• 공인중개사협회가 공제사업의 책임준비금을 다른 용도로 사용하려는 경우 | 국토교통부장관 |
> | 보고사항 | 협회가 총회 의결내용 | 국토교통부장관 |
> | 신고사항 | 협회가 지부 설치시 | 시 · 도지사 |
> | | 협회가 지회 설치시 | 등록관청 |

제**4**절 **협회의 지도 · 감독**

1 감독상 필요한 명령 등

국토교통부장관은 협회와 그 지부 및 지회를 지도 · 감독하기 위하여 필요한 때에는 그 업무에 관한 사항을 보고하게 하거나 자료의 제출 그 밖에 필요한 명령을 할 수 있으며, 소속 공무원으로 하여금 그 사무소에 출입하여 장부 · 서류 등을 조사 또는 검사하게 할 수 있다. 출입 · 검사 등을 하는 공무원은 공무원증 및 공인중개사협회조사 · 검사증명서를 지니고 상대방에게 이를 내보여야 한다.

2 협회의 보고의무

협회는 총회의 의결내용을 지체 없이 국토교통부장관에게 보고해야 한다.

3 협회의 신고의무

협회가 그 지부 또는 지회를 설치한 때에는 그 지부는 시 · 도지사에게, 지회는 등록관청에 신고해야 한다.

제**5**절 **민법의 준용**

협회에 관하여「공인중개사법」에 규정된 것 외에는「민법」중 사단법인에 관한 규정을 준용한다(법 제43조).

보 칙

1 개업공인중개사 등의 교육의 위탁

시 · 도지사는 실무교육, 직무교육 및 연수교육에 관한 업무를 위탁하는 때에는 다음의 기관 또는 단체 중 국토교통부령으로 정하는 교육에 필요한 인력 및 시설을 갖추었다고 인정되는 기관 또는 단체를 지정하여 위탁해야 한다.

> 1. 「고등교육법」에 따라 설립된 대학 또는 전문대학 중 부동산 관련 학과가 개설된 학교
> 2. 협회
> 3. 「공공기관의 운영에 관한 법률」에 따른 공기업 또는 준정부기관

2 공인중개사 시험시행의 위탁

시험시행기관장은 시험의 시행에 관한 업무를 「공공기관의 운영에 관한 법률」에 따른 공기업, 준정부 기관 또는 협회에 위탁할 수 있다.

3 업무위탁의 관보공시

시 · 도지사 또는 시험시행기관장은 업무를 위탁한 때에는 위탁받은 기관의 명칭 · 대표자 및 소재지와 위탁업무의 내용 등을 관보에 고시해야 한다.

1 포상금 지급대상

포상금은 다음의 어느 하나에 해당하는 자가 행정기관에 따라 발각되기 전에 등록관청, 수사기관이나 부동산거래질서교란행위 신고센터에 신고 또는 고발한 자에게 그 신고 또는 고발사건에 대하여 검사가 공소제기 또는 기소유예의 결정을 한 경우에 한하여 지급한다. 포상금은 1건당 50만원으로 하며, 포상금의 지급에 소요되는 비용 중 국고에서 보조할 수 있는 비율은 100분의 50 이내로 한다.

---

1. 중개사무소의 개설등록을 하지 아니하고 중개업을 한 자
2. 거짓이나 그 밖의 부정한 방법으로 중개사무소의 개설등록을 한 자
3. 중개사무소등록증 또는 공인중개사자격증을 다른 사람에게 양도·대여하거나 다른 사람으로부터 양수·대여받은 자
4. 개업공인중개사가 아닌 자가 중개대상물에 대한 표시·광고를 한 자
5. 개업공인중개사 등의 금지행위 중 2가지
   (1) 부당한 이익을 얻거나 제3자에게 부당한 이익을 얻게 할 목적으로 거짓으로 거래가 완료된 것처럼 꾸미는 등 중개대상물의 시세에 부당한 영향을 주거나 줄 우려가 있는 행위
   (2) 단체를 구성하여 특정 중개대상물에 대하여 중개를 제한하거나 단체 구성원 이외의 자와 공동중개를 제한하는 행위
6. 개업공인중개사 등의 업무방해행위 5가지
   (1) 안내문, 온라인 커뮤니티 등을 이용하여 특정 개업공인중개사 등에 대한 중개의뢰를 제한하거나 제한을 유도하는 행위
   (2) 안내문, 온라인 커뮤니티 등을 이용하여 중개대상물에 대하여 시세보다 현저하게 높게 표시·광고 또는 중개하는 특정 개업공인중개사 등에게만 중개의뢰를 하도록 유도함으로써 다른 개업공인중개사 등을 부당하게 차별하는 행위
   (3) 안내문, 온라인 커뮤니티 등을 이용하여 특정 가격 이하로 중개를 의뢰하지 아니하도록 유도하는 행위
   (4) 정당한 사유 없이 개업공인중개사 등의 중개대상물에 대한 정당한 표시·광고 행위를 방해하는 행위
   (5) 개업공인중개사 등에게 중개대상물을 시세보다 현저하게 높게 표시·광고하도록 강요하거나 대가를 약속하고 시세보다 현저하게 높게 표시·광고하도록 유도하는 행위

---

2 포상금 지급절차

(1) 포상금을 지급받으려는 자는 포상금지급신청서를 등록관청에 제출해야 한다.

(2) 포상금지급신청서를 제출받은 등록관청은 그 사건에 관한 수사기관의 처분내용을 조회한 후 포상금의 지급을 결정하고, 그 결정일부터 1월 이내에 포상금을 지급해야 한다.

(3) 등록관청은 하나의 사건에 대하여 2인 이상이 공동으로 신고 또는 고발한 경우에는 포상금을 균등하게 배분하여 지급한다. 다만, 포상금을 지급받을 자가 배분방법에 관하여 미리 합의하여 포상금의 지급을 신청한 경우에는 그 합의된 방법에 따라 지급한다.

(4) 등록관청은 하나의 사건에 대하여 2건 이상의 신고 또는 고발이 접수된 경우에는 최초로 신고 또는 고발한 자에게 포상금을 지급한다.

제3절 | 지방자치단체의 조례가 정하는 수수료

(1) **지방자치단체 조례가 정하는 수수료를 납부해야 하는 경우**

① 공인중개사 자격시험에 응시하는 자

② 공인중개사자격증의 재교부를 신청하는 자

③ 중개사무소의 개설등록을 신청하는 자

④ 중개사무소등록증의 재교부를 신청하는 자

⑤ 분사무소설치의 신고를 하는 자

⑥ 분사무소설치신고확인서의 재교부를 신청하는 자

(2) **국토교통부장관이 결정 · 공고하는 수수료**

공인중개사 자격시험을 국토교통부장관이 시행하는 경우에는 국토교통부장관이 결정 · 공고하는 수수료를 납부해야 한다. 또한 공인중개사 자격시험 또는 공인중개사자격증 재교부업무를 위탁한 경우에는 해당 업무를 위탁받은 자가 위탁한 자의 승인을 얻어 결정 · 공고하는 수수료를 각각 납부해야 한다.

| 제**4**절 | **부동산거래질서교란행위 신고센터의 설치·운영** |

♠ 부동산거래질서교란행위 신고센터

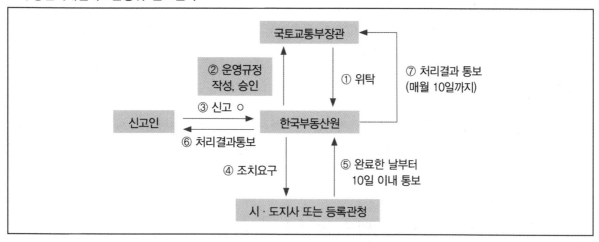

(1) 신고센터의 설치·운영

국토교통부장관은 부동산 시장의 건전한 거래질서를 조성하기 위하여 부동산거래질서교란행위 신고센터(이하 이 조에서 "신고센터"라 한다)를 설치·운영할 수 있다(법 제47조의2 제1항). 누구든지 부동산중개업 및 부동산 시장의 건전한 거래질서를 해치는 다음 각 호의 어느 하나에 해당하는 행위(이하 이 조에서 "부동산거래질서교란행위"라 한다)를 발견하는 경우 그 사실을 신고센터에 신고할 수 있다(법 제47조의2 제1항).

① 제7조(자격증 대여 등의 금지), 제8조(유사명칭사용금지), 제9조(중개사무소 개설등록), 제18조의4(중개보조원의 고지의무), 제33조 제2항(금지행위 중 개업공인중개사의 업무방해행위)

② 제48조 제2호(거짓이나 그 밖에 부정한 방법으로 중개사무소 개설등록한 자)에 해당하는 경우

③ 개업공인중개사가 제12조 제1항(이중등록금지 등), 제13조 제1항(이중사무소 설치금지 등), 제2항(임시중개시설물설치금지 등), 제14조 제1항(법인의 겸업금지위반), 제15조 제3항(중개보조원 수 초과 고용), 제17조(중개사무소등록증 등의 게시의무위반), 제18조(사무소 명칭위반), 제19조(중개사무소등록증 대여 등의 금지), 제25조 제1항(중개대상물 확인·설명의무위반), 제25조의3(임대차 중개시의 설명의무위반), 제26조 제3항(거래계약서에 거짓기재금지 및 이중계약서 작성금지)

④ 개업공인중개사 등의 제12조 제2항(이중소속금지), 제29조 제2항(업무상 비밀준수위반), 제33조 제1항(금지행위)

⑤ 「부동산 거래신고 등에 관한 법률」 제3조(부동산거래신고위반), 제3조의2(부동산거래해제 등 신고위반), 제4조(금지행위)를 위반하는 행위

(2) 신고센터의 업무

신고센터는 다음의 업무를 수행한다(법 제47조의2 제3항).

> 1. 부동산거래질서교란행위 신고의 접수 및 상담
> 2. 신고사항에 대한 확인 또는 시 · 도지사 및 등록관청 등에 신고사항에 대한 조사 및 조치 요구
> 3. 신고인에 대한 신고사항 처리 결과 통보

(3) 부동산거래질서교란행위 신고

① **신고** : 신고센터에 부동산거래질서교란행위를 신고하려는 자는 다음의 사항을 서면(전자문서를 포함한다)으로 제출해야 한다(영 제37조 제1항).

> 1. 신고인 및 피신고인의 인적사항
> 2. 부동산거래질서교란행위의 발생일시 · 장소 및 그 내용
> 3. 신고 내용을 증명할 수 있는 증거자료 또는 참고인의 인적사항
> 4. 그 밖에 신고 처리에 필요한 사항

② **보완요구** : 신고센터는 신고받은 사항에 대해 보완이 필요한 경우 기간을 정하여 신고인에게 보완을 요청할 수 있다(영 제37조 제2항).

③ **신고센터의 시 · 도지사 및 등록관청 등에 조사 및 조치요구** : 신고센터는 제출받은 신고사항에 대해 시 · 도지사 및 등록관청 등에 조사 및 조치를 요구해야 한다(영 제37조 제3항).

다만, 다음의 어느 하나에 해당하는 경우에는 국토교통부장관의 승인을 받아 접수된 신고사항의 처리를 종결할 수 있다(영 제37조 제3항).

> 1. 신고내용이 명백히 거짓인 경우
> 2. 신고인이 신고센터의 신고받은 사항의 보완요청에 따른 보완을 하지 않은 경우
> 3. 신고인이 신고사항의 처리결과를 통보받은 사항에 대하여 정당한 사유 없이 다시 신고한 경우로서 새로운 사실이나 증거자료가 없는 경우
> 4. 신고내용이 이미 수사기관에서 수사 중이거나 재판이 계속 중이거나 법원의 판결에 의해 확정된 경우

④ **시 · 도지사 및 등록관청 등의 조사결과 통보** : 요구를 받은 시 · 도지사 및 등록관청 등은 신속하게 조사 및 조치를 완료하고, 완료한 날부터 10일 이내에 그 결과를 신고센터에 통보해야 한다(영 제37조 제4항).

⑤ **신고인에게 처리결과 통보** : 신고센터는 시 · 도지사 및 등록관청 등으로부터 처리결과를 통보받은 경우 신고인에게 신고사항 처리결과를 통보해야 한다(영 제37조 제5항).

⑥ **처리결과 제출** : 신고센터는 매월 10일까지 직전 달의 신고사항 접수 및 처리결과 등을 국토교통부장관에게 제출해야 한다(영 제37조 제6항).

⑦ **업무위탁** : 국토교통부장관은 신고센터의 업무를 「한국부동산원법」에 따른 한국부동산원에 위탁한다(영 제37조 제7항).

⑧ **운영규정 작성·승인** : 한국부동산원은 신고센터의 업무 처리 방법, 절차 등에 관한 운영규정을 정하여 국토교통부장관의 승인을 받아야 한다. 이를 변경하려는 경우에도 또한 같다(영 제37조 제8항).

◻ 인터넷 표시·광고 모니터링과 부동산거래질서교란행위 신고센터의 비교

구 분	인터넷 표시·광고 모니터링	부동산거래질서교란행위 신고센터의 설치·운영
주 체	국토교통부장관	국토교통부장관
내 용	인터넷을 이용한 중개대상물의 표시·광고의 법규정 준수 여부	부동산거래질서 교란행위의 원활한 신고
위 탁	(1) 공공기관 (2) 정부출연연구기관 (3) 비영리 법인으로서 관련된 업무를 수행하는 법인 (4) 국토교통부장관이 인정하는 기관 또는 단체	「한국부동산원법」에 따른 한국부동산원
수탁기관의 업무	(1) 모니터링 업무수행(기본, 수시) (2) 계획서 제출(기본, 수시) (3) 결과보고서 제출(기본, 수시) • 기본 모니터링 업무는 매분기의 마지막 날부터 30일 이내 • 수시 모니터링 업무는 업무를 완료한 날부터 15일 이내	(1) 교란행위 신고의 접수 및 상담 (2) 신고사항에 대한 시·도지사 및 등록관청에 조치요구 (3) 신고인에게 신고사항 처리결과 통보
시·도지사 및 등록관청의 처리결과 통보	완료한 날부터 10일 이내 국토교통부장관에 통보	• 완료한 날부터 10일 이내 신고센터에 통보 • 매월 10일까지 직전 달의 신고사항 접수 및 처리결과를 국토교통부장관에게 통보
운영규정 작성·승인	없다	있다

벌 칙

구 분			종 류	대상자	처분권자
제 재	행정처분		자격취소	공인중개사	자격증을 교부한 시 · 도지사
			자격정지	소속공인중개사	
			등록취소	개업공인중개사	등록관청
			업무정지		
			지정취소	거래정보사업자	국토교통부장관
	벌 칙	행정 형벌	3년/3천만원 이하	모든 사람	법원
			1년/1천만원 이하		
		행정 질서벌	500만원 이하 과태료		국토교통부장관, 시 · 도지사, 등록관청
			100만원 이하 과태료		

| 제2절 | 행정형벌 |

(1) 3년 이하의 징역이나 3천만원 이하의 벌금
　① 무등록 중개업자
　② 거짓이나 그 밖에 부정한 방법으로 등록
　③ 금지행위 ⇨ 5가지(증서, 직접, 투기, 시세, 단체)
　④ 개업공인중개사 등의 업무방해행위 − 5가지
(2) 1년 이하의 징역이나 1천만원 이하의 벌금
　이, 양, 이, 양, 정, 비, 사, 4급, 보, 임, 명, 광
(3) 양벌규정
　① 행정형벌만 적용, 행정질서벌 적용안됨
　② 벌금형에 대한 법정형 동일
　③ 단, 개업공인중개사의 면책규정 있음
　④ 양벌규정으로 300만원 이상의 벌금형 ⇨ 미결격사유

1 3년 이하의 징역 또는 3,000만원 이하의 벌금

(1) 중개사무소의 개설등록을 하지 아니하고 중개업을 한 자

(2) 거짓이나 그 밖의 부정한 방법으로 중개사무소의 개설등록을 한 자

(3) 개업공인중개사 등이 금지행위를 한 경우(증서, 직접, 투기, 시세, 단체)

① 관계 법령에서 양도·알선 등이 금지된 부동산의 분양·임대 등과 관련 있는 증서 등의 매매·교환 등을 중개하거나 그 매매를 업으로 하는 행위

② 중개의뢰인과 직접 거래를 하거나 거래당사자 쌍방을 대리하는 행위

③ 탈세 등 관계 법령을 위반할 목적으로 소유권보존등기 또는 이전등기를 하지 아니한 부동산이나 관계 법령의 규정에 따라 전매 등 권리의 변동이 제한된 부동산의 매매를 중개하는 등 부동산투기를 조장하는 행위

④ 부당한 이익을 얻거나 제3자에게 부당한 이익을 얻게 할 목적으로 거짓으로 거래가 완료된 것처럼 꾸미는 등 중개대상물의 시세에 부당한 영향을 주거나 줄 우려가 있는 행위

⑤ 단체를 구성하여 특정 중개대상물에 대하여 중개를 제한하거나 단체 구성원 이외의 자와 공동중개를 제한하는 행위

(4) 개업공인중개사 등의 업무를 방해한 자

① 안내문, 온라인 커뮤니티 등을 이용하여 특정 개업공인중개사 등에 대한 중개의뢰를 제한하거나 제한을 유도하는 행위

② 안내문, 온라인 커뮤니티 등을 이용하여 중개대상물에 대하여 시세보다 현저하게 높게 표시 · 광고 또는 중개하는 특정 개업공인중개사 등에게만 중개의뢰를 하도록 유도함으로써 다른 개업공인중개사 등을 부당하게 차별하는 행위

③ 안내문, 온라인 커뮤니티 등을 이용하여 특정 가격 이하로 중개를 의뢰하지 아니하도록 유도하는 행위

④ 정당한 사유 없이 개업공인중개사 등의 중개대상물에 대한 정당한 표시 · 광고 행위를 방해하는 행위

⑤ 개업공인중개사 등에게 중개대상물을 시세보다 현저하게 높게 표시 · 광고하도록 강요하거나 대가를 약속하고 시세보다 현저하게 높게 표시 · 광고하도록 유도하는 행위

2 1년 이하의 징역 또는 1,000만원 이하의 벌금

암 기	사 유
이	이중으로 중개사무소의 개설등록을 하거나 둘 이상의 중개사무소에 소속된 자
양	다른 사람에게 자기의 성명 또는 상호를 사용하여 중개업무를 하게 하거나 중개사무소등록증을 다른 사람에게 양도 · 대여한 자 또는 다른 사람의 성명 · 상호를 사용하여 중개업무를 하거나 중개사무소등록증을 양수 · 대여받은 자
이	둘 이상의 중개사무소를 둔 자
양	다른 사람에게 자기의 성명을 사용하여 중개업무를 하게 하거나 공인중개사자격증을 양도 · 대여한 자 또는 다른 사람의 공인중개사자격증을 양수 · 대여받은 자
정	거래정보사업자가 공개의무에 위반
비	업무상 비밀을 누설한 자
사	공인중개사가 아닌 자로서 공인중개사 또는 이와 유사한 명칭을 사용한 자
4급	금지행위를 한 경우(매매, 협조, 보수, 중요사항)
보	개업공인중개사가 고용할 수 있는 중개보조원 수를 초과하여 고용한 경우
임	임시 중개시설물을 설치한 자
명	개업공인중개사가 아닌 자로서 "공인중개사사무소", "부동산중개" 또는 이와 유사한 명칭을 사용한 자
광	개업공인중개사가 아닌 자로서 중개업을 하기 위하여 중개대상물에 대한 표시 · 광고를 한 자

③ 양벌규정

개업공인중개사인 법인의 임원·종업원이나 개업공인중개사가 고용한 공인중개사 및 중개보조원이 중개업무에 관하여 법 제48조 또는 법 제49조(행정형벌)의 규정에 해당하는 위반행위를 한 때에는 그 행위자를 벌하는 외에 그 개업공인중개사에 대하여도 동조에 규정된 벌금형을 과한다. 다만, 그 개업공인중개사가 그 위반행위를 방지하기 위하여 해당 업무에 관하여 상당한 주의와 감독을 게을리하지 아니한 경우에는 그러하지 아니하다.

① 행정형벌에서만 적용(행정질서벌 ×)

② 벌금형에 대한 법정형 동일

③ 개업공인중개사가 양벌규정으로 300만원 이상의 벌금형을 선고받으면 ⇨ 결격사유 ×

④ 다만, 그 개업공인중개사가 그 위반행위를 방지하기 위하여 해당 업무에 관하여 상당한 주의와 감독을 게을리하지 아니한 경우에는 그러하지 아니하다.

> **⌐판례⌐**
>
> 「공인중개사법」 제10조 제1항 제11호에 규정된 '이 법을 위반하여 벌금형의 선고를 받고 3년이 지나지 아니한 자'에는 중개보조인 등이 중개업무에 관하여 같은 법 제8조를 위반하여 그 사용주인 개업공인중개사가 같은 법 제50조의 양벌규정으로 처벌받는 경우는 포함되지 않는다고 해석해야 한다(대판 2008.5.29, 2007두 26568).

제3절 | 행정질서벌

> (1) 맞 짱
>   ① 국토부장관 : 공인중개사협회, 거래정보사업자, 정보통신서비스 제공자
>   ② 시·도지사 : 자격증 미반납, 연수교육(개공사, 소공사)
>   ③ 등록관청 : 등록증 미반납, 개업공인중개사
> (2) 재 단
>   ① 공인중개사협회, 거래정보사업자, 정보통신서비스 제공자 : 500만원 이하 과태료
>   ② 자격증 미반납, 등록증 미반납, 개업공인중개사 : 100만원 이하 과태료
>   ③ 연수교육, 확인·설명의무위반, 중개대상물에 대한 부당한 표시·광고, 중개보조원의 고지의무 위반 : 500만원 이하 과태료
> (3) 사 유
>   개업공인중개사(100만원 이하 과태료) - ①, ②, ③, ④, ⑤, ⑥, ⑦, ⑧

1 과태료 처분사유

처분권자	대상자	사 유
국토교통부 장관	정보통신서비스 제공자 (500만원 이하의 과태료)	① 국토교통부장관의 중개대상물에 대한 표시 · 광고가 규정을 준수했는지의 여부를 모니터링 하기 위한 관련 자료 제출 요구를 정당한 사유 없이 따르지 아니한 자
		② 국토교통부장관의 모니터링 결과에 따라 정보통신서비스 제공자에게 「공인중개사법」 위반이 의심되는 표시 · 광고에 대한 확인 또는 추가정보의 게재 등 필요한 조치를 요구받고 정당한 사유 없이 따르지 아니한 자
	거래정보사업자 (500만원 이하의 과태료)	① 운영규정의 승인 또는 변경승인을 얻지 아니하거나 운영규정의 내용에 위반하여 부동산거래정보망을 운영한 자
		② 보고, 자료의 제출, 조사 또는 검사를 거부 · 방해 또는 기피하거나 그 밖의 명령을 이행하지 아니하거나 거짓으로 보고 또는 자료제출을 한 거래정보사업자
	공인중개사협회 (500만원 이하의 과태료)	① 공제사업 운용실적을 공시하지 아니한 자
		② 공제업무의 개선명령을 이행하지 아니한 자
		③ 임원에 대한 징계 · 해임의 요구를 이행하지 아니하거나 시정명령을 이행하지 아니한 자
		④ 보고, 자료의 제출, 조사 또는 검사를 거부 · 방해 또는 기피하거나 그 밖의 명령을 이행하지 아니하거나 거짓으로 보고 또는 자료제출을 한 자
시 · 도지사	공인중개사 이었던 자 (100만원 이하의 과태료)	공인중개사자격증을 반납하지 아니하거나 공인중개사자격증을 반납할 수 없는 사유서를 제출하지 아니한 자 또는 거짓으로 공인중개사자격증을 반납할 수 없는 사유서를 제출한 자
	개업공인중개사 및 소속공인중개사 (500만원 이하의 과태료)	연수교육을 정당한 사유 없이 받지 아니한 자
등록관청	개업공인중개사 (500만원 이하의 과태료)	① 성실 · 정확하게 중개대상물의 확인 · 설명을 하지 아니하거나 설명의 근거자료를 제시하지 아니한 자
		② 중개대상물에 대하여 부당한 표시 · 광고를 한 자
		③ 중개보조원이 현장안내시 중개보조원임을 명시하지 않은 경우 중개보조원과 개업공인중개사, 단, ~

개업공인중개사 (100만원 이하의 과태료)	① 중개사무소등록증을 반납하지 아니한 자
	② 사무소의 명칭에 '공인중개사사무소', '부동산중개'라는 문자를 사용하지 아니한 개업공인중개사 또는 옥외 광고물에 성명을 표기하지 아니하거나 허위로 표기한 자
	③ 중개대상물의 중개에 관한 표시·광고를 위반한 자
	④ 중개인이 그 사무소의 명칭에 '공인중개사'라는 문자를 사용한 자
	⑤ 중개사무소등록증 등을 게시하지 아니한 자
	⑥ 중개사무소의 이전신고를 하지 아니한 자
	⑦ 손해배상책임에 관한 사항을 설명하지 아니하거나 관계증서의 사본 또는 관계 증서에 관한 전자문서를 교부하지 아니한 자
	⑧ 휴업, 폐업, 휴업한 중개업의 재개 또는 휴업기간의 변경신고를 하지 아니한 자

2 과태료의 처분권자 및 처분절차

(1) 과태료의 처분권자

① 정보통신서비스제공자, 거래정보사업자와 협회에 대한 과태료는 국토교통부장관이, ② 공인중개사 자격증을 반납하지 아니한 자와 연수교육을 정당한 사유 없이 받지 아니한 자에 대한 과태료는 시·도지사, ③ 개업공인중개사 및 등록증 미반납, 중개보조원에 대한 과태료는 등록관청이 각각 부과·징수한다.

(2) 과태료의 부과·징수절차

「질서위반행위규제법」에 따른다.

부동산 거래신고 등에
관한 법률

부동산거래신고제

① 부동산거래신고

(1) 개념 및 다른 제도와의 관계

① 개 념

ⓐ 거래당사자는 부동산 거래신고에 해당되는 계약을 체결한 경우 그 실제 거래가격 등 대통령령으로 정하는 사항을 거래계약의 체결일부터 30일 이내에 그 권리의 대상인 부동산 등(권리에 관한 계약의 경우에는 그 권리의 대상인 부동산을 말한다)의 소재지를 관할하는 시장(구가 설치되지 아니한 시의 시장 및 특별자치시장과 특별자치도 행정시의 시장을 말한다) · 군수 또는 구청장(이하 "신고관청"이라 한다)에게 공동으로 신고해야 한다(「부동산 거래신고 등에 관한 법률」 제3조 제1항).

ⓑ 다만, 거래당사자 중 일방이 국가, 지방자치단체, 대통령령으로 정하는 자의 경우(이하 "국가 등"이라 한다)에는 국가 등이 신고를 해야 한다(동법 제3조 제1항).

ⓒ 「공인중개사법」에 따른 개업공인중개사가 거래계약서를 작성 · 교부한 경우에는 거래당사자는 부동산 거래신고 의무가 없고, 해당 개업공인중개사가 부동산 거래신고를 해야 한다. 이 경우 공동으로 중개를 한 경우에는 해당 개업공인중개사가 공동으로 신고해야 한다(동법 제3조 제3항).

② 다른 제도와의 관계

ⓐ 부동산 거래신고를 한 경우에는 「외국인 등의 부동산 취득 등에 관한 특례」에 따른 신고를 하지 않아도 되고, 「부동산등기 특별조치법」에 따른 검인을 받은 것으로 본다.

ⓑ 토지거래허가를 받았거나 「농지법」에 따른 농지취득자격증명을 받았어도 부동산 거래신고는 별도로 해야 한다.

(2) 신고대상

① 부동산의 매매계약

ⓐ 부동산 : 부동산에는 토지와 건축물이 모두 포함된다.

ⓑ 매매계약 : 매매계약만 신고대상이므로 교환계약이나 증여계약, 경매, 임대차계약(단, 주택전 · 월세 신고는 제외) 등은 신고대상이 아니다.

② 부동산에 대한 공급계약 : 건축물의 분양에 관한 법률 등에 따른 부동산에 대한 공급계약을 말한다.

③ 부동산을 취득할 수 있는 지위(분양권 · 입주권)의 매매계약

ⓐ 「주택법」 등의 부동산에 대한 공급계약을 통하여 부동산을 공급받는 자로 선정된 지위

ⓛ 「도시 및 주거환경정비법」 제74조에 따른 관리처분계획의 인가 및 「빈집 및 소규모주택 정비에 관한 특례법」 제29조에 따른 사업시행계획인가로 취득한 입주자로 선정된 지위

(3) 신고의무자

① **거래당사자가 직접 매매계약을 체결한 경우**

㉠ 거래당사자가 공동으로 계약체결일부터 30일 이내에 부동산 거래신고를 해야 한다(동법 제3조 제1항).

㉡ 다만, 거래당사자 중 일방이 신고를 거부하는 경우에는 국토교통부령으로 정하는 바에 따라 단독으로 신고할 수 있다.

② **거래당사자 중 일방이 국가 등인 경우** : 거래당사자 중 일방이 국가, 지방자치단체, 「공공기관의 운영에 관한 법률」에 따른 공공기관, 「지방공기업법」에 따른 지방직영기업 · 지방공사 또는 지방공단의 경우(이하 "국가 등"이라 한다)에는 국가 등이 계약체결일부터 30일 이내에 신고를 해야 한다.

③ **개업공인중개사가 거래계약서를 작성 · 교부한 경우**

㉠ 개업공인중개사가 거래계약서를 작성 · 교부한 때에는 해당 개업공인중개사가 계약체결일부터 30일 이내에 부동산 거래신고를 하여야 하며, 거래당사자는 신고의무가 없다(동법 제3조 제3항).

㉡ 개업공인중개사가 공동으로 중개를 한 경우에는 해당 개업공인중개사가 공동으로 신고해야 한다(동법 제3조 제3항). 다만, 개업공인중개사 중 일방이 신고를 거부하는 경우에는 국토교통부령으로 정하는 바에 따라 단독으로 신고할 수 있다.

(4) 신고사항

① **공통 신고사항**

> ㉠ 거래당사자의 인적사항
>
> ㉡ 계약 체결일, 중도금 지급일 및 잔금 지급일
>
> ㉢ 거래대상 부동산 등(부동산을 취득할 수 있는 권리에 관한 계약의 경우에는 그 권리의 대상인 부동산을 말한다)의 소재지 · 지번 · 지목 및 면적
>
> ㉣ 거래대상 부동산 등의 종류(부동산을 취득할 수 있는 권리에 관한 계약의 경우에는 그 권리의 종류를 말한다)
>
> ㉤ 실제 거래가격
>
> ㉥ 계약의 조건이나 기한이 있는 경우에는 그 조건 또는 기한
>
> ㉦ 매수인이 국내에 주소 또는 거소(잔금 지급일부터 60일을 초과하여 거주하는 장소를 말한다)를 두지 않을 경우(매수인이 외국인인 경우로서 「출입국관리법」 제31조에 따른 외국인등록을 하거나 「재외동포의 출입국과 법적 지위에 관한 법률」 제6조에 따른 국내거소신고를 한 경우에는 그 체류기간 만료일이 잔금 지급일부터 60일 이내인 경우를 포함한다)에는 위탁관리인의 인적사항
>
> ㉧ 개업공인중개사가 거래계약서를 작성 · 교부한 경우에는 다음의 사항
>
> ⓐ 개업공인중개사의 인적사항
>
> ⓑ 개업공인중개사가 「공인중개사법」 제9조에 따라 개설등록한 중개사무소의 상호 · 전화번호 및 소재지

② **법인이 주택의 거래계약을 체결하는 경우**

> ㉠ 법인의 현황에 관한 다음의 사항(거래당사자 중 국가 등이 포함되어 있거나 거래계약이 법 제3조 제1항 제2호 또는 같은 항 제3호 가목에 해당하는 경우는 제외한다)
> ⓐ 법인의 등기 현황
> ⓑ 법인과 거래상대방 간의 관계가 다음의 어느 하나에 해당하는지 여부
>   1) 거래상대방이 개인인 경우: 그 개인이 해당 법인의 임원이거나 법인의 임원과 친족관계가 있는 경우
>   2) 거래상대방이 법인인 경우: 거래당사자인 매도법인과 매수법인의 임원 중 같은 사람이 있거나 거래당사자인 매도법인과 매수법인의 임원 간 친족관계가 있는 경우
> ㉡ 주택 취득 목적 및 취득 자금 등에 관한 다음의 사항(법인이 주택의 매수자인 경우만 해당한다)
> ⓐ 거래대상인 주택의 취득목적
> ⓑ 거래대상 주택의 취득에 필요한 자금의 조달계획 및 지급방식. 이 경우 투기과열지구에 소재하는 주택의 거래계약을 체결한 경우에는 자금의 조달계획을 증명하는 서류로서 국토교통부령으로 정하는 서류를 첨부해야 한다.
> ⓒ 임대 등 거래대상 주택의 이용계획

③ **법인 외의 자가 실제 거래가격이 6억원 이상인 주택을 매수하거나 투기과열지구 또는 조정대상지역에 소재하는 주택을 매수하는 경우**(거래당사자 중 국가 등이 포함되어 있는 경우는 제외한다)

> ㉠ 거래대상 주택의 취득에 필요한 자금의 조달계획 및 지급방식. 이 경우 투기과열지구에 소재하는 주택의 거래계약을 체결한 경우 매수자는 자금의 조달계획을 증명하는 서류로서 국토교통부령으로 정하는 서류를 첨부해야 한다.
> ㉡ 거래대상 주택에 매수자 본인이 입주할지 여부, 입주 예정 시기 등 거래대상 주택의 이용계획

④ **실제 거래가격이 다음 각 목의 구분에 따른 금액 이상인 토지를 매수**(지분으로 매수하는 경우는 제외한다)**하는 경우**

> ㉠ 수도권 등(「수도권정비계획법」에 따른 수도권, 광역시(인천광역시는 제외한다) 및 세종특별자치시를 말한다. 이하 같다)에 소재하는 토지의 경우: 1억원
> ㉡ 수도권 등 외의 지역에 소재하는 토지의 경우: 6억원

> ⓐ 거래대상 토지의 취득에 필요한 자금의 조달계획
> ⓑ 거래대상 토지의 이용계획

⑤ 다음 각 목의 토지를 지분으로 매수하는 경우

ⓐ 수도권 등에 소재하는 토지

ⓑ 수도권 등 외의 지역에 소재하는 토지로서 실제 거래가격이 6억원 이상인 토지

> ⓐ 거래대상 토지의 취득에 필요한 자금의 조달계획
> ⓑ 거래대상 토지의 이용계획

⑸ 부동산 거래계약 신고방법 및 절차

① 당사자가 직접 거래계약을 체결하는 경우

㉠ 신고방법

ⓐ 거래당사자는 부동산거래계약 신고서에 공동으로 서명 또는 날인하여 신고관청에 제출해야 한다 (규칙 제2조 제1항).

ⓑ 단독으로 부동산 거래계약을 신고하려는 국가 등은 부동산거래계약 신고서에 단독으로 서명 또는 날인하여 신고관청에 제출해야 한다(규칙 제2조 제2항).

ⓒ 거래당사자나 공동중개한 개업공인중개사 중 일방이 신고를 거부하여 단독으로 부동산 거래계약을 신고하려는 자는 부동산거래계약 신고서에 단독으로 서명 또는 날인한 후 다음의 서류를 첨부하여 신고관청에 제출해야 한다. 이 경우 신고관청은 단독신고 사유에 해당하는지 여부를 확인해야 한다(규칙 제2조 제3항).

> 1. 부동산 거래계약서 사본
> 2. 단독신고사유서

ⓓ 부동산 거래신고 또는 제출을 하려는 사람은 주민등록증, 운전면허증, 여권 등 본인의 신분을 증명할 수 있는 증명서(이하 "신분증명서"라 한다)를 신고관청에 보여줘야 한다(규칙 제2조 제12항).

ⓔ 부동산거래계약시스템을 통하여 부동산거래계약을 체결한 경우에는 부동산거래계약이 체결된 때에 부동산거래계약 신고서를 제출한 것으로 본다(규칙 제2조 제14항).

㉡ 대리인에 의한 신고 : 거래당사자 또는 법인 또는 매수인의 위임을 받은 사람은 부동산거래계약 신고서의 제출을 대행할 수 있다. 이 경우 부동산거래계약 신고서의 제출을 대행하는 사람은 신분증명서를 신고관청에 보여주고, 다음의 서류를 함께 제출해야 한다(규칙 제5조 제1항).

> 1. 신고서의 제출을 위임한 거래당사자가 서명 또는 날인한 위임장(거래당사자가 법인인 경우에는 법인인감을 날인한 위임장)
> 2. 신고서의 제출을 위임한 거래당사자의 신분증명서 사본

② **거래당사자 중 일방이 국가 등인 경우**: 단독으로 부동산거래계약을 신고하려는 국가, 지방자치단체 또는 「공공기관의 운영에 관한 법률」에 따른 공공기관, 「지방공기업법」에 따른 지방직영기업 · 지방공사 또는 지방공단의 경우는 부동산거래계약 신고서에 단독으로 서명 또는 날인하여 신고관청에 제출해야 한다(규칙 제2조 제2항).

③ **개업공인중개사가 거래계약체결을 중개한 경우**

　㉠ 신고방법

　　ⓐ 부동산 거래계약을 신고하려는 개업공인중개사는 부동산거래계약 신고서에 서명 또는 날인하여 신고관청에 제출해야 한다(규칙 제2조 제4항).

　　ⓑ 이 경우 개업공인중개사가 공동으로 중개하여 공동으로 부동산 거래신고를 하는 경우에는 해당 개업공인중개사가 공동으로 서명 또는 날인해야 한다(규칙 제2조 제4항).

　　ⓒ 부동산 거래신고 또는 제출을 하려는 사람은 주민등록증, 운전면허증, 여권 등 본인의 신분을 증명할 수 있는 증명서(이하 "신분증명서"라 한다)를 신고관청에 보여주어야 한다(규칙 제2조 제12항).

　　ⓓ 부동산거래계약시스템을 통하여 부동산거래계약을 체결한 경우에는 부동산거래계약이 체결된 때에 부동산거래계약 신고서를 제출한 것으로 본다(규칙 제2조 제14항).

　㉡ 대리인에 의한 신고

　　ⓐ 개업공인중개사의 위임을 받은 소속공인중개사는 부동산거래계약 신고서의 제출을 대행할 수 있다(규칙 제5조 제2항).

　　ⓑ 이 경우 소속공인중개사는 신분증명서를 신고관청에 보여주어야 한다(규칙 제5조 제2항).

　　ⓒ 중개보조원은 개업공인중개사의 부동산 거래신고서의 제출을 대리할 수 없다.

④ **법인 신고서 및 자금조달 · 입주계획서 제출**

　㉠ 법인 주택거래계약신고서(이하 법인 신고서)와 주택취득자금 조달 및 입주계획서(이하 자금조달 · 입주계획서)를 제출하여야 하는 경우에는 부동산거래계약신고서와 함께 제출해야 한다.

　㉡ 부동산거래계약을 신고하려는 자 중 법인 또는 매수인 외의 자가 법인 신고서 또는 자금조달 · 입주계획서를 제출하는 경우 법인 또는 매수인은 부동산거래계약을 신고하려는 자에게 거래계약의 체결일부터 25일 이내에 법인 신고서 또는 자금조달 · 입주계획서를 제공해야 하며, 이 기간 내에 제공하지 않은 경우에는 법인 또는 매수인이 별도로 법인 신고서 또는 자금조달 · 입주계획서를 제출해야 한다.

　㉢ 법인 또는 매수인이 법인 신고서 또는 자금조달 · 입주계획서를 부동산거래계약 신고서와 분리하여 제출하기를 희망하는 경우 법인 또는 매수인은 자금조달 · 입주계획서를 거래계약의 체결일부터 30일 이내에 별도로 제출할 수 있다.

㉣ 투기과열지구에서 법인이 매수자인 경우와 법인 외의 자가 실제거래가격이 6억원 이상인 주택을 매수하는 경우에는 다음과 같은 자금의 조달계획을 증명하는 구체적인 서류를 제출해야 한다. 이 경우 자금조달·입주계획서의 제출일을 기준으로 주택취득에 필요한 자금의 대출이 실행되지 않았거나 본인 소유 부동산의 매매계약이 체결되지 않은 경우 등 항목별 금액 증명이 어려운 경우에는 그 사유서를 첨부해야 한다.

> 1. 자금조달·입주계획서에 금융기관 예금액 항목을 적은 경우 : 예금잔액증명서 등 예금 금액을 증명할 수 있는 서류
> 2. 자금조달·입주계획서에 주식·채권 매각대금 항목을 적은 경우 : 주식거래내역서 또는 예금잔액증명서 등 주식·채권 매각 금액을 증명할 수 있는 서류
> 3. 자금조달·입주계획서에 증여·상속 항목을 적은 경우 : 증여세·상속세 신고서 또는 납세증명서 등 증여 또는 상속받은 금액을 증명할 수 있는 서류
> 4. 자금조달·입주계획서에 현금 등 그 밖의 자금 항목을 적은 경우 : 소득금액증명원 또는 근로소득 원천징수영수증 등 소득을 증명할 수 있는 서류
> 5. 자금조달·입주계획서에 부동산 처분대금 등 항목을 적은 경우 : 부동산 매매계약서 또는 부동산 임대차계약서 등 부동산 처분 등에 따른 금액을 증명할 수 있는 서류
> 6. 자금조달·입주계획서에 금융기관 대출액 합계 항목을 적은 경우 : 금융거래확인서, 부채증명서 또는 금융기관 대출신청서 등 금융기관으로부터 대출받은 금액을 증명할 수 있는 서류
> 7. 자금조달·입주계획서에 임대보증금 항목을 적은 경우 : 부동산 임대차계약서
> 8. 자금조달·입주계획서에 회사지원금·사채 또는 그 밖의 차입금 항목을 적은 경우 : 금전을 빌린 사실과 그 금액을 확인할 수 있는 서류

⑤ **신고필증교부** : 신고관청은 부동산거래계약 신고서(법인 신고서 및 자금조달·입주계획서를 제출해야 하는 경우에는 법인 신고서 및 자금조달·입주계획서를 포함한다)가 제출된 때에 신고필증을 발급한다.

(6) 부동산거래계약 신고내용의 정정 및 변경

① 정정신청

㉠ 거래당사자 또는 개업공인중개사는 부동산 거래계약 신고내용 중 다음의 어느 하나에 해당하는 사항이 잘못 기재된 경우에는 신고관청에 신고내용의 정정을 신청할 수 있다(규칙 제3조 제1항).

> 1. 거래당사자의 주소·전화번호 또는 휴대전화번호
> 2. 거래 지분 비율
> 3. 개업공인중개사의 전화번호·상호 또는 사무소 소재지
> 4. 거래대상 건축물의 종류
> 5. 거래대상 부동산 등(부동산을 취득할 수 있는 권리에 관한 계약의 경우에는 그 권리의 대상인 부동산을 말한다. 이하 같다)의 지목, 면적, 거래 지분 및 대지권비율

    ⓛ 정정신청을 하려는 거래당사자 또는 개업공인중개사는 발급받은 부동산거래 신고필증에 정정 사항을 표시하고 해당 정정 부분에 서명 또는 날인을 하여 신고관청에 제출해야 한다. 다만, 거래당사자의 주소 · 전화번호 또는 휴대전화번호를 정정하는 경우에는 해당 거래당사자 일방이 단독으로 서명 또는 날인하여 정정을 신청할 수 있다(규칙 제3조 제2항).

② **변경신고**

    ㉠ 거래당사자 또는 개업공인중개사는 부동산 거래계약 신고내용 중 다음 각 호의 어느 하나에 해당하는 사항이 변경된 경우에는 「부동산등기법」에 따른 부동산에 관한 등기신청 전에 신고관청에 신고 내용의 변경을 신고할 수 있다.(규칙 제3조 제3항).

> 1. 거래 지분 비율
> 2. 거래 지분
> 3. 거래대상 부동산 등의 면적
> 4. 계약의 조건 또는 기한
> 5. 거래가격
> 6. 중도금 · 잔금 및 지급일
> 7. 공동매수의 경우 일부 매수인의 변경(매수인 중 일부가 제외되는 경우만 해당한다)
> 8. 거래대상 부동산 등이 다수인 경우 일부 부동산 등의 변경(거래대상 부동산 등 중 일부가 제외되는 경우만 해당한다)
> 9. 위탁관리인의 성명, 주민등록번호, 주소 및 전화번호(휴대전화번호를 포함한다)

    ⓛ 변경신고를 하는 거래당사자 또는 개업공인중개사는 부동산거래계약 변경신고서에 서명 또는 날인하여 신고관청에 제출해야 한다. 다만, 부동산 등의 면적 변경이 없는 상태에서 거래가격이 변경된 경우에는 거래계약서 사본 등 그 사실을 증명할 수 있는 서류를 첨부해야 한다.(규칙 제3조 제4항).

③ **신고필증의 재발급** : 정정신청 또는 변경신고를 받은 신고관청은 정정사항 또는 변경사항을 확인한 후 지체 없이 해당 내용을 정정 또는 변경하고, 정정사항 또는 변경사항을 반영한 신고필증을 재발급해야 한다(규칙 제3조 제6항).

⑺ **부동산거래계약 해제 등의 신고**

① **해제 등 신고**

    ㉠ 거래당사자는 부동산 거래신고를 한 후 해당 거래계약이 해제, 무효 또는 취소(이하 "해제 등"이라 한다)된 경우 해제 등이 확정된 날부터 30일 이내에 해당 신고관청에 공동으로 신고해야 한다. 다만, 거래당사자 중 일방이 신고를 거부하는 경우에는 국토교통부령으로 정하는 바에 따라 단독으로 신고할 수 있다(법 제3조의2 제1항).

ⓛ 개업공인중개사가 부동산 거래신고를 한 경우에는 개업공인중개사가 해제 등의 신고(공동으로 중개를 한 경우에는 해당 개업공인중개사가 공동으로 신고하는 것을 말한다)를 할 수 있다. 다만, 개업공인중개사 중 일방이 신고를 거부하는 경우에는 국토교통부령으로 정하는 바에 따라 단독으로 신고할 수 있다(법 제3조의2 제2항).

② **해제 등 확인서 발급**: 신고를 받은 신고관청은 그 내용을 확인한 후 부동산거래계약 해제 등 확인서를 신고인에게 지체 없이 발급해야 한다(규칙 제4조 제3항).

③ **해제 등 신고의제**: 부동산거래계약시스템을 통하여 부동산거래계약 해제 등을 한 경우에는 부동산거래계약 해제 등이 이루어진 때에 부동산거래계약 해제 등 신고서를 제출한 것으로 본다(규칙 제4조 제4항).

2 금지행위

누구든지 부동산거래계약 신고 또는 부동산거래계약 해제 등의 신고에 관하여 다음의 어느 하나에 해당하는 행위를 하여서는 아니 된다(동법 제4조).

---

1. 개업공인중개사에게 부동산 거래신고를 하지 아니하게 하거나 거짓으로 신고하도록 요구하는 행위
2. 부동산거래 신고대상에 해당하는 계약을 체결한 후 신고 의무자가 아닌 자가 거짓으로 부동산거래신고를 하는 행위
3. 거짓으로 부동산 거래신고 또는 부동산거래계약 해제 등의 신고를 하는 행위를 조장하거나 방조하는 행위
4. 부동산거래 신고대상에 해당하는 계약을 체결하지 아니하였음에도 불구하고 거짓으로 부동산거래신고를 하는 행위
5. 부동산 거래신고 후 해당 계약이 해제 등이 되지 아니하였음에도 불구하고 거짓으로 부동산거래계약 해제 등의 신고를 하는 행위

---

3 신고내용의 검증

(1) 검증체계를 구축 · 운영

① 국토교통부장관은 부동산거래가격 검증체계를 구축 · 운영해야 한다(동법 제5조 제1항).

② 국토교통부장관은 부동산거래가격 검증체계(이하 "검증체계"라 한다)의 구축 · 운영을 위하여 다음의 사항에 관한 자료를 제출할 것을 신고관청에 요구할 수 있다(영 제4조).

---

1. 신고가격의 적정성 검증결과
2. 신고내용의 조사결과
3. 그 밖에 검증체계의 구축 · 운영을 위하여 필요한 사항

---

(2) 적정성 검증

신고관청은 부동산 거래신고를 받은 경우 부동산거래가격 검증체계를 활용하여 그 적정성을 검증해야 한다(동법 제5조 제2항).

(3) 검증내용의 통보

신고관청은 검증 결과를 해당 부동산의 소재지를 관할하는 세무관서의 장에게 통보하여야 하며, 통보받은 세무관서의 장은 해당 신고내용을 국세 또는 지방세 부과를 위한 과세자료로 활용할 수 있다(동법 제5조 제3항).

(4) 그 밖에 세부내용

그 밖에 검증의 절차, 검증체계의 구축 · 운영, 그 밖에 필요한 세부 사항은 국토교통부장관이 정한다(동법 제5조 제4항).

4 신고 내용의 조사 등

(1) 신고관청의 자료제출요구 등

신고관청은 부동산 거래신고 또는 해제 등의 신고를 받은 내용이 누락되어 있거나 정확하지 아니하다고 판단하는 경우에는 신고인에게 신고내용을 보완하게 하거나 신고한 내용의 사실 여부를 확인하기 위하여 소속 공무원으로 하여금 거래당사자 또는 개업공인중개사에게 거래계약서, 거래대금 지급을 증명할 수 있는 자료 등 관련 자료의 제출을 요구하는 등 필요한 조치를 취할 수 있다(동법 제6조 제1항). 국토교통부장관 또는 신고관청(이하 "조사기관"이라 한다)은 신고 내용을 조사하기 위하여 거래당사자 또는 개업공인중개사에게 다음 각 호의 자료를 제출하도록 요구할 수 있다(규칙 제6조 제1항).

---

1. 거래계약서 사본
2. 거래대금의 지급을 확인할 수 있는 입금표 또는 통장 사본
3. 매수인이 거래대급의 지급을 위하여 다음 각 목의 행위를 하였음을 증명할 수 있는 자료
   ① 대출
   ② 정기예금 등의 만기수령 또는 해약
   ③ 주식 · 채권 등의 처분
4. 매도인이 매수인으로부터 받은 거래대금을 예금 외의 다른 용도로 지출한 경우 이를 증명할 수 있는 자료
5. 그 밖에 신고 내용의 사실 여부를 확인하기 위하여 필요한 자료

⑵ 조사결과 보고

부동산거래 신고내용을 조사(이하 "신고내용조사"라 한다)한 경우 신고관청은 조사 결과를 특별시장, 광역시장, 특별자치시장, 도지사, 특별자치도지사(이하 "시·도지사"라 한다)에게 보고하여야 하며, 시·도지사는 신고관청이 보고한 내용을 취합하여 매월 1회 국토교통부장관에게 보고해야 한다(동법 제6조 제2항, 규칙 제6조 제4항).

⑶ 공동조사

국토교통부장관은 신고 받은 내용의 확인을 위하여 필요한 때에는 신고내용조사를 직접 또는 신고관 청과 공동으로 실시할 수 있다(법 제6조 제3항).

⑷ 자료요청

국토교통부장관 및 신고관청은 부동산거래 신고내용조사를 위하여 국세·지방세에 관한 자료, 소득·재산에 관한 자료 등 대통령령으로 정하는 자료를 관계 행정기관의 장에게 요청할 수 있다. 이 경우 요청을 받은 관계 행정기관의 장은 정당한 사유가 없으면 그 요청에 따라야 한다(법 제6조 제4항).

⑸ 고발 및 통보

국토교통부장관 및 신고관청은 신고내용조사 결과 그 내용이 「부동산 거래신고 등에 관한 법률」 또는 「주택법」, 「공인중개사법」, 「상속세 및 증여세법」 등 다른 법률을 위반하였다고 판단되는 때에는 이를 수사기관에 고발하거나 관계 행정기관에 통보하는 등 필요한 조치를 할 수 있다(법 제6조 제5항).

5 주택 임대차 계약의 신고 등

(1) 주택 임대차 계약의 신고

① 공동신고

임대차계약 당사자는 주택(「주택임대차보호법」 제2조에 따른 주택을 말하며, 주택을 취득할 수 있는 권리를 포함한다. 이하 같다)에 대하여 대통령령으로 정하는 금액을 초과하는 임대차 계약(보증금이 6천만원을 초과하거나 월 차임이 30만원을 초과하는 주택 임대차 계약(계약을 갱신하는 경우로서 보증금 및 차임의 증감 없이 임대차 기간만 연장하는 계약은 제외한다)을 말한다)을 체결한 경우 그 보증금 또는 차임 등 국토교통부령으로 정하는 사항을 임대차 계약의 체결일부터 30일 이내에 주택 소재지를 관할하는 신고관청에 공동으로 신고해야 한다.

② 단독신고

㉠ 임대차계약당사자 일방이 임대차 신고서에 단독으로 서명 또는 날인한 후 다음 각 호의 서류 등을 첨부해 신고관청에 제출한 경우에는 임대차계약당사자가 공동으로 임대차 신고서를 제출한 것으로 본다.

> 1. 주택 임대차 계약서(계약서를 작성한 경우만 해당한다)
> 2. 입금증, 주택 임대차 계약과 관련된 금전거래내역이 적힌 통장사본 등 주택 임대차 계약 체결 사실을 입증할 수 있는 서류 등(주택 임대차 계약서를 작성하지 않은 경우만 해당한다)
> 3. 「주택임대차보호법」 제6조의3에 따른 계약갱신요구권을 행사한 경우 이를 확인할 수 있는 서류 등

   ㉡ 임대차계약당사자 중 일방이 국가 등인 경우에는 국가 등이 신고해야 한다.

   ㉢ 임대차계약당사자 중 일방이 신고를 거부하는 경우에는 국토교통부령으로 정하는 바에 따라 단독으로 신고할 수 있다.

③ **신고해야 하는 사항은 다음과 같다.**

> ㉠ 임대차 계약당사자의 인적사항
>
> > ⓐ 자연인인 경우: 성명, 주소, 주민등록번호(외국인인 경우에는 외국인등록번호를 말한다) 및 연락처
> > ⓑ 법인인 경우: 법인명, 사무소 소재지, 법인등록번호 및 연락처
> > ⓒ 법인 아닌 단체인 경우: 단체명, 소재지, 고유번호 및 연락처
>
> ㉡ 임대차 목적물의 소재지, 종류, 임대 면적 등 임대차 목적물 현황
> ㉢ 보증금 또는 월차임
> ㉣ 계약 체결일 및 계약 기간
> ㉤ 계약갱신요구권의 행사 여부(계약을 갱신한 경우만 해당한다)

② 주택 임대차 계약의 신고는 임차가구 현황 등을 고려하여 대통령령으로 정하는 지역[특별자치시·특별자치도·시·군(광역시 및 경기도의 관할구역에 있는 군으로 한정한다)·구(자치구를 말한다)를 말한다]에 적용한다.

③ 신고를 받은 신고관청은 그 신고내용을 확인한 후 신고인에게 신고필증을 지체 없이 발급해야 한다.

④ 신고관청은 주택 임대차 계약의 신고에 따른 사무에 대한 해당 권한의 일부를 그 지방자치단체의 조례로 정하는 바에 따라 읍·면·동장 또는 출장소장에게 위임할 수 있다.

⑤ 주택 임대차 계약의 신고 및 신고필증 발급의 절차와 그 밖에 필요한 사항은 국토교통부령으로 정한다.

⑵ 주택 임대차 계약의 변경 및 해제 신고

① 임대차계약당사자는 주택 임대차 계약의 신고한 후 해당 주택 임대차 계약의 보증금, 차임 등 임대차 가격이 변경되거나 임대차 계약이 해제된 때에는 변경 또는 해제가 확정된 날부터 30일 이내에 해당 신고관청에 공동으로 신고해야 한다. 다만, 임대차계약당사자 중 일방이 국가 등인 경우에는 국가 등이 신고해야 한다.

② 임대차계약당사자 중 일방이 신고를 거부하는 경우에는 국토교통부령으로 정하는 바에 따라 단독으로 신고할 수 있다.

③ 신고를 받은 신고관청은 그 신고 내용을 확인한 후 신고인에게 신고필증을 지체 없이 발급해야 한다.

④ 신고관청은 주택 임대차 계약의 변경 및 해제 신고 사무에 대한 해당 권한의 일부를 그 지방자치단체의 조례로 정하는 바에 따라 읍·면·동장 또는 출장소장에게 위임할 수 있다.

⑤ 신고 및 신고필증 발급의 절차와 그 밖에 필요한 사항은 국토교통부령으로 정한다.

⑶ 주택 임대차 계약 신고에 대한 준용규정

① 주택 임대차 계약 신고의 금지행위에 관하여는 부동산거래신고제에 대한 금지행위 규정을 준용한다.

② 주택 임대차 계약 신고 내용의 검증에 관하여는 부동산거래신고제에 대한 금지행위 규정을 준용한다.

③ 주택 임대차 계약 신고 내용의 조사 등에 관하여는 부동산거래신고제에 대한 금지행위 규정을 준용한다.

⑷ 다른 법률에 따른 신고 등의 의제

① 임차인이 「주민등록법」에 따라 전입신고를 하는 경우 이 법에 따른 주택 임대차 계약의 신고를 한 것으로 본다.

② 「공공주택 특별법」에 따른 공공주택사업자 및 「민간임대주택에 관한 특별법」에 따른 임대사업자는 관련 법령에 따른 주택 임대차 계약의 신고 또는 변경신고를 하는 경우 이 법에 따른 주택 임대차 계약의 신고 또는 변경신고를 한 것으로 본다.

③ 주택 임대차 계약 신고의 접수를 완료한 때에는 「주택임대차보호법」에 따른 확정일자를 부여한 것으로 본다(임대차계약서가 제출된 경우로 한정한다). 이 경우 신고관청은 「주택임대차보호법」에 따라 확정일자부를 작성하거나 「주택임대차보호법」 확정일자 부여기관에 신고 사실을 통보해야 한다.

⑥ 위반에 대한 제재

⑴ **벌칙** : 3년 이하의 징역이나 3천만원 이하의 벌금

부당하게 재물이나 재산상 이득을 취득하거나 제3자로 하여금 이를 취득하게 할 목적으로 거짓으로 부동산거래신고를 하거나 해제 등의 신고를 한 자

⑵ **과태료**

① **3,000만원 이하의 과태료**(동법 제28조 제1항)

㉠ 부동산거래를 하지 않았음에도 불구하고 거짓으로 부동산 거래신고를 하는 행위(단, 벌칙을 부과받은 경우는 제외한다)

㉡ 부동산 거래신고를 한 계약이 해제 등이 되지 아니하였음에도 불구하고 거짓으로 해제 등 신고를 하는 행위(단, 벌칙을 부과받은 경우는 제외한다)

ⓒ 부동산 거래신고에 위반하여 거래대금 지급을 증명할 수 있는 자료를 제출하지 아니하거나 거짓으로 제출한 자 또는 그 밖의 필요한 조치를 이행하지 아니한 자

② **500만원 이하의 과태료**(동법 제28조 제2항)

　　㉠ 부동산 거래신고를 하지 아니한 자(공동신고를 거부한 자를 포함한다)

　　㉡ 부동산거래계약 해제 등의 신고를 하지 아니한 자(공동신고를 거부한 자를 포함한다)

　　㉢ 개업공인중개사에게 부동산 거래신고를 하지 아니하게 하거나 거짓으로 신고하도록 요구한 자

　　㉣ 거짓으로 부동산 거래신고를 하는 행위를 조장하거나 방조한 자

　　㉤ 거래대금 지급을 증명할 수 있는 자료 외의 자료를 제출하지 아니하거나 거짓으로 제출한 자

③ **부동산 등의 취득가액의 100분의 10 이하에 상당하는 금액의 과태료** : 부동산 거래신고를 거짓으로 한 자와 부동산거래신고대상에 해당되는 계약을 체결한 후 신고 의무자가 아닌 자가 거짓으로 부동산거래신고를 하는 행위를 한 자는 해당 부동산 등의 취득가액의 100분의 10 이하에 상당하는 금액의 과태료를 부과한다.

④ **100만원 이하의 과태료** - 주택 임대차 계약의 신고 또는 변경 및 해제 신고를 하지 아니하거나(공동신고를 거부한 자를 포함한다) 그 신고를 거짓으로 한 자

⑵ **부과 · 징수 및 통보**

부동산거래신고에 위반한 자에 대한 과태료는 신고관청이 부과 · 징수한다. 이 경우 개업공인중개사에게 과태료를 부과한 신고관청은 부과일부터 10일 이내에 해당 개업공인중개사의 중개사무소(법인의 경우에는 주된 중개사무소를 말한다)를 관할하는 시장 · 군수 또는 구청장에 과태료 부과 사실을 통보해야 한다.

⑶ **자진 신고자에 대한 감면 등**

신고관청은 부동산 거래신고의 위반사실을 자진 신고한 자에 대하여 대통령령으로 정하는 바에 따라 같은 규정에 따른 과태료를 감경 또는 면제할 수 있다(동법 제29조). 그러나 다음의 경우에는 과태료를 감경 또는 면제할 수 없다.

① **3,000만원 이하의 과태료**(동법 제28조)

　　㉠ 부동산거래를 하지 않았음에도 불구하고 거짓으로 부동산거래신고를 하는 행위

　　㉡ 부동산 거래신고를 한 계약이 해제 등이 되지 아니하였음에도 불구하고 거짓으로 해제 등 신고를 하는 행위

　　㉢ 부동산 거래신고에 위반하여 거래대금 지급을 증명할 수 있는 자료를 제출하지 아니하거나 거짓으로 제출한 자 또는 그 밖의 필요한 조치를 이행하지 아니한 자

② **500만원 이하의 과태료**(동법 제28조) : 거래대금 지급을 증명할 수 있는 자료 외의 자료를 제출하지 아니하거나 거짓으로 제출한 자

■ 부동산 거래신고 등에 관한 법률 시행규칙 [별지 제1호서식] 〈개정 2023. 8. 22.〉 부동산거래관리시스템(rtms.molit.go.kr)에서도 신청할 수 있습니다.

부동산거래계약 신고서

※ 뒤쪽의 유의사항·작성방법을 읽고 작성하시기 바라며, [ ]에는 해당하는 곳에 √표를 합니다. (앞 쪽)

접수번호		접수일시		처리기간	지체없이

① 매도인	성명(법인명)		주민등록번호(법인·외국인등록번호)	국적	
	주소(법인소재지)			거래지분 비율 (　　분의　　)	
	전화번호		휴대전화번호		

② 매수인	성명(법인명)			주민등록번호(법인·외국인등록번호)	국적
	주소(법인소재지)				거래지분 비율 (　　분의　　)
	전화번호			휴대전화번호	
	③ 법인신고서등	[ ]제출　　　[ ]별도 제출　　　[ ]해당 없음			
	외국인의 부동산등 매수용도	[ ]주거용(아파트)　[ ]주거용(단독주택)　[ ]주거용(그 밖의 주택) [ ]레저용　　[ ]상업용　　[ ]공업용　　[ ]그 밖의 용도			
	위탁관리인 (국내에 주소 또는 거소가 없는 경우)	성명	주민등록번호		
		주소			
		전화번호	휴대전화번호		

개업 공인중개사	성명(법인명)	주민등록번호(법인·외국인등록번호)
	전화번호	휴대전화번호
	상호	등록번호
	사무소 소재지	

거래대상	종류	④ [ ]토지　　[ ]건축물 (　　　　) 　　[ ]토지 및 건축물 (　　　　)			
		⑤ [ ]공급계약 [ ]전매	[ ]분양권 [ ]입주권	[ ]준공 전 [ ]준공 후 [ ]임대주택 분양전환	
	⑥ 소재지/지목/면적	소재지			
		지목	토지면적　　　m²	토지 거래지분(　　분의　　)	
		대지권비율(　분의　)	건축물면적　　　m²	건축물 거래지분(　　분의　　)	
	⑦ 계약대상 면적	토지　　　m²	건축물　　　m²		
	⑧ 물건별 거래가격			원	
		공급계약 또는 전매	분양가격 　　　원	발코니 확장 등 선택비용 　　　원	추가 지급액 등 　　　원

⑨ 총 실제 거래가격 (전체)	합 계 　　　원	계약금	원	계약 체결일	
		중도금	원	중도금 지급일	
		잔금	원	잔금 지급일	

⑩ 종전 부동산	소재지/지목 /면적	소재지			
		지목	토지면적　　　m²	토지 거래지분(　　분의　　)	
		대지권비율(　분의　)	건축물면적　　　m²	건축물 거래지분(　　분의　　)	
	계약대상 면적	토지　　　m²	건축물　　　m²	건축물 유형(　　　)	
	거래금액	합계　　　원	추가 지급액 등　　　원	권리가격　　　원	
		계약금　　　원	중도금　　　원	잔금　　　원	

⑪ 계약의 조건 및 참고사항	

「부동산 거래신고 등에 관한 법률」 제3조 제1항부터 제4항까지 및 같은 법 시행규칙 제2조 제1항부터 제4항까지의 규정에 따라 위와 같이 부동산거래계약 내용을 신고합니다.

　　　　　　　　　　　　　　　　　　　　　　　　　　　　　　　　　　　　년　　　월　　　일

신고인　　　매도인 :　　　　　　　　　　(서명 또는 인)
　　　　　　매수인 :　　　　　　　　　　(서명 또는 인)
　　　　　　개업공인중개사 :　　　　　　(서명 또는 인)
　　　　　　(개업공인중개사 중개시)

시장·군수·구청장 귀하

210mm×297mm[백상지(80g/m²) 또는 중질지(80g/m²)]

(뒤 쪽)

첨부서류	1. 부동산 거래계약서 사본(「부동산 거래신고 등에 관한 법률」 제3조 제2항 또는 제4항에 따라 단독으로 부동산거래의 신고를 하는 경우에만 해당합니다) 2. 단독신고사유서(「부동산 거래신고 등에 관한 법률」 제3조 제2항 또는 제4항에 따라 단독으로 부동산거래의 신고를 하는 경우에만 해당합니다)

유의사항

1. 「부동산 거래신고 등에 관한 법률」 제3조 및 같은 법 시행령 제3조의 실제 거래가격은 매수인이 매수한 부동산을 양도하는 경우 「소득세법」 제97조 제1항·제7항 및 같은 법 시행령 제163조 제11항 제2호에 따라 취득 당시의 실제 거래가격으로 보아 양도차익이 계산될 수 있음을 유의하시기 바랍니다.
2. 거래당사자 간 직접거래의 경우에는 공동으로 신고서에 서명 또는 날인을 하여 거래당사자 중 일방이 신고서를 제출하고, 중개거래의 경우에는 개업공인중개사가 신고서를 제출해야 하며, 거래당사자 중 일방이 국가 및 지자체, 공공기관인 경우(국가 등)에는 국가등이 신고해야 합니다.
3. 부동산거래계약 내용을 기간 내에 신고하지 않거나, 거짓으로 신고하는 경우 「부동산 거래신고 등에 관한 법률」 제28조 제1항부터 제3항까지의 규정에 따라 과태료가 부과되며, 신고한 계약이 해제, 무효 또는 취소가 된 경우 거래당사자는 해제 등이 확정된 날로부터 30일 이내에 같은 법 제3조의2에 따라 신고를 해야 합니다.
4. 담당 공무원은 「부동산 거래신고 등에 관한 법률」 제6조에 따라 거래당사자 또는 개업공인중개사에게 거래계약서, 거래대금지급 증명 자료 등 관련 자료의 제출을 요구할 수 있으며, 이 경우 자료를 제출하지 않거나, 거짓으로 자료를 제출하거나, 그 밖의 필요한 조치를 이행하지 않으면 같은 법 제28조 제1항 또는 제2항에 따라 과태료가 부과됩니다.
5. 거래대상의 종류가 공급계약(분양) 또는 전매계약(분양권, 입주권)인 경우 ⑧ 물건별 거래가격 및 ⑨ 총 실제거래가격에 부가가치세를 포함한 금액을 적고, 그 외의 거래대상의 경우 부가가치세를 제외한 금액을 적습니다.
6. "거래계약의 체결일"이란 거래당사자가 구체적으로 특정되고, 거래목적물 및 거래대금 등 거래계약의 중요 부분에 대하여 거래당사자가 합의한 날을 말합니다. 이 경우 합의와 더불어 계약금의 전부 또는 일부를 지급한 경우에는 그 지급일을 거래계약의 체결일로 보되, 합의한 날이 계약금의 전부 또는 일부를 지급한 날보다 앞서는 것이 서면 등을 통해 인정되는 경우에는 합의한 날을 거래계약의 체결일로 봅니다.

작성방법

1. ①·② 거래당사자가 다수인 경우 매도인 또는 매수인의 주소란에 ⑥의 거래대상별 거래지분을 기준으로 각자의 거래 지분 비율(매도인과 매수인의 거래지분 비율은 일치해야 합니다)을 표시하고, 거래당사자가 외국인인 경우 거래당사자의 국적을 반드시 적어야 하며, 외국인이 부동산 등을 매수하는 경우 매수용도란의 주거용(아파트), 주거용(단독주택), 주거용(그 밖의 주택), 레저용, 상업용, 공장용, 그 밖의 용도 중 하나에 √표시를 합니다.
2. ③ "법인신고서등"란은 별지 제1호의2 서식의 법인 주택 거래계약 신고서, 별지 제1호의3 서식의 주택취득자금 조달 및 입주계획서, 제2조 제7항 각 호의 구분에 따른 서류, 같은 항 후단에 따른 사유서 및 별지 제1호의4 서식의 토지취득자금 조달 및 토지이용계획서를 이 신고서와 함께 제출하는지 또는 별도로 제출하는지를 √표시하고, 그 밖의 경우에는 해당 없음에 √표시를 합니다.
3. ④ 부동산 매매의 경우 "종류"란에는 토지, 건축물 또는 토지 및 건축물(복합부동산의 경우)에 √표시를 하고, 해당 부동산이 "건축물" 또는 "토지 및 건축물"인 경우에는 ( )에 건축물의 종류를 "아파트, 연립, 다세대, 단독, 다가구, 오피스텔, 근린생활시설, 사무소, 공장" 등 「건축법 시행령」 별표 1에 따른 용도별 건축물의 종류를 적습니다.
4. ⑤ 공급계약은 시행사 또는 건축주 등이 최초로 부동산을 공급(분양)하는 계약을 말하며, 준공 전과 준공 후 계약 여부에 따라 √표시하고, "임대주택 분양전환"은 임대주택사업자(법인으로 한정)가 임대기한이 완료되어 분양전환하는 주택인 경우에 √표시합니다. 전매는 부동산을 취득할 수 있는 권리의 매매로서, "분양권" 또는 "입주권"에 √표시를 합니다.
5. ⑥ 소재지는 지번(아파트 등 집합건축물의 경우에는 동·호수)까지, 지목/면적은 토지대장상의 지목·면적, 건축물대장상의 건축물 면적(집합건축물의 경우 호수별 전용면적, 그 밖의 건축물의 경우 연면적), 등기사항증명서상의 대지권 비율, 각 거래대상 토지와 건축물에 대한 거래 지분을 정확하게 적습니다.
6. ⑦ "계약대상 면적"란에는 실제 거래면적을 계산하여 적되, 건축물 면적은 집합건축물의 경우 전용면적을 적고, 그 밖의 건축물의 경우 연면적을 적습니다.
7. ⑧ "물건별 거래가격"란에는 각각의 부동산별 거래가격을 적습니다. 최초 공급계약(분양) 또는 전매계약(분양권, 입주권)의 경우 분양가격, 발코니 확장 등 선택비용 및 추가 지급액 등(프리미엄 등 분양가격을 초과 또는 미달하는 금액)을 각각 적습니다. 이 경우 각각의 비용에 부가가치세가 있는 경우 부가가치세를 포함한 금액으로 적습니다.
8. ⑨ "총 실제 거래가격"란에는 전체 거래가격(둘 이상의 부동산을 함께 거래하는 경우 각각의 부동산별 거래가격의 합계 금액)을 적고, 계약금/중도금/잔금 및 그 지급일을 적습니다.
9. ⑩ "종전 부동산"란은 입주권 매매의 경우에만 작성하고, 거래금액란에는 추가 지급액 등(프리미엄 등 분양가격을 초과 또는 미달하는 금액) 및 권리가격, 합계 금액, 계약금, 중도금, 잔금을 적습니다.
10. ⑪ "계약의 조건 및 참고사항"란은 부동산 거래계약 내용에 계약조건이나 기한을 붙인 경우, 거래와 관련한 참고내용이 있을 경우에 적습니다.
11. 다수의 부동산, 관련 필지, 매도·매수인, 개업공인중개사 등 기재사항이 복잡한 경우에는 다른 용지에 작성하여 간인 처리한 후 첨부합니다.
12. 소유권이전등기 신청은 「부동산등기 특별조치법」 제2조 제1항 각 호의 구분에 따른 날부터 60일 이내에 신청해야 하며, 이를 이행하지 않는 경우에는 같은 법 제11조에 따라 과태료가 부과될 수 있으니 유의하시기 바랍니다.

처리절차

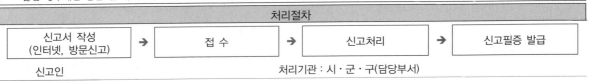

신고서 작성 (인터넷, 방문신고) → 접 수 → 신고처리 → 신고필증 발급

신고인 　　　　　　　　　　　처리기관 : 시·군·구(담당부서)

외국인 등의 부동산 취득 등에 관한 특례

외국인 등의 부동산 취득 등 특례

구 분		신고기간	위반에 대한 제재	특 징
(사후) 신고제	**계 약**	계약체결일(매매는 제외)부터 60일 이내	300만원 이하 과태료	부동산 거래신고를 한 경우에는 신고하지 않아도 된다.
	계약 외	부동산 등을 취득한 날부터 6월 이내	100만원 이하 과태료	계약 외의 원인(상속, 경매, 판결, 환매, 합병, 건축물의 신축·증축·개축·재축)
	계속 보유	외국인으로 변경된 날부터 6월 이내	100만원 이하 과태료	–
(사전) 허가제		• 허가 없이 취득 ⇨ 무효 • 15일 이내 허가 여부 통보 단, 군사시설 보호구역은 30일 이내 통보	2년 이하의 징역 또는 2,000만원 이하의 벌금	토지거래허가를 받은 경우에는 외국인 토지취득허가를 받은 것으로 본다.

1 적용범위

(1) 외국인 등의 정의

① 대한민국의 국적을 보유하고 있지 아니한 개인

② 외국의 법령에 따라 설립된 법인 또는 단체

③ 사원 또는 구성원의 1/2 이상이 외국인에 해당하는 자인 법인 또는 단체

④ 업무를 집행하는 사원이나 이사 등 임원의 1/2 이상이 외국인에 해당하는 자인 법인 또는 단체

⑤ 외국인에 해당하는 법인 또는 단체가 자본금의 1/2 이상이나 의결권의 1/2 이상을 가지고 있는 법인 또는 단체

⑥ 외국정부

⑦ 국제기구

(2) 부동산 등의 취득 등

외국인 등의 부동산 취득 등에 관한 특례는 외국인이 국내 '부동산 등'을 취득하는 경우에 적용된다.

② 외국인 등의 부동산 취득 · 보유 신고

(1) 계약에 따른 부동산 등 취득의 신고

외국인 등이 대한민국 안의 부동산 등을 취득하는 계약(부동산 거래신고 대상인 계약은 제외한다)을 체결하였을 때에는 계약체결일부터 60일 이내에 대통령령으로 정하는 바에 따라 신고관청에 신고해야 한다(동법 제8조 제1항).

(2) 계약 외의 부동산 등 취득 신고

외국인 등이 상속, 경매, 「공익사업을 위한 부동산 등의 취득 및 보상에 관한 법률」 및 그 밖의 관계 법률에 따른 환매권의 행사, 법원의 확정판결, 법인의 합병, 건축물의 신축 · 증축 · 개축 · 재축 등 계약 외의 원인으로 대한민국 안의 부동산 등을 취득한 때에는 부동산 등을 취득한 날부터 6개월 이내에 신고관청에 신고해야 한다(동법 제8조 제2항).

(3) 계속보유신고

대한민국 안의 부동산 등을 가지고 있는 대한민국 국민이나 대한민국의 법령에 따라 설립된 법인 또는 단체가 외국인 등으로 변경된 경우 그 외국인 등이 해당 부동산 등을 계속보유하려는 경우에는 외국인 등으로 변경된 날부터 6개월 이내에 대통령령으로 정하는 바에 따라 신고관청에 신고해야 한다(동법 제8조 제3항).

③ 외국인 등의 토지거래허가

(1) 허가구역

① 외국인 등이 취득하려는 토지가 다음 각 호의 어느 하나에 해당하는 구역 · 지역 등에 있으면 토지를 취득하는 계약(이하 "토지취득계약"이라 한다)을 체결하기 전에 대통령령으로 정하는 바에 따라 신고관청으로부터 토지취득의 허가를 받아야 한다(동법 제9조 제1항). 다만, 제11조에 따라 토지거래계약에 관한 허가를 받은 경우에는 그러하지 아니하다(동법 제9조 제1항).

> ① 「군사기지 및 군사시설 보호법」에 따른 군사기지 및 군사시설 보호구역, 그 밖에 국방목적을 위하여 외국인 등의 토지취득을 특별히 제한할 필요가 있는 지역으로서 대통령령으로 정하는 지역
>
> > 대통령령으로 정하는 지역이란 국방목적상 필요한 다음 각 호의 어느 하나에 해당하는 지역으로서 국방부장관 또는 국가정보원장의 요청이 있는 경우에 국토교통부장관이 관계 중앙행정기관의 장과 협의한 후 「국토의 계획 및 이용에 관한 법률」에 따른 중앙도시계획위원회의 심의를 거쳐 고시하는 지역을 말한다.
> > 1. 섬 지역
> > 2. 「국방 · 군사시설 사업에 관한 법률」에 따른 군부대주둔지와 그 인근지역
> > 3. 「통합방위법」에 따른 국가중요시설과 그 인근지역

> ② 「문화재보호법」에 따른 지정문화재와 이를 위한 보호물 또는 보호구역
> ③ 「자연유산의 보존 및 활용에 관한 법률」에 따라 지정된 천연기념물등과 이를 위한 보호물 또는 보호구역
> ④ 「자연환경보전법」에 따른 생태·경관보전지역
> ⑤ 「야생생물 보호 및 관리에 관한 법률」에 따른 야생생물 특별보호구역

② 신고관청은 관계 행정기관의 장과 협의를 거쳐 외국인 등이 다음 각 호의 어느 하나에 해당하는 구역·지역 등의 토지를 취득하는 것이 해당 구역·지역 등의 지정목적 달성에 지장을 주지 아니한다고 인정하는 경우에는 허가를 하여야 한다.

③ 허가를 받지 않고 체결한 토지취득계약은 그 효력이 발생하지 아니한다.

(2) 허가처분

토지취득 허가신청서를 받은 신고관청은 신청서를 받은 날부터 다음 각 호의 구분에 따른 기간 안에 허가 또는 불허가 처분을 해야 한다. 다만, 부득이한 사유로 기간 안에 허가 또는 불허가 처분을 할 수 없는 경우에는 30일의 범위에서 그 기간을 연장할 수 있으며, 기간을 연장하는 경우에는 연장 사유와 처리예정일을 지체 없이 신청인에게 알려야 한다.

> 1. 「군사기지 및 군사시설 보호법」에 따른 군사기지 및 군사시설 보호구역, 그 밖에 국방목적을 위하여 외국인 등의 토지취득을 특별히 제한할 필요가 있는 지역으로서 대통령령으로 정하는 지역의 경우 : 30일
> 2. 제1호 외의 구역·지역의 경우 : 15일

4 신고 및 허가신청시 구비서류

(1) 신고 및 허가신청서 제출

부동산 등 취득·계속보유 신고 또는 토지취득 허가신청을 하려는 외국인 등은 외국인 부동산 등 취득·계속보유 신고서 또는 외국인 토지취득 허가신청서에 서명 또는 날인한 후 신고관청에 제출해야 한다(규칙 제7조 제1항). 또한 신고·신청을 하려는 사람은 본인의 신분증명서를 신고관청에 보여주어야 한다(규칙 제7조 제5항). 외국인 등의 위임을 받은 사람은 외국인 부동산 등 취득·계속보유 신고서 또는 외국인 토지취득 허가신청서의 제출을 대행할 수 있다.

(2) 신고 확인증 및 허가증의 발급

신고 및 허가신청을 받은 신고관청은 제출된 첨부서류를 확인한 후 외국인 부동산 등 취득·계속보유 신고확인증 또는 외국인 토지 취득 허가증을 발급해야 한다.

5 신고 및 허가내용 제출

(1) 신고관청은 신고 및 허가내용을 매 분기 종료일부터 1개월 이내에 특별시장·광역시장·도지사 또는 특별자치도지사에게 제출(「전자서명법」 제2조 제1호에 따른 전자문서에 따른 제출을 포함한다)해야 한다. 다만, 특별자치시장은 직접 국토교통부장관에게 제출해야 한다(영 제5조 제3항 및 제6조 제4항).

(2) 신고 및 허가내용을 제출받은 특별시장·광역시장·도지사 또는 특별자치도지사는 제출받은 날부터 1개월 이내에 그 내용을 국토교통부장관에게 제출해야 한다(영 제5조 제4항 및 제6조 제5항).

6 위반에 대한 제재

(1) 외국인 등이 토지취득 허가위반

외국인 등의 토지취득허가를 받지 아니하고 토지취득계약을 체결하거나 부정한 방법으로 허가를 받아 토지취득계약을 체결한 외국인 등은 2년 이하의 징역 또는 2천만원 이하의 벌금에 처한다(법 제26조 제1항).

(2) 외국인 등의 토지취득 신고위반

① **300만원 이하의 과태료**: 외국인 등이 계약에 의한 토지취득신고를 하지 아니하거나 거짓으로 신고한 자

② **100만원 이하의 과태료**
  ㉠ 외국인 등이 계약 외의 원인에 의한 토지취득의 신고를 하지 아니하거나 거짓으로 신고한 자
  ㉡ 외국인 등이 토지의 계속보유 신고를 하지 아니하거나 거짓으로 신고한 자

토지거래허가제

토지거래허가구역

1 토지거래허가구역의 지정

♠ 허가구역 지정절차

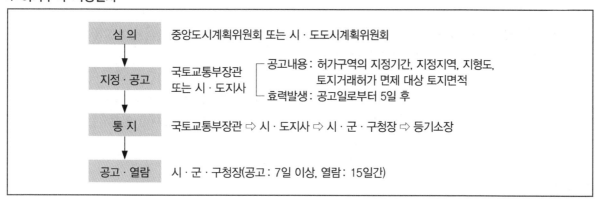

(1) 지정권자 및 지정지역

① 국토교통부장관 또는 시·도지사는 국토의 이용 및 관리에 관한 계획의 원활한 수립과 집행, 합리적인 토지 이용 등을 위하여 토지의 투기적인 거래가 성행하거나 지가(地價)가 급격히 상승하는 지역과 그러한 우려가 있는 지역으로서 대통령령으로 정하는 지역에 대해서는 다음 각 호의 구분에 따라 5년 이내의 기간을 정하여 토지거래계약에 관한 허가구역(이하 "허가구역"이라 한다)으로 지정할 수 있다.

> 1. 허가구역이 둘 이상의 시·도의 관할구역에 걸쳐 있는 경우: 국토교통부장관이 지정
> 2. 허가구역이 동일한 시·도 안의 일부지역인 경우: 시·도지사가 지정.
>   다만, 국가가 시행하는 개발사업 등에 따라 투기적인 거래가 성행하거나 지가가 급격히 상승하는 지역과 그러한 우려가 있는 지역 등 다음의 경우에는 국토교통부장관이 지정할 수 있다.
>
>   > 1. 「국토의 계획 및 이용에 관한 법률」에 따른 광역도시계획, 도시·군기본계획, 도시·군관리계획 등 토지이용계획이 새로 수립되거나 변경되는 지역
>   > 2. 법령의 제정·개정 또는 폐지나 그에 따른 고시·공고로 인하여 토지이용에 대한 행위제한이 완화되거나 해제되는 지역

> 3. 법령에 따른 개발사업이 진행 중이거나 예정되어 있는 지역과 그 인근지역
> 4. 그 밖에 국토교통부장관 또는 특별시장 · 광역시장 · 특별자치시장 · 도지사 · 특별자치도지사(이하 "시 · 도지사"라 한다)가 투기우려가 있다고 인정하는 지역 또는 관계 행정기관의 장이 특별히 투기가 성행할 우려가 있다고 인정하여 국토교통부장관 또는 시 · 도지사에게 요청하는 지역

② 토지거래허가구역을 지정하는 경우에 국토교통부장관 또는 시 · 도지사는 대통령령으로 정하는 바에 따라 허가대상자(외국인등을 포함한다. 이하 이 조에서 같다), 허가대상 용도와 지목 등을 특정하여 허가구역을 지정할 수 있다. 국토교통부장관 또는 시 · 도지사는 허가대상자, 허가대상 용도와 지목을 다음 각 호의 구분에 따라 각각 특정하여 허가구역을 지정할 수 있다.

> 1. 허가대상자 : 관계 행정기관의 장이 요청하는 지역에서 지가변동률 및 거래량 등을 고려할 때 투기우려가 있다고 인정되는 자
> 2. 허가대상 용도 : 다음 각 목의 어느 하나에 해당하는 토지 중 관계 행정기관의 장이 요청하는 지역에서 투기우려가 있다고 인정되는 토지의 용도
>   ㉠ 나대지
>   ㉡ 「건축법」 제2조 제2항 각 호의 어느 하나에 해당하는 건축물의 용도로 사용되는 부지
> 3. 허가대상 지목 : 관계 행정기관의 장이 요청하는 지역에서 투기우려가 있다고 인정되는 「공간정보의 구축 및 관리 등에 관한 법률」에 따른 지목

⑵ 지정절차

① 의견청취 및 심의

㉠ 국토교통부장관 또는 시 · 도지사는 허가구역을 지정하려면 중앙도시계획위원회 또는 시 · 도도시계획위원회의 심의를 거쳐야 한다(동법 제10조 제2항).

㉡ 지정기간이 끝나는 허가구역을 계속하여 다시 허가구역으로 지정하려면 중앙도시계획위원회 또는 시 · 도도시계획위원회의 심의 전에 미리 시 · 도지사(국토교통부장관이 허가구역을 지정하는 경우만 해당한다) 및 시장 · 군수 또는 구청장의 의견을 들어야 한다(동법 제10조 제2항).

② 공고 및 통지

㉠ 공고 : 국토교통부장관 또는 시 · 도지사는 다음의 사항을 공고해야 한다(동법 제10조 제3항).

> 1. 토지거래계약에 관한 허가구역(이하 "허가구역"이라 한다)의 지정기간
> 2. 허가대상자, 허가대상 용도와 지목
> 3. 허가구역 내 토지의 소재지 · 지번 · 지목 · 면적 및 용도지역
> 4. 허가구역에 대한 축척 5만분의 1 또는 2만 5천분의 1의 지형도
> 5. 허가 면제 대상 토지면적

ⓛ 통지: 그 공고 내용을 국토교통부장관은 시·도지사를 거쳐 시장·군수 또는 구청장에게 통지하고, 시·도지사는 국토교통부장관, 시장·군수 또는 구청장에게 통지해야 한다(동법 제10조 제3항).

③ 공고 및 열람

ⓐ 시장·군수 또는 구청장은 지체 없이 등기소의 장에게 통지해야 한다(동법 제10조 제4항).

ⓛ 토지거래 허가구역의 통지를 받은 시장·군수 또는 구청장은 지체 없이 그 사실을 7일 이상 공고하고, 그 공고 내용을 15일간 일반이 열람할 수 있도록 해야 한다(동법 제10조 제4항).

⑷ 지정의 해제·축소

국토교통부장관 또는 시·도지사는 허가구역의 지정 사유가 없어졌다고 인정되거나 관계 시·도지사, 시장·군수 또는 구청장으로부터 받은 허가구역의 지정 해제 또는 축소 요청이 이유 있다고 인정되면 지체 없이 허가구역의 지정을 해제하거나 지정된 허가구역의 일부를 축소해야 한다(동법 제10조 제6항).

⑸ 효력발생시기

허가구역의 지정은 허가구역의 지정을 공고한 날부터 5일 후에 그 효력이 발생한다(동법 제10조 제5항).

2 허가구역 내 토지거래에 대한 허가신청

⑴ 허가권자

허가권자는 허가구역에 있는 토지를 관할하는 시장·군수·구청장이다. 허가받은 사항을 변경하려고 하는 경우에도 허가를 받아야 한다(동법 제11조 제1항).

⑵ 허가대상권리 및 면적

① 허가대상권리

허가구역에 있는 토지에 관한 소유권·지상권(소유권·지상권의 취득을 목적으로 하는 권리를 포함한다)을 이전하거나 설정(대가를 받고 이전하거나 설정하는 경우만 해당한다)하는 계약(예약을 포함한다. 이하 "토지거래계약"이라 한다)을 체결하려는 당사자는 공동으로 시장·군수 또는 구청장의 허가를 받아야 한다. 허가받은 사항을 변경하려는 경우에도 또한 같다(동법 제11조 제1항).

② 허가대상 기준면적

ⓐ 용도별 기준면적: 경제 및 지가의 동향과 거래단위면적 등을 종합적으로 고려하여 대통령령으로 정하는 용도별 면적 이하의 토지에 대한 토지거래계약에 관하여는 허가가 필요하지 아니하다(동법 제11조 제2항). 용도별 면적은 다음의 구분에 따른 면적을 말한다(영 제9조 제1항).

⚐ **허가의 기준면적**

구 분	용도지역	기준면적
도시지역	주거지역	60제곱미터 이하
	상업지역	150제곱미터 이하
	공업지역	150제곱미터 이하
	녹지지역	200제곱미터 이하
	지역의 미지정	60제곱미터 이하
도시지역 외의 지역	임 야	1,000제곱미터 이하
	농 지	500제곱미터 이하
	기 타	250제곱미터 이하

ⓛ 기준면적의 증감 : 국토교통부장관 또는 시 · 도지사가 허가구역을 지정할 당시 해당 지역에서의 거래실태 등을 고려하여 기준면적으로 하는 것이 타당하지 아니하다고 인정하여 해당 기준면적의 10퍼센트 이상 300퍼센트 이하의 범위에서 따로 정하여 공고한 경우에는 그에 따른다(영 제9조 제1항).

ⓒ 면적산정의 특례(탈법방지대책)

 ⓐ 토지의 부분적 거래행위 : 면적을 산정할 때 일단(一團)의 토지이용을 위하여 토지거래계약을 체결한 날부터 1년 이내에 일단의 토지 일부에 대하여 토지거래계약을 체결한 경우에는 그 일단의 토지 전체에 대한 거래로 본다(영 제9조 제2항).

 ⓑ 토지의 분할 후 거래행위 : 허가구역 지정 당시 기준면적을 초과하는 토지가 허가구역 지정 후에 분할(「국토의 계획 및 이용에 관한 법률」에 따른 도시 · 군계획사업의 시행 등 공공목적으로 인한 분할은 제외한다)로 기준면적 이하가 된 경우 분할된 해당 토지에 대한 분할 후 최초의 토지거래계약은 기준면적을 초과하는 토지거래계약으로 본다. 허가구역 지정 후 해당 토지가 공유지분으로 거래되는 경우에도 또한 같다(영 제9조 제3항).

⑶ **허가절차**

① **허가신청서 제출**

토지거래계약(이하 "토지거래계약"이라 한다)의 허가를 받으려는 자는 공동으로 다음 각 호의 사항을 기재한 신청서에 국토교통부령으로 정하는 서류를 첨부하여 허가관청에 제출하여야 한다.

> 1. 당사자의 성명 및 주소(법인인 경우에는 법인의 명칭 및 소재지와 대표자의 성명 및 주소)
> 2. 토지의 지번 · 지목 · 면적 · 이용현황 및 권리설정현황
> 3. 토지의 정착물인 건축물 · 공작물 및 입목 등에 관한 사항
> 4. 이전 또는 설정하려는 권리의 종류

　　5. 계약예정금액

　　6. 토지의 이용에 관한 계획

　　7. 토지를 취득(토지에 관한 소유권·지상권 또는 소유권·지상권의 취득을 목적으로 하는 권리를 이
　　　전하거나 설정하는 것을 말한다. 이하 같다)하는 데 필요한 자금조달계획

② 조 사

　허가신청서를 제출받은 시장·군수 또는 구청장은 지체 없이 필요한 조사를 해야 한다.

③ 허가관청의 처리

　㉠ 허가 또는 불허가 처분 : 시장·군수 또는 구청장은 허가신청서를 받으면 15일 이내에 허가 또는
　　불허가의 처분을 하고, 그 신청인에게 허가증을 발급하거나 불허가처분 사유를 서면으로 알려야
　　한다(동법 제11조 제4항).

　㉡ 선매협의절차 고지 : 선매협의(先買協議) 절차가 진행 중인 경우에는 위의 기간 내에 그 사실을
　　신청인에게 알려야 한다(동법 제11조 제4항).

④ 허가처분의 의제

　허가신청 처리기간(15일)에 허가증의 발급 또는 불허가처분 사유의 통지가 없거나 선매협의 사실의
　통지가 없는 경우에는 그 기간이 끝난 날의 다음 날에 허가가 있는 것으로 본다(동법 제11조 제5항).

(4) 허가의 기준

　시장·군수 또는 구청장은 허가신청이 다음에 해당하는 경우에는 허가해야 한다(동법 제12조).

① 토지이용목적의 적합성(실수요성)

② 토지이용계획과의 적합성

③ 면적의 적합성

(5) 무허가계약의 효력

① 당연 무효 ⇨ 토지거래허가를 받지 아니하고 체결한 토지거래계약은 그 효력이 발생하지 아니한다
　(동법 제11조 제6항).

② 허가를 받을 것을 전제로 한 계약 ⇨ 유동적 무효

③ 허가를 배제하거나 잠탈하는 내용의 계약 ⇨ 확정적 무효

> **판례**
>
> 토지거래허가구역 내에서 허가를 받아야 함에도 불구하고 허가를 받지 아니하고 체결한 토지거래계약은 처음부터 허가를 배제하거나 잠탈하는 내용의 계약일 경우에는 확정적 무효로서 유효화될 여지가 없으나, 이와 달리 허가받은 것을 전제로 한 거래계약일 경우에는 허가를 받을 때까지는 유동적 무효의 상태에 있다(대판 1991.12.24, 90다12243 전원합의체).

⑹ 토지거래허가의 효력

① 토지의 이용의무 및 기간

ㄱ 다음의 목적으로 허가를 받은 경우 : 토지 취득일부터 2년

> 1. 자기의 거주용 주택용지로 이용하려는 경우
> 2. 허가구역을 포함한 지역의 주민을 위한 복지시설 또는 편익시설로서 관할 시장·군수 또는 구청장
>   이 확인한 시설의 설치에 이용하려는 경우
> 3. 허가구역에 거주하는 농업인·임업인·어업인 또는 대통령령으로 정하는 자가 그 허가구역에서 농
>   업·축산업·임업 또는 어업을 경영하기 위하여 필요한 경우

ㄴ 다음의 목적으로 허가를 받은 경우 : 토지 취득일부터 4년

다만, 분양을 목적으로 허가를 받은 토지로서 개발에 착수한 후 토지 취득일부터 4년 이내에 분양을
완료한 경우에는 분양을 완료한 때에 4년이 지난 것으로 본다.

> 1. 「공익사업을 위한 토지 등의 취득 및 보상에 관한 법률」이나 그 밖의 법률에 따라 토지를 수용하거
>   나 사용할 수 있는 사업을 시행하는 자가 그 사업을 시행하기 위하여 필요한 경우
> 2. 허가구역을 포함한 지역의 건전한 발전을 위하여 필요하고 관계 법률에 따라 지정된 지역·지구·
>   구역 등의 지정목적에 적합하다고 인정되는 사업을 시행하는 자나 시행하려는 자가 그 사업에 이
>   용하려는 경우

ㄷ 관계 법령에 따라 개발·이용행위가 제한되거나 금지된 토지로서 국토교통부령으로 정하는 토지
에 대하여 현상보존의 목적으로 토지를 취득하기 위하여 허가를 받은 경우 : 토지 취득일부터 5년

ㄹ 그 밖의 나머지 경우 : 토지 취득일부터 5년

② 조 사

ㄱ 시장·군수 또는 구청장은 토지거래계약을 허가받은 자가 허가받은 목적대로 이용하고 있는지를
국토교통부령으로 정하는 바에 따라 조사해야 한다(동법 제17조 제2항).

ㄴ 허가관청은 매년 1회 이상 토지의 개발 및 이용 등의 실태를 조사해야 한다(규칙 제18조 제1항).

ㄷ 토지의 개발 및 이용 등의 실태조사에 필요한 사항은 국토교통부장관이 정한다(규칙 제18조 제2항).

③ 이행강제금

ㄱ **이행명령**

ⓐ 시장·군수 또는 구청장은 토지의 이용 의무를 이행하지 아니한 자에 대하여는 상당한 기간을
정하여 토지의 이용 의무를 이행하도록 명할 수 있다(동법 제18조 제1항).

ⓑ 이행명령은 문서로 하여야 하며, 이행기간은 3개월 이내로 정해야 한다(영 제16조 제1항).

ⓒ 농지법에 따라 이행강제금을 부과받은 경우에는 이용 의무의 이행을 명하지 아니할 수 있다(동
법 제18조 제1항).

ⓛ 부과금액

ⓐ 시장·군수 또는 구청장은 이행명령이 정하여진 기간에 이행되지 아니한 경우에는 토지 취득가액의 100분의 10의 범위에서 다음의 금액의 이행강제금을 부과한다(동법 제18조 제2항).

> 1. 토지거래계약 허가를 받아 토지를 취득한 자가 당초의 목적대로 이용하지 아니하고 방치한 경우에는 토지 취득가액의 100분의 10에 상당하는 금액
> 2. 토지거래계약 허가를 받아 토지를 취득한 자가 직접 이용하지 아니하고 임대한 경우에는 토지 취득가액의 100분의 7에 상당하는 금액
> 3. 토지거래계약 허가를 받아 토지를 취득한 자가 시장·군수 또는 구청장의 승인을 얻지 아니하고 당초의 이용목적을 변경하여 이용하는 경우에는 토지 취득가액의 100분의 5에 상당하는 금액
> 4. 1. 내지 3. 외의 경우에는 토지 취득가액의 100분의 7에 상당하는 금액

ⓑ 이행강제금 부과시 토지 취득가액은 실제 거래가격으로 한다. 다만, 실제 거래가격이 확인되지 아니하는 경우에는 취득 당시를 기준으로 가장 최근에 발표된 개별공시지가(「부동산 가격공시에 관한 법률」에 따른 개별공시지가를 말한다)를 기준으로 산정한다(영 제16조 제4항).

ⓒ 부과횟수 : 시장·군수 또는 구청장은 최초의 이행명령이 있었던 날을 기준으로 1년에 한 번씩 그 이행명령이 이행될 때까지 반복하여 이행강제금을 부과·징수할 수 있다(동법 제18조 제3항).

ⓔ 이행강제금의 부과 및 징수절차

ⓐ 사전계고

ⓑ 부과의 제외 : 시장·군수 또는 구청장은 이용 의무기간이 지난 후에는 이행강제금을 부과할 수 없다(동법 제18조 제4항).

ⓒ 부과의 중지 : 시장·군수 또는 구청장은 이행명령을 받은 자가 그 명령을 이행하는 경우에는 새로운 이행강제금의 부과를 즉시 중지하되, 명령을 이행하기 전에 이미 부과된 이행강제금은 징수해야 한다(동법 제18조 제5항).

ⓓ 이의신청 : 이행강제금의 부과처분에 불복하는 자는 부과처분을 고지받은 날부터 30일 이내에 시장·군수 또는 구청장에게 이의를 제기할 수 있다(동법 제18조 제6항).

ⓔ 강제징수 : 이행강제금 부과처분을 받은 자가 이행강제금을 납부기한까지 납부하지 아니한 경우에는 국세 체납처분의 예 또는 「지방행정제재·부과금의 징수 등에 관한 법률」에 따라 징수한다(동법 제18조 제7항).

④ **다른 법률에 따른 인가·허가 등의 의제**

㉠ 농지취득자격증명의 의제

㉡ 검인의 의제

③ 허가관청의 처분에 대한 불복제도

(1) 이의신청

① 토지거래 허가 · 불허가 처분에 이의가 있는 자는 그 처분을 받은 날부터 1개월 이내에 시장 · 군수 또는 구청장에게 이의를 신청할 수 있다(동법 제13조 제1항).

② 이의신청을 받은 시장 · 군수 또는 구청장은 「국토의 계획 및 이용에 관한 법률」 제113조 제2항에 따른 시 · 군 · 구도시계획위원회의 심의를 거쳐 그 결과를 이의신청인에게 알려야 한다(동법 제13조 제2항).

(2) 불허가처분 토지에 관한 매수 청구

① **매수청구대상**

토지거래 허가신청에 대하여 불허가처분을 받은 자는 그 통지를 받은 날부터 1개월 이내에 시장 · 군수 또는 구청장에게 해당 토지에 관한 권리의 매수를 청구할 수 있다(동법 제16조 제1항).

② **매수자 및 매수가격**

㉠ 매수자 : 매수 청구를 받은 시장 · 군수 또는 구청장은 국가, 지방자치단체, 한국토지주택공사, 그 밖에 대통령령으로 정하는 공공기관 또는 공공단체 중에서 매수할 자를 지정하여, 매수할 자로 하여금 예산의 범위에서 해당 토지를 매수하게 해야 한다(동법 제16조 제2항).

㉡ 매수가격 : 매수가격은 공시지가를 기준으로 한다. 다만, 토지거래계약 허가신청서에 적힌 가격이 공시지가보다 낮은 경우에는 허가신청서에 적힌 가격으로 매수할 수 있다(동법 제16조 제2항 단서).

④ 국가 등의 토지거래계약에 관한 특례 등

(1) 허가의 의제

① **협의에 의한 허가의제**

토지거래허가제를 적용할 때에 그 당사자의 한쪽 또는 양쪽이 국가, 지방자치단체, 「한국토지주택공사법」에 따른 한국토지주택공사(이하 "한국토지주택공사"라 한다), 그 밖에 공공기관 또는 공공단체인 경우에는 그 기관의 장이 시장 · 군수 또는 구청장과 협의할 수 있고, 그 협의가 성립된 때에는 그 토지거래계약에 관한 허가를 받은 것으로 본다(동법 제14조 제1항).

② **국유재산의 취득 · 처분의 특례**(사후통보)

「국유재산법」에 따른 총괄청 또는 중앙관서의 장 등이 국유재산종합계획에 따라 국유재산을 취득하거나 처분하는 경우로서 허가기준에 적합하게 취득하거나 처분한 후 허가관청에 그 내용을 통보한 때에는 협의가 성립된 것으로 본다(영 제11조 제2항).

(2) 허가제도의 적용배제

다음의 경우에는 토지거래허가제를 적용하지 아니한다(동법 제14조 제2항, 영 제11조 제3항).

1. 토지의 수용
2. 「민사집행법」에 따른 경매
3. 토지를 협의취득·사용하거나 환매하는 경우
4. 국유재산을 일반경쟁입찰로 처분하는 경우
5. 공유재산을 일반경쟁입찰로 처분하는 경우
6. 관리처분계획에 따라 분양하거나 보류지 등을 매각하는 경우
7. 국세 및 지방세의 체납처분 또는 강제집행을 하는 경우
8. 법 제9조에 따라 외국인 등이 토지취득의 허가를 받은 경우
9. 한국자산관리공사가 토지를 취득하거나 경쟁입찰을 거쳐서 매각하는 경우 또는 한국자산관리공사에 매각이 의뢰되어 3회 이상 공매하였으나 유찰된 토지를 매각하는 경우

5 제재처분 등

(1) 벌 칙

① 토지거래허가 또는 변경허가를 받지 아니하고 토지거래계약을 체결하거나, 속임수나 그 밖의 부정한 방법으로 토지거래계약 허가를 받은 자는 2년 이하의 징역 또는 계약 체결 당시의 개별공시지가에 따른 해당 토지가격의 100분의 30에 해당하는 금액 이하의 벌금에 처한다.

② 허가 취소, 처분 또는 조치명령을 위반한 자는 1년 이하의 징역 또는 1천만원 이하의 벌금에 처한다.

③ 양벌규정

법인의 대표자나 법인 또는 개인의 대리인, 사용인, 그 밖의 종업원이 그 법인 또는 개인의 업무에 관하여 벌칙에 해당되는 위반행위를 하면 그 행위자를 벌하는 외에 그 법인 또는 개인에게도 해당 조문의 벌금형을 과(科)한다. 다만, 법인 또는 개인이 그 위반행위를 방지하기 위하여 해당 업무에 관하여 상당한 주의와 감독을 게을리하지 아니한 경우에는 그러하지 아니하다.

(2) 행정처분

① 허가취소 등

국토교통부장관, 시·도지사, 시장·군수 또는 구청장은 다음 각 호의 어느 하나에 해당하는 자에게 허가 취소 또는 그 밖에 필요한 처분을 하거나 조치를 명할 수 있다.

1. 토지거래계약에 관한 허가 또는 변경허가를 받지 아니하고 토지거래계약 또는 그 변경계약을 체결한 자
2. 토지거래계약에 관한 허가를 받은 자가 그 토지를 허가받은 목적대로 이용하지 아니한 자
3. 부정한 방법으로 토지거래계약에 관한 허가를 받은 자

② **권리의무의 승계 등**

㉠ 토지의 소유권자, 지상권자 등에게 발생되거나 부과된 권리·의무는 그 토지 또는 건축물에 관한 소유권이나 그 밖의 권리의 변동과 동시에 그 승계인에게 이전한다.

㉡ 이 법 또는 이 법에 따른 명령에 의한 처분, 그 절차 및 그 밖의 행위는 그 행위와 관련된 토지 또는 건축물에 대하여 소유권이나 그 밖의 권리를 가진 자의 승계인에 대하여 효력을 가진다.

③ **청 문**

국토교통부장관, 시·도지사, 시장·군수 또는 구청장은 토지거래계약 허가의 취소 처분을 하려면 청문을 하여야 한다.

제2절 **선매협의제도**

1 선매협의제도의 의의

(1) 선매협의 대상토지

시장·군수 또는 구청장은 토지거래계약에 관한 허가신청이 있는 경우 다음의 어느 하나에 해당하는 토지에 대하여 국가 등이 그 매수를 원하는 경우에는 이들 중에서 해당 토지를 매수할 자[이하 "선매자(先買者)"라 한다]를 지정하여 그 토지를 협의 매수하게 할 수 있다(동법 제15조 제1항).

(2) 선매자

국가나 지방자치단체, 한국토지주택공사, 그 밖에 대통령령으로 정하는 공공기관 또는 공공단체가 해당된다.

2 선매절차 및 선매가격

(1) 선매절차

① **선매자 지정**: 시장·군수 또는 구청장은 선매협의대상에 해당하는 토지에 대하여 토지거래계약 허가신청이 있는 경우에는 그 신청이 있는 날부터 1개월 이내에 선매자를 지정하여 토지소유자에게 알려야 하며, 선매자는 지정 통지를 받은 날부터 1개월 이내에 그 토지소유자와 대통령령으로 정하는 바에 따라 선매협의를 끝내야 한다(동법 제15조 제2항).

② **선매협의기간**: 선매자로 지정된 자는 그 지정일부터 15일 이내에 매수가격 등 선매조건을 기재한 서면을 토지소유자에게 통지하여 선매협의를 하여야 하며, 지정일부터 1개월 이내에 국토교통부령으로 정하는 바에 따라 선매협의조서를 시장·군수 또는 구청장에게 제출해야 한다(영 제12조 제2항).

선매협의조서를 제출하는 자는 거래계약서 사본을 첨부(선매협의가 이루어진 경우로 한정한다)해야 한다(규칙 제15조 제2항).

(2) 선매가격

선매자가 토지를 매수할 때의 가격은 「감정평가 및 감정평가사에 관한 법률」에 따라 감정평가법인등이 감정평가한 감정가격을 기준으로 하되, 토지거래계약 허가신청서에 적힌 가격이 감정가격보다 낮은 경우에는 허가신청서에 적힌 가격으로 할 수 있다(동법 제15조 제3항).

(3) 불협의시 조치

시장·군수 또는 구청장은 선매협의가 이루어지지 아니한 경우에는 지체 없이 허가 또는 불허가의 여부를 결정하여 통보해야 한다(동법 제15조 제4항).

🐦 **선매협의 절차도**

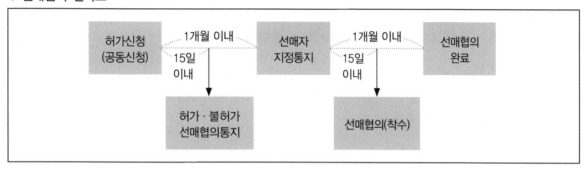

포상금

제1절 │ 포상금 지급대상

신고관청 또는 허가관청은 다음의 어느 하나에 해당하는 경우에는 포상금을 지급해야 한다(영 제19조의2 제1항).

(1) 부동산 등의 실제 거래가격을 거짓으로 신고한 자(거래당사자, 개업공인중개사, 신고의무자가 아닌 자)

(2) 부동산 거래신고에 해당하는 계약을 체결하지 아니하였음에도 불구하고 거짓으로 부동산 거래신고를 한 자

(3) 부동산 거래신고 후 해당 계약이 해제 등이 되지 아니하였음에도 불구하고 거짓으로 부동산거래 해제 등의 신고를 한 자

(4) 주택 임대차 계약의 신고를 하지 아니하거나 주택 임대차 계약의 변경 및 해제 신고에 위반하여 주택 임대차 계약의 보증금·차임 등 계약금액을 거짓으로 신고한 자

(5) 토지거래허가 또는 변경허가를 받지 아니하고 토지거래계약을 체결한 자 또는 거짓이나 그 밖의 부정한 방법으로 토지거래계약 허가를 받은 자

(6) 토지거래계약 허가를 받아 취득한 토지에 대하여 허가받은 목적대로 이용하지 아니한 자

제2절 **포상금 지급기준 및 금액**

구 분	포상금 지급기준	포상금 금액
(1) 신고관청이 적발하기 전에	① 부동산 등의 실제 거래가격을 거짓으로 신고한 자	부과되는 과태료의 100분의 20에 해당하는 금액 ⇨ 이 경우 포상금의 지급한도액은 1천만원으로 한다.
	② 부동산 거래신고에 해당하는 계약을 체결하지 아니하였음에도 불구하고 거짓으로 부동산 거래신고를 하는 행위	부과되는 과태료의 100분의 20에 해당하는 금액
	③ 부동산 거래신고 후 해당 계약이 해제등이 되지 아니하였음에도 불구하고 거짓으로 부동산거래 해제등의 신고를 하는 행위	부과되는 과태료의 100분의 20에 해당하는 금액
	④ 주택 임대차 계약의 신고를 하지 아니하거나 주택 임대차 계약의 변경 및 해제 신고에 위반하여 주택 임대차 계약의 보증금·차임 등 계약금액을 거짓으로 신고한 자	부과되는 과태료의 100분의 20에 해당하는 금액
(2) 허가관청 또는 수사기관이 적발하기 전에	토지거래허가 또는 변경허가를 받지 아니하고 토지거래계약을 체결한 자 또는 거짓이나 그 밖의 부정한 방법으로 토지거래계약 허가를 받은 자를 신고하거나 고발한 경우로서 그 신고 또는 고발사건에 대한 공소제기 또는 기소유예 결정이 있는 경우	50만원 ⇨ 이 경우 같은 목적을 위하여 취득한 일단의 토지에 대한 신고 또는 고발은 1건으로 본다.
(3) 허가관청이 적발하기 전에	토지거래계약 허가를 받아 취득한 토지에 대하여 허가받은 목적대로 이용하지 아니한 자를 신고한 경우로서 그 신고사건에 대한 허가관청의 이행명령이 있는 경우	

② **포상금을 지급하지 아니할 수 있는 경우**

　㉠ 공무원이 직무와 관련하여 발견한 사실을 신고하거나 고발한 경우

　㉡ 해당 위반행위를 하거나 위반행위에 관여한 자가 신고하거나 고발한 경우

　㉢ 익명이나 가명으로 신고 또는 고발하여 신고인 또는 고발인을 확인할 수 없는 경우

③ **비 용**

　포상금의 지급에 드는 비용은 시·군이나 구의 재원으로 충당한다.

제3절 | 포상금 지급절차

(1) 신고 또는 고발대상의 어느 하나에 해당하는 자를 신고하려는 자는 국토교통부령으로 정하는 신고서 및 증거자료를 신고관청 또는 허가관청에 제출해야 한다.

(2) 수사기관은 허가 또는 변경허가를 받지 아니하고 토지거래계약을 체결한 자 또는 거짓이나 그 밖의 부정한 방법으로 토지거래계약 허가를 받은 자에 대한 신고 또는 고발 사건을 접수하여 수사를 종료하거나 공소제기 또는 기소유예의 결정을 하였을 때에는 지체 없이 허가관청에 통보해야 한다.

(3) 신고서를 제출받거나 수사기관의 통보를 받은 신고관청 또는 허가관청은 포상금 지급 여부를 결정하고 이를 신고인 또는 고발인에게 알려야 한다.

(4) 포상금 지급 결정을 통보받은 신고인 또는 고발인은 포상금 지급신청서를 작성하여 신고관청 또는 허가관청에 제출해야 한다.

(5) 신고관청 또는 허가관청은 신청서가 접수된 날부터 2개월 이내에 포상금을 지급해야 한다.

(6) 하나의 사건에 대하여 신고 또는 고발한 사람이 2명 이상인 경우에는 다음과 같이 포상금을 배분하여 지급한다.
  ① 신고관청 또는 허가관청은 하나의 위반행위에 대하여 2명 이상이 공동으로 신고 또는 고발한 경우에는 포상금을 균등하게 배분하여 지급한다. 다만, 포상금을 지급받을 사람이 배분방법에 관하여 미리 합의하여 포상금의 지급을 신청한 경우에는 그 합의된 방법에 따라 지급한다.
  ② 신고관청 또는 허가관청은 하나의 위반행위에 대하여 2명 이상이 각각 신고 또는 고발한 경우에는 최초로 신고 또는 고발한 사람에게 포상금을 지급한다.

(7) 신고관청 또는 허가관청은 자체조사 등에 따라 신고 또는 고발대상이 되는 위반행위를 알게 된 때에는 지체 없이 그 내용을 부동산정보체계에 기록해야 한다.

(8) 국토교통부장관은 다음의 업무를 「한국부동산원법」에 따른 한국부동산원에 위탁한다.
  ① 부동산거래가격 검증체계의 구축·운영
  ② 신고내용의 조사
  ③ 부동산정보체계의 구축·운영

💡 포상금 제도의 비교

구 분		공인중개사법령상 포상금	부동산 거래신고 등에 관한 법률상 포상금
지급대상		(1) 중개사무소의 개설등록을 하지 아니하고 중개업을 한 자 (2) 거짓이나 그 밖의 부정한 방법으로 중개사무소의 개설등록을 한 자 (3) 중개사무소등록증 또는 공인중개사자격증을 다른 사람에게 양도·대여하거나 다른 사람으로부터 양수·대여받은 자 (4) 개업공인중개사가 아닌 자가 중개대상물에 대한 표시·광고를 한 자 (5) 금지행위 ⇨ 2가지(시세, 단체) (6) 개업공인중개사의 업무방해행위 　　⇨ 5가지	(1) 부동산거래신고제 위반 　① 부동산 등의 실제 거래가격을 거짓으로 신고한 자 　② 부동산 거래신고에 해당하는 계약을 체결하지 아니하였음에도 불구하고 거짓으로 부동산거래신고를 한 자 　③ 부동산 거래신고 후 해당 계약이 해제등이 되지 아니하였음에도 불구하고 거짓으로 부동산거래 해제등의 신고를 한 자 　④ 주택 임대차 계약의 신고를 하지 아니하거나 주택 임대차 계약의 변경 및 해제 신고에 위반하여 주택 임대차 계약의 보증금·차임 등 계약금액을 거짓으로 신고한 자 (2) 토지거래허가제 위반 　① 토지거래허가 또는 변경허가를 받지 아니하고 토지거래계약을 체결한 자 또는 거짓이나 그 밖의 부정한 방법으로 토지거래계약 허가를 받은 자 　② 토지거래계약 허가를 받아 취득한 토지에 대하여 허가받은 목적대로 이용하지 아니한 자
지급금액		건당 50만원	(1) 거래신고 위반 ⇨ 부과되는 과태료의 20% 　(단, (1)의 한도액은 1천만원) (2) 토지거래허가 위반 ⇨ 건당 50만원
재원조달		국고에서 50/100 이내에서 지원	시·군·구의 재원으로 충당
지급기관		등록관청	신고관청 또는 허가관청
지급조건		검사가 공소제기, 기소유예	신고서를 제출받거나 수사기관의 통보 후 결정
지급시기		결정일부터 1월 이내	신청서 접수일부터 2월 이내
2인 이상 공동		균등(단, 합의우선)	균등(단, 합의우선)
2인 이상 각각		최초 신고자	최초 신고자

박문각 공인중개사 ──────────────────────────

중개실무

중개대상물의 조사·확인

제1절 **중개대상물의 조사·확인방법**

1 의 의

중개대상물 조사·확인의 법령상의 근거는 중개대상물 확인·설명의무이다.

2 공부상 조사·확인 - [각종 공부의 중요기재사항]

공부의 종류	중요기재사항	특 징	참고사항
지적대장 (토지대장, 임야대장 등)	소재지·지목·면적·소유자 등	소유자가 기재됨	• 중개대상물 자체의 기본적인 사항은 지적대장이나, 건축물대장을 기준으로 하고 등기부 기재사항은 참고사항 • 소유권에 관한 사항은 등기부를 기준으로 하고 대장은 참고사항
건축물대장	소재지·구조·용도·면적·소유자 등		
공유지연명부	소재지, 공유자별 지분, 소유자 및 변동일자		
대지권등록부	소재지, 건물의 명칭, 전유부분의 건물표시, 대지권비율, 소유권의 지분, 소유자 및 변동일자 등		
등기부	• 표제부 : 부동산의 표시 • 갑구 : 소유자 • 을구 : 제한물권		
토지이용 계획확인서	용도지역·용도지구 등 지정여부, 행위제한내용, 허가구역 해당여부 등	소유자가 미기재	경계점좌표등록부는 소관청이 필요하다고 인정하는 지역에만 작성
도면(지적도와 임야도)	소재지·지목(부호)·경계 등		
경계점좌표등록부	소재지, 좌표 등		

3 현장답사를 통한 조사·확인

① 공부상 확인내용과 현장과의 일치 여부를 확인

② 공부상 확인할 수 없는 사항에 대한 조사·확인

③ 미공시 중요시설 및 물건에 관한 사항

제2절 | 중개대상물의 기본적인 사항에 관한 조사 · 확인

(1) 소재지

토지는 지번까지 조사하고, 건물은 지번까지 조사하되, 1필의 토지에 여러 동의 건물이 있을 수 있으므로 건물번호까지 정확하게 조사해야 한다.

> **넓혀 보기**
>
> **도로명 주소**
> 2014년 1월 1일부터는 도로명 주소를 전면적으로 사용해야 한다. 계약서에 확정일자를 받는다든가 양도소득세 신고 등을 할 경우에는 반드시 도로명 주소를 사용해야 한다. 그러나 지번은 토지의 표시 등 부동산의 등록단위로도 사용하므로 도로명 주소 도입 후에도 부동산의 표시는 지번을 계속 사용한다. 즉, 부동산의 표시는 '지번'을 사용하지만, 주소 표시는 '도로명 주소'를 사용하는 것이다.
> 1. 도로명 주소에서 도로 구간을 설정하는 데 있어서는 서 ⇨ 동, 남 ⇨ 북의 순으로 정하는 것이 원칙이며, 직진성과 연속성의 원칙도 갖고 있다.
> 2. 기초번호를 부여함에 있어서는 20m 간격으로 하며, 왼쪽은 홀수, 오른쪽은 짝수를 사용하는 것이 원칙이다.
> 3. 큰길에는 주된 명사로 지명, 역사, 기존도로명 + 도로위계(대로, 로) 형태로 부여하며, 분기에는 작은 길은 도로명 + 체계적인 숫자를 사용한다.

(2) 지 목

지목은 토지의 주된 용도를 기준으로 부여되며, 1필의 토지에는 1개의 지목이 부여되는 것이 원칙이다. 모든 토지는 28가지의 지목 중 하나에 해당되어 지목이 없는 토지는 없으며, 지목은 대장과 등기부, 지적도에 기재되며, 불일치할 때에는 대장상의 지목을 기준으로 설명한다.

(3) 면 적

① **면적의 단위**: 면적의 단위는 미터법에 따라 m^2가 원칙이다.
   ⊙ m^2를 평으로 환산하는 방법: $m^2 \times 0.3025 = $ 평
   ⓒ 평을 m^2로 환산하는 방법: 평 $\times 3.3058 = m^2$
② **면적의 기준**: 대장으로 조사하고, 건물은 층별면적을 조사한다.

(4) 경 계

지적도나 임야도에 따라 조사하며, 지적도상의 경계와 논두렁 · 밭두렁 · 담장 · 경계표 등 실제경계가 일치하지 않을 경우에는 지적도상의 경계를 기준으로 조사한다.

> **판례**
>
> 어떤 토지가 지적법에 따라 1필지의 토지로 지적공부에 등록되면 그 토지는 특별한 사정이 없는 한 그 등록으로써 특정되고 그 소유권의 범위는 현실의 경계와 관계없이 공부상의 경계에 따라 확정되는 것이다(대판 1998.6.26, 97다42823).

┌─ **판례** ─┐

1. 토지매매계약서에서 등기부상 1필 또는 수필의 토지를 매매목적물로 표시한 경우에는 특단의 사정이 없는 한 매매의 대상은 그 1필 또는 수필의 토지 전체라고 보는 것이 타당하고, 매매당사자가 매매 당시 현장답사를 하여 담장 등으로 사실상 경계표시가 된 토지의 일부분을 매매목적물의 전체로 잘못 알고 매매계약을 체결하였다고 하여도 이러한 사실만으로 현장답사에서 확인한 토지부분만이 매매의 대상이 된다고는 할 수 없다.

2. 토지매매에 있어서 특단의 사정이 없는 한 매수인에게 측량 또는 지적도와의 대조 등 방법으로 매매목적물이 지적도상의 그것과 정확히 일치하는지의 여부를 미리 확인하여야 할 주의의무가 있다고 볼 수 없다.

(5) 지 형

지형은 토지의 형상을 말하며, 지적도와 현장답사를 통하여 조사한다.

(6) 지 세

지세는 토지의 경사도를 말하며, 현장답사를 통하여 확인해야 한다.

(7) 도로 및 교통관계

도로의 인접 여부는 그 중개대상물의 이용에 많은 영향이 있으므로 다음과 같은 사항을 조사해야 한다.

① **공도와 사도의 구분**: 도로는 공도와 사도가 있다.

   ㉠ 공도: 공물인 도로이므로 공공적 성격이 강하고 사권이 제한되며 공법상 특별한 규율을 받는다.

   ㉡ 사도:「사도법」상의 사도와 사실상의 사도가 있으며, 사실상의 사도란 토지소유자가 자의로 제공한 도로를 말한다.

② **도로의 상태 등**: 중개대상물이 접하는 도로의 종류·구조·폭·차량의 출입가능성 등을 조사한다.

┌─ **넓혀 보기** ─┐

맹 지

사면이 다른 토지로 둘러싸여 있어 다른 토지를 이용하지 않고는 도로로 나갈 수 없는 토지를 말한다. 맹지인 경우에는 개업공인중개사는 통로유무를 확인하는 것이 가장 중요한 사항이다. 맹지는 도로변의 토지에 비하여 가격이 저렴하며, 통로를 확보하지 못하면 건축허가를 받을 수 없다. 통로를 확보하는 방법은 분필하여 매수하는 방법과 지역권을 설정하는 방법이 있을 수 있으며, 통로를 확보하면 주거용 택지로 이용하는 것이 좋다.

③ **교통관계**: 대중교통수단의 이용가능성, 차량의 접근 여부, 거리 및 주차가능성 등을 조사한다.

(8) 건물의 구조 및 건축연도

① **건물의 구조**: 외벽과 지붕을 중심으로 조사한다.

② **건축연도**: 건축물대장을 통하여 조사하고, 현장답사를 통하여 실제와 일치하는지의 여부를 조사한다.

⑼ 건물의 면적 및 용도

① **건물의 면적**: 건축물대장을 통하여 조사하되, 특히 층별로 면적을 조사해야 한다.

② **건물의 용도**: 「건축법」에서 건물의 용도를 규정하고 있으므로, 건축물대장을 통하여 조사한다.

⑽ 건물의 방향

주거용 건물인 경우에는 건물의 방향이 중요한 요소가 되므로 일조권과 관련하여 조사·확인할 필요가 있다.

제3절 중개대상물의 권리조사

1 부동산 등기부의 열람

개업공인중개사가 등기부를 통하여 권리분석을 하는 경우에는 원인일자가 중요한 것이 아니고 접수일자별로 권리분석을 해야 하며 법률에 다른 규정이 없으면 등기용지 중 동구에서 한 등기에 대하여는 순위번호에 의하고 별구에서 한 등기에 대하여는 접수번호에 따라 확인한다.

⑴ 표제부

① **토지**: 소재지·지목·면적 등

② **건물**: 소재지·면적·구조·용도 등

⑵ 갑 구

등기부의 갑구에는 소유권이 표시된다. 또한 소유권 이전을 제한하는 가등기, 가압류, 가처분, 예고등기가 기재되어 있는 경우가 있다. 가등기 등은 등기부 해당구(갑구, 을구)에 기재된다.

⑶ 을 구

등기부 을구는 소유권 이외의 제한물권으로 지상권·지역권·전세권·저당권 등과 채권으로 부동산 임차권 등이 등기될 수 있다. 또한 제한물권을 제한하는 용도로 설정되는 가등기, 가압류, 가처분이 기재되어 있는 경우가 있다.

개업공인중개사는 근저당권이 설정된 경우에 채권최고액만 설명하면 의무를 다한 것이고 현재의 채무액까지 조사하여 설명해야 할 의무가 있는 것은 아니다. 그러나 현재의 채무액도 잘못 설명하여 의뢰인에게 손해를 끼친 경우에는 그 손해를 배상해야 한다.

> **판례**
>
> 개업공인중개사는 중개대상 물건에 근저당권이 설정된 경우에 그 채권최고액을 조사·확인하여 중개의뢰인에게 설명하면 족하고, 실제의 피담보채무액까지 조사·확인하여 설명할 의무까지 있다고 할 수는 없으나, 개업공인중개사가 이에 그치지 않고 실제의 피담보채무액에 관한 그릇된 정보를 제대로 확인하지도 않은 채 마치 그것이 진실인 것처럼 의뢰인에게 그대로 전달하여 의뢰인이 그 정보를 믿고 상대방과 계약에 이르게 되었다면, 개업공인중개사의 그러한 행위는 선량한 관리자의 주의로 신의를 지켜 성실하게 중개행위를 하여야 할 개업공인중개사의 의무에 위반된다(대판 1999.5.14, 98다30667).

2 현장답사를 통한 조사

(1) 필요성

① 정책상 등기부에 기재되어 있지 않더라도 우선적 지위를 보장해 주는 권리관계가 있다.

② 우리나라 등기부에는 공신력이 인정되고 있지 않다.

③ 법이론상 법률의 규정에 따라 당연히 성립되는 권리는 등기부에 표시되지 않는다.

(2) 조사내용

현장답사를 통하여 조사·확인해야 하는 권리관계는 주택(상가)임차권·법정지상권·법정저당권·분묘기지권·유치권 등이 있다.

3 법정지상권

(1) 「민법」 제305조에 의한 법정지상권

> 「민법」 제305조 【건물의 전세권과 법정지상권】 ① 대지와 건물이 동일한 소유자에 속한 경우에 건물에 전세권을 설정한 때에는 그 대지소유자의 특별승계인은 전세권 설정자에 대하여 지상권을 설정한 것으로 본다. 그러나 지료는 당사자의 청구에 따라 법원이 이를 정한다.
> ② 전항의 경우에 대지소유자는 타인에게 그 대지를 임대하거나 이를 목적으로 한 지상권 또는 전세권을 설정하지 못한다.

(2) 「민법」 제366조에 의한 법정지상권

> 「민법」 제366조 【법정지상권】 저당권의 경매로 인하여 토지와 그 지상건물이 다른 소유자에 속한 경우에는 토지소유자는 건물소유자에 대하여 지상권을 설정한 것으로 본다. 그러나 지료는 당사자의 청구에 따라 법원이 이를 정한다.

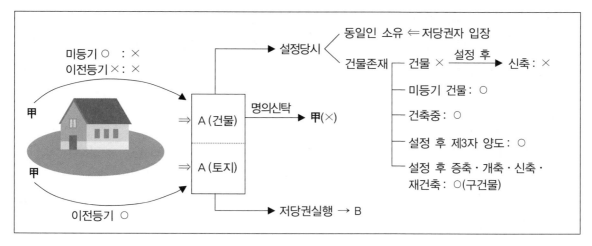

① **저당권 설정당시에 토지와 건물이 동일인 소유에 속할 것**: 건물 없는 토지에 저당권이 설정된 후 저당권설정자가 그 위에 건물을 건축하였다가 담보권의 실행을 위한 경매절차에서 경매로 인하여 그 토지와 지상 건물이 소유자를 달리하였을 경우나 미등기건물을 그 대지와 함께 양수한 사람이 그 대지에 대하여서만 소유권이전등기를 넘겨받고 건물에 대하여는 그 등기를 이전받지 못하고 있는 상태에서 그 대지가 경매되어 소유자가 달라지게 된 경우 또는 토지와 그 지상건물이 각기 소유자를 달리하고 있던 중 토지 또는 그 지상건물만이 경매에 따라 다른 사람에게 소유권이 이전된 경우에는 위 법조 소정의 법정지상권이 발생할 여지가 없으며, 또 건물의 등기부상 소유명의를 타인에게 신탁한 경우에 신탁자는 제3자에게 그 건물이 자기의 소유임을 주장할 수 없고, 따라서 그 건물과 부지인 토지가 동일인의 소유임을 전제로 한 법정지상권을 취득할 수 없다.

② **저당권 설정당시에 건물이 존재할 것**: 저당권 설정 당시 저당권의 목적이 되는 토지 위에 건물이 존재하여야 하는데, 저당권 설정 당시의 건물을 그 후 개축·증축한 경우는 물론이고 그 건물이 멸실되거나 철거된 후 재건축·신축한 경우에도 법정지상권이 성립하며, 저당권의 실행으로 토지가 낙찰되기 전에 건물이 제3자에게 양도된 경우 또는 건물이 철거되고 제3자 소유의 새 건물이 축조된 경우 또는 저당권이 설정될 당시 그 지상에 건물이 위 토지 소유자에 따라 건축 중이었고, 그것이 사회관념상 독립된 건물로 볼 수 있는 정도에 이르지 않았다 하더라도 법정지상권이 성립된다.

⑶ **「가등기 담보 등에 관한 법률」 제10조에 의한 법정지상권**

토지 및 그 지상의 건물이 동일한 소유자에게 속하는 경우에 그 토지 또는 건물에 대하여 채권자가 청산금을 지급하고 소유권을 취득하거나 담보가등기에 본 등기가 행하여진 경우에는 그 건물의 소유를 목적으로 그 토지 위에 지상권이 설정된 것으로 본다. 이 경우 존속기간 및 지료는 당사자의 청구에 따라 법원이 정한다(동법 제10조).

(4) 「입목에 관한 법률」 제6조

입목의 경매 그 밖의 사유로 인하여 토지와 그 입목이 각각 다른 소유자에게 속하게 되는 경우에는 토지소유자는 입목소유자에 대하여 지상권을 설정한 것으로 본다. 이 경우에 지료에 관하여는 당사자의 약정에 따른다(동법 제6조).

(5) 관습법상의 법정지상권

우리 「민법」은 일정한 조건하에서의 법정지상권을 인정하고 있으나 「민법」에서 규정하는 요건을 갖추지 않았다고 하더라도, 토지와 건물이 같은 소유자의 소유에 속하였다가 그 건물 또는 토지가 매각 또는 그 외의 원인으로 인하여 양자의 소유자가 다르게 될 때에는, 특히 그 건물을 철거한다는 조건이 없는 이상, 당연히 건물소유자는 토지소유자에 대하여 관습에 의한 법정지상권을 취득한다(대판 1962.4.18, 4294민상1103).

4 분묘기지권

(1) 분묘의 의의

분묘란 그 내부에 사람의 유골, 유해, 유발 등 시신을 매장하여 사자를 안장한 장소를 말하고, 장래의 묘소로서 설치하는 등 그 내부에 시신이 안장되어 있지 않은 것은 분묘라고 할 수 없다. 그러므로 분묘기지권이 성립되지 않는다(대판 1991.10.25, 91다18040).

(2) 분묘기지권의 성립요건과 귀속주체

① **성립요건**: 판례에 의하면 분묘기지권이 성립하는 경우에는 세 가지가 있다.
　㉠ 토지소유자의 승낙을 얻어 분묘를 설치한 때에 분묘기지권을 취득한다.
　㉡ 자기소유의 토지에 분묘를 설치한 자가 후에 그 분묘기지에 대한 소유권을 보유하거나 또는 분묘도 함께 이전한다는 특약을 함이 없이 토지를 매매 등으로 처분한 때에는, 그 분묘를 소유하기 위하여 분묘기지권을 취득하게 된다(대판 1967.10.12, 67다1920).
　㉢ 타인 소유의 토지에 소유자의 승낙 없이 분묘를 설치한 경우에는 20년간 평온, 공연하게 그 분묘의 기지를 점유함으로써 분묘기지권을 시효로 취득한다(대판 1995.2.28, 94다37912). 분묘기지권을 시효취득하는 경우에 분묘기지권자는 토지소유자가 분묘기지에 관한 지료를 청구하면 그 청구한 날부터의 지료를 지급할 의무가 있다고 보아야 한다(대판 2021.4.29, 2017다228007).

② **귀속주체**: 무릇 종손이 있는 경우라면 그가 제사를 주재하는 자의 지위를 유지할 수 없는 특별한 사정이 있는 경우를 제외하고는 일반적으로 선조의 분묘를 수호·관리하는 권리는 그 종손에게 전속된다고 봄이 상당하고 종손이 아닌 자가 제사주재자로서의 분묘에 대한 관리처분권을 가지고 있다고 하기 위해서는 우선 종손에게 제사주재자의 지위를 유지할 수 없는 특별한 사정이 있음이 인정되어야 한다(대판 2000.9.26, 99다14006). 그러므로 공동선조의 후손들로 구성된 종중이 선조 분묘를 수호 관리하여 왔다면 분묘의 수호 관리권 내지 분묘기지권은 종중에 귀속한다(대판 2007.6.28, 2005다44114).

(3) 분묘기지권의 범위

① **분묘기지권의 효력**: 분묘기지권에는 그 효력이 미치는 지역의 범위 내라고 할지라도 기존의 분묘 외에 새로운 분묘를 신설할 권능은 포함되지 아니하는 것이므로, 부부 중 일방이 먼저 사망하여 이미 그 분묘가 설치되고 그 분묘기지권이 미치는 범위 내에서 그 후에 사망한 다른 일방의 합장을 위하여 쌍분 형태의 분묘를 설치하는 것도 허용되지 않는다(대판 1997.5.23, 95다29086, 29093). 또한 단분 형태로 합장하여 분묘를 설치하는 것도 허용되지 않는다(대판 2001.8.21, 2001다28367). 분묘기지권에 그 효력이 미치는 범위 안에서 새로운 분묘를 설치하거나 원래의 분묘를 다른 곳으로 이장할 권능이 포함되는 것은 아니다(대판 2007.6.28, 2007다16885). 분묘수호자가 그 분묘에 대하여 가지는 관습에 의한 지상권 유사의 물권은 비단 그 분묘의 기지뿐만 아니라 그 분묘의 설치목적인 분묘의 수호 및 제사에 필요한 범위 내에서 분묘기지 주위의 공지를 포함한 지역에까지 미치는 것이다(대판 1986.3.25, 85다카2496). 그 확실한 범위는 각 구체적인 경우에 개별적으로 정해야 한다(대판 2007.6.14, 2006다 84423). 그러므로 사성(무덤 뒤를 반달형으로 둘러쌓은 둔덕)이 조성되어 있다 하여 반드시 그 사성 부분을 포함한 지역에까지 분묘기지권이 미치는 것은 아니다(대판 1997.5.23, 95다29086, 29093). 그 분묘기지권에 기하여 보전되어 오던 분묘들 가운데 일부가 그 분묘기지권이 미치는 범위 내에서 이장되었다면, 그 이장된 분묘를 위하여서도 그 분묘기지권의 효력이 그대로 유지된다고 보아야 할 것이고, 다만 그 이장으로 인하여 더 이상 분묘수호와 봉제사에 필요 없게 된 부분이 생겨났다면 그 부분에 대한 만큼은 분묘기지권이 소멸한다고 할 것이다(대판 1994.12.23, 94다15530).

② **분묘기지권의 공시**: 분묘기지권이 성립하기 위하여는 봉분 등 외부에서 분묘의 존재를 인식할 수 있는 형태를 갖추고 있어야 하고, 평장되어 있거나 암장되어 있어 객관적으로 인식할 수 있는 외형을 갖추고 있지 아니한 경우에는 분묘기지권이 인정되지 아니한다(대판 1991.10.25, 91다18040). 이러한 특성상 분묘기지권은 등기 없이 취득한다(대판 1996.6.14, 96다14036).

(4) 분묘기지권의 소멸

분묘기지권의 존속기간에 관하여는 「민법」의 지상권에 관한 규정에 따를 것이 아니라 당사자 사이에 약정이 있는 등 특별한 사정이 있으면 그에 따를 것이며, 그러한 사정이 없는 경우에는 권리자가 분묘의 수호와 봉사를 계속하며 그 분묘가 존속하고 있는 동안은 분묘기지권은 존속한다고 해석함이 타당하므로 「민법」 제281조에 따라 5년간이라고 보아야 할 것은 아니다(대판 1994.8.26, 94다28970). 그러므로 약정이 없는 경우에는 권리자가 분묘의 수호와 봉사를 계속하는 한 그 분묘가 존속하고 있는 동안은 분묘기지권은 존속한다고 해석함이 상당하다(대판 1982.1.26, 81다1220). 또한 분묘가 멸실된 경우라고 하더라도 유골이 존재하여 분묘의 원상회복이 가능하여 일시적인 멸실에 불과하다면 분묘기지권은 소멸하지 않고 존속하고 있다고 해석함이 상당하다(대판 2007.6.28, 2005다44114).

5 「장사 등에 관한 법률」

(1) 묘지의 연고자

"연고자"라 함은 사망한 자와 다음의 관계에 있는 자를 말하며, 연고자의 권리·의무는 다음의 순으로 행사하되, 동순위의 자녀 또는 직계비속이 2인 이상인 때에는 최근친의 연장자를 선순위자로 한다.

① 배우자

② 자녀

③ 부모

④ 자녀를 제외한 직계비속

⑤ 부모를 제외한 직계존속

⑥ 형제·자매

⑦ 사망하기 전에 치료·보호 또는 관리하고 있었던 행정기관 또는 치료·보호기관의 장으로서 대통령령으로 정하는 사람

⑧ ①부터 ⑦까지에 해당하지 아니하는 자로서 시신이나 유골을 사실상 관리하는 자

(2) 매장신고

매장을 한 자는 매장 후 30일 이내에 매장지를 관할하는 시장·군수·구청장에게 신고해야 한다.

(3) 사설묘지의 설치 등

⚑ 사설묘지의 설치기준 등

구 분	개인묘지	가족묘지	종중·문중	법인묘지	비 고
매장신고	매장 후 30일 이내	좌동	좌동	좌동	
설치절차	30일 이내에 시·군·구청장에게 신고	사전허가	사전허가	사전허가	허가를 받으면 산림법에 의한 입목벌채 등의 허가가 있는 것으로 본다.
자연장지	30일 이내 신고	사전신고	사전신고	사전허가	
묘지 1기의 점유면적	$30m^2$ 초과금지	$10m^2$ 초과금지 (합장은 $15m^2$ 초과금지)	좌동	좌동	
설치면적	$30m^2$ 이하	$100m^2$ 이하	$1,000m^2$ 이하	10만m^2 이상	
분묘의 형태	봉분(1m 이내) 평분(50cm 이내)	좌동	좌동	좌동	
납골묘	$10m^2$ 초과금지	$30m^2$ 초과금지	$100m^2$ 초과금지		종교단체 $500m^2$ 초과금지

⑷ **분묘의 설치기간**

공설묘지 및 사설묘지에 설치된 분묘의 설치기간은 30년으로 한다. 설치기간이 경과한 분묘의 연고자가 시·도지사, 시장·군수·구청장 또는 법인묘지의 설치·관리를 허가받은 자에게 해당 설치기간의 연장을 신청하는 경우에는 1회에 한하여 30년으로 하여 설치기간을 연장해야 한다. 설치기간을 산정함에 있어서 합장분묘의 경우에는 합장된 날을 기준으로 산정한다.

⑸ **설치기간이 종료된 분묘의 처리**

설치기간이 종료된 분묘의 연고자는 설치기간이 종료된 날부터 1년 이내에 해당 분묘에 설치된 시설물을 철거하고 매장된 유골을 화장 또는 납골해야 한다.

⑹ **묘지 등의 설치제한**

① 「국토의 계획 및 이용에 관한 법률」의 규정에 의한 녹지지역 중 묘지·화장시설·봉안시설·자연장지의 설치·조성이 제한되는 지역

② 주거지역·상업지역 및 공업지역

③ 수변지역, 「수도법」의 규정에 의한 상수원보호구역. 다만, 봉안시설의 경우에는 그러하지 아니하다.

④ 「산림자원법」에 의한 채종림 등, 시험림 및 특별산림보호구역

⑤ 문화재보호구역, 농업진흥지역, 군사시설보호구역, 접도구역, 사방지

⑥ 붕괴·침수 등으로 인하여 보건위생상 위해를 끼칠 우려가 있는 지역으로써 지방자치단체의 조례가 정하는 지역

⑺ **행정형벌**

① 다음에 해당하는 자는 2년 이하의 징역 또는 2천만원 이하의 벌금에 처한다.
  ㉠ 허가 또는 변경허가를 받지 아니하고 가족묘지, 종중·문중묘지 또는 법인묘지를 설치한 자
  ㉡ 금지구역 안에 묘지·화장시설·봉안시설 또는 자연장지를 설치·조성한 자

② 다음에 해당하는 자는 1년 이하의 징역 또는 1천만원 이하의 벌금에 처한다.
  ㉠ 개인묘지의 면적기준 또는 시설물의 설치기준에 위반하여 분묘·묘지 또는 시설물을 설치한 자
  ㉡ 설치기간이 종료된 분묘에 설치된 시설물을 철거하지 아니하거나 화장 또는 봉안하지 아니한 자
  ㉢ 묘지의 매매·양도·임대·사용계약을 한 자
  ㉣ 허가를 받지 아니하고 개장을 한 자

③ **양벌규정**: 법인의 대표자, 법인 또는 개인의 대리인·고용인 그 밖의 종사자가 그 법인 또는 개인의 업무에 관하여 행정형벌의 위반행위를 한 때에는 행위자를 벌하는 외에 그 법인 또는 개인에 대하여도 각 해당 조의 벌금형을 과한다.

6 「농지법」

(1) 농지의 소유

① **농지의 개념** : '농지'란 전·답, 과수원, 그 밖에 법적 지목(地目)을 불문하고 실제로 농작물 경작지 또는 대통령령으로 정하는 다년생식물 재배지로 이용되는 토지와 이 토지의 개량시설과 이 토지에 설치하는 농축산물 생산의 부지로서 농작물 경작지 등에 해당되는 토지를 말한다.

그러나 ㉠ 지목이 전·답, 과수원이 아닌 토지(지목이 임야인 토지는 제외한다)로서 농작물 경작지 또는 특정다년생식물 재배지로 계속하여 이용되는 기간이 3년 미만인 토지와 ㉡ 지목이 임야인 토지로서 「산지관리법」에 따른 산지전용허가(다른 법률에 따라 산지전용허가가 의제되는 인가·허가·승인 등을 포함한다)를 거치지 아니하고 농작물의 경작 또는 다년생식물의 재배에 이용되는 토지, ㉢ 「초지법」에 따라 조성된 초지는 농지에 해당되지 않는다.

② **농업인의 개념** : 농업에 종사하는 개인을 말한다.

③ **농지의 소유**

㉠ 농지의 소유 제한 : 농지는 원칙적으로 자기의 농업경영에 이용하거나 이용할 자가 아니면 이를 소유하지 못한다. 다만, 아래의 사유가 있는 경우에는 농지를 소유할 수 있는 예외를 두고 있다.

> 1. 국가나 지방자치단체가 농지를 소유하는 경우
> 2. 주말·체험영농(농업인이 아닌 개인이 주말 등을 이용하여 취미생활이나 여가활동으로 농작물을 경작하거나 다년생식물을 재배하는 것을 말한다. 이하 같다)을 하려고 농업진흥지역 외의 농지를 소유하는 경우
> 3. 상속[상속인에게 한 유증(遺贈)을 포함한다. 이하 같다]으로 농지를 취득하여 소유하는 경우
> 4. 8년 이상 농업경영을 하던 사람이 이농(離農)한 후에도 이농 당시 소유하고 있던 농지를 계속 소유하는 경우
> 5. 「농지법」 제34조 제1항에 따른 농지전용허가[다른 법률에 따라 농지전용허가가 의제(擬制)되는 인가·허가·승인 등을 포함한다]를 받거나 동법 제35조 또는 동법 제43조에 따른 농지전용신고를 한 자가 그 농지를 소유하는 경우
> 6. 「농지법」 제34조 제2항에 따른 농지전용협의를 마친 농지를 소유하는 경우

㉡ 농지의 소유 상한

ⓐ 상속으로 농지를 취득한 사람으로서 농업경영을 하지 아니하는 사람은 그 상속 농지 중에서 총 1만m²까지만 소유할 수 있고, 8년 이상 농업경영을 한 후 이농한 사람은 이농 당시 소유 농지 중에서 총 1만m²까지만 소유할 수 있다.

ⓑ 주말·체험영농을 하려는 사람은 세대원 전부가 소유하는 총 면적 1천m² 미만의 농지를 소유할 수 있다.

(2) 농지취득자격증명

① **농지취득자격증명의 의의**: 농지를 취득하려는 자는 관할 시장·구청장·읍장·면장으로부터 농지취득자격증명을 발급받아야 한다.

② **농지취득자격증명이 농지취득의 효력발생 요건인지의 여부**: 「농지법」 제8조 제1항 소정의 농지취득자격증명은 농지를 취득하는 자에게 농지취득의 자격이 있다는 것을 증명하는 것일 뿐 농지취득의 원인이 되는 법률행위의 효력을 발생시키는 요건은 아니므로, 농지에 관한 명의신탁자가 명의신탁을 해지하고 그 반환을 구하는 청구를 하는 경우 수탁자는 신탁자 명의의 농지취득자격증명이 발급되지 아니하였다는 사정을 내세워서 그 청구를 거부할 수 없다(대판 2008.4.1, 2008도1033).

③ **농지취득자격증명 발급이 필요 없는 경우**: 다음의 어느 하나에 해당하면 농지취득자격증명을 발급받지 아니하고 농지를 취득할 수 있다.

> ㉠ 국가, 지방자치단체의 취득
> ㉡ 상속(상속인에 한 유증 포함)에 의한 취득
> ㉢ 담보농지의 취득, 일반 개인이 경락을 받는 경우는 발급대상
> ㉣ 농지전용협의를 완료한 농지의 취득
> ㉤ 농업법인의 합병, 농업법인이 새로이 취득하는 경우는 발급대상
> ㉥ 공유농지의 분할
> ㉦ 시효의 완성
> ㉧ 환매

④ **농지취득자격증명의 발급절차**

㉠ 시·구·읍·면의 장은 신청인이 농지취득자격증명발급요건에 부합되는 경우에는 신청서 접수일부터 7일(농업경영계획서 또는 주말·체험영농계획서를 작성하지 아니하고 농지취득자격증명 발급을 신청하는 경우에는 4일, 농지위원회의 심의 대상인 경우에는 14일) 이내에 자격증명을 발급하여야 한다.

㉡ 농지취득자격증명을 발급받아 농지를 취득한 자가 그 소유권에 관한 등기를 신청할 때에는 농지취득자격증명을 첨부해야 한다.

(3) **농지의 위탁경영**

농지소유자는 다음의 어느 하나에 해당하는 경우 외에는 소유 농지를 위탁경영할 수 없다.

> ① 「병역법」에 따라 징집 또는 소집된 경우
> ② 3개월 이상 국외여행 중인 경우
> ③ 농업법인이 청산 중인 경우

④ 질병, 취학, 선거에 따른 공직 취임, 부상으로 3월 이상의 치료가 필요한 경우, 교도소 · 구치소 또는 보호감호시설에 수용 중인 경우, 임신 중이거나 분만 후 6개월 미만인 경우

⑤ 농지이용증진사업 시행계획에 따라 위탁경영하는 경우

⑥ 농업인이 자기 노동력이 부족하여 농작업의 일부를 위탁하는 경우

(4) 농업경영에 이용되지 아니하는 농지의 처분

① **농지의 처분** : 농지소유자는 다음의 어느 하나에 해당하게 되면, 그 사유가 발생한 날부터 1년 이내에 해당농지를 그 사유가 발생한 날 당시 세대를 같이하는 세대원이 아닌 자에게 처분해야 한다. 시장 · 군수 · 구청장은 해당 농지소유자에게 처분대상 농지, 처분의무기간 등을 구체적으로 밝혀 그 농지를 처분하여야 함을 알려야 한다.

> ㉠ 소유 농지를 자연재해 · 농지개량 · 질병 등 정당한 사유 없이 자기의 농업경영에 이용하지 아니하거나 이용하지 아니하게 되었다고 시장 · 군수 또는 구청장이 인정한 경우
> ㉡ 농지를 소유하고 있는 농업회사법인이 요건에 맞지 아니하게 된 후 3개월이 지난 경우
> ㉢ 농지전용허가 · 신고에 따라 농지를 취득한 자가 그 농지를 해당 목적사업에 이용하지 아니하게 되었다고 시장 · 군수 또는 구청장이 인정한 경우
> ㉣ 주말 · 체험영농을 목적으로 농지를 취득한 자가 정당한 사유 없이 그 농지를 주말 · 체험영농에 이용하지 아니하게 되었다고 시장 · 군수 또는 구청장이 인정한 경우
> ㉤ 농지전용허가 신고에 따라 농지를 취득한 자가 취득한 날부터 2년 이내에 그 목적사업에 착수하지 아니한 경우
> ㉥ 농지 소유 상한을 초과해 농지를 소유한 것이 판명된 경우
> ㉦ 거짓이나 그 밖의 부정한 방법으로 농지취득자격증명을 발급받아 농지를 소유한 것이 판명된 경우
> ㉧ 정당한 사유 없이 농업경영계획서 내용을 이행하지 아니하였다고 시장 · 군수 또는 구청장이 인정한 경우

② **처분명령 및 유예**
　㉠ 시장 · 군수 또는 구청장은 처분의무기간에 처분대상농지를 처분하지 아니한 농지소유자에게 6개월 이내에 그 농지를 처분할 것을 명할 수 있다. 다만, 해당 농지를 자기의 농업경영에 이용하는 경우와 한국농어촌공사와 해당 농지의 매도위탁계약을 체결한 경우에는 3년간 처분명령을 직권으로 유예할 수 있다.
　㉡ 농지소유자가 처분명령 유예기간 중 처분명령유예 사유에 해당하지 아니하게 된 경우에는 지체 없이 유예한 처분명령을 해야 한다.

③ **매수청구** : 처분명령을 받은 농지소유자는 한국농어촌공사에 해당농지의 매수를 청구할 수 있다. 한국농어촌공사의 농지 매수가격은 공시지가를 기준으로 한다. 이 경우 인근지역의 실제 거래가격이 공시지가보다 낮은 경우 실거래가격을 기준으로 매수할 수 있다.

(5) **금지행위**

누구든지 다음 각 호의 어느 하나에 해당하는 행위를 하여서는 아니 된다. 위반한 자는 3년 이하의 징역 또는 3천만원 이하의 벌금에 처한다.

1. 제6조에 따른 농지 소유 제한이나 제7조에 따른 농지 소유 상한에 대한 위반 사실을 알고도 농지를 소유하도록 권유하거나 중개하는 행위
2. 제9조에 따른 농지의 위탁경영 제한에 대한 위반 사실을 알고도 농지를 위탁경영하도록 권유하거나 중개하는 행위
3. 제23조에 따른 농지의 임대차 또는 사용대차 제한에 대한 위반 사실을 알고도 농지 임대차나 사용대차하도록 권유하거나 중개하는 행위
4. 제1호부터 제3호까지의 행위와 그 행위가 행하여지는 업소에 대한 광고 행위

제**4**절 **중개대상물 확인 · 설명서의 작성(주거용 건축물)**

■ 공인중개사법 시행규칙 [별지 제20호 서식] 〈개정 2024. 7. 2.〉 (6쪽 중 제1쪽)

중개대상물 확인 · 설명서[Ⅰ] (주거용 건축물)

(주택 유형 : [　]단독주택　　[　]공동주택　　[　]주거용 오피스텔)

(거래 형태 : [　]매매 · 교환 [　]임대)

확인 · 설명 자료	확인 · 설명 근거자료 등	[　]등기권리증　[　]등기사항증명서　[　]토지대장　[　]건축물대장　[　]지적도 [　]임야도　[　]토지이용계획확인서　　[　]확정일자 부여현황　[　]전입세대확인서 [　]국세납세증명서　[　]지방세납세증명서　[　]그 밖의 자료(　　　　　　　)
	대상물건의 상태에 관한 자료요구 사항	

유의사항	
개업공인중개사의 확인 · 설명 의무	개업공인중개사는 중개대상물에 관한 권리를 취득하려는 중개의뢰인에게 성실 · 정확하게 설명하고, 토지대장 등본, 등기사항증명서 등 설명의 근거자료를 제시해야 합니다.
실제 거래가격 신고	

Ⅰ. 개업공인중개사 기본 확인사항

① 대상물건 의 표시	토 지	소재지				
		면적(m²)		지 목	공부상 지목	
					실제 이용 상태	
	건축물	전용면적(m²)			대지지분(m²)	
		준공년도 (증개축년도)		용 도	건축물대장상 용도	
					실제 용도	
		구 조		방 향		(기준:　　　　)
		내진설계 적용여부		내진능력		
		건축물대장상 위반건축물 여부	[　]위반 [　]적법	위반내용		

② 권리관계	등기부 기재사항	소유권에 관한 사항		소유권 외의 권리사항	
		토 지		토 지	
		건축물		건축물	

③ 토지이용계획, 공법상 이용제한 및 거래규제에 관한 사항 (토지)	지역 · 지구	용도지역		건폐율 상한	용적률 상한
		용도지구		%	%
		용도구역			
	도시 · 군계획 시설	허가 · 신고 구역 여부	[　]토지거래허가구역		
		투기지역 여부	[　]토지투기지역 [　]주택투기지역 [　]투기과열지구		
	지구단위계획구역, 그 밖의 도시 · 군관리계획		그 밖의 이용제한 및 거래규제사항		

④ 임대차 확인사항	확정일자 부여현황 정보	[ ] 임대인 자료 제출 [ ] 열람 동의	[ ] 임차인 권리 설명
	국세 및 지방세 체납정보	[ ] 임대인 자료 제출 [ ] 열람 동의	[ ] 임차인 권리 설명
	전입세대 확인서	[ ] 확인(확인서류 첨부) [ ] 미확인(열람·교부 신청방법 설명) [ ] 해당 없음	

④ 임대차 확인사항	최우선변제금	소액임차인범위: 만원 이하 최우선변제금액: 만원 이하		
	민간임대 등록여부	등록	[ ] 장기일반민간임대주택 [ ] 공공지원민간임대주택 [ ] 그 밖의 유형( )	[ ] 임대보증금 보증 설명
			임대의무기간 임대개시일	
	미등록 [ ]			
	계약갱신 요구권 행사 여부	[ ] 확인(확인서류 첨부) [ ] 미확인 [ ] 해당 없음		

개업공인중개사가 "④ 임대차 확인사항"을 임대인 및 임차인에게 설명하였음을 확인함	임대인	(서명 또는 날인)
	임차인	(서명 또는 날인)
	개업공인중개사	(서명 또는 날인)
	개업공인중개사	(서명 또는 날인)

※ 민간임대주택의 임대사업자는 「민간임대주택에 관한 특별법」 제49조에 따라 임대보증금에 대한 보증에 가입해야 합니다.
※ 임차인은 주택도시보증공사(HUG) 등이 운영하는 전세보증금반환보증에 가입할 것을 권고합니다.
※ 임대차 계약 후 「부동산 거래신고 등에 관한 법률」 제6조의2에 따라 30일 이내 신고해야 합니다(신고시 확정일자 자동부여).
※ 최우선변제금은 근저당권 등 선순위 담보물권 설정 당시의 소액임차인범위 및 최우선변제금액을 기준으로 합니다.

⑤ 입지조건	도로와의 관계	(m × m)도로에 접함 [ ]포장 [ ]비포장		접근성	[ ]용이함 [ ]불편함	
	대중교통	버스	( ) 정류장,	소요시간: ([ ]도보 [ ]차량) 약 분		
		지하철	( ) 역,	소요시간: ([ ]도보 [ ]차량) 약 분		
	주차장	[ ] 없음 [ ] 전용주차시설 [ ] 공동주차시설 [ ]그 밖의 주차시설 ( )				
	교육시설	초등학교	( ) 학교,	소요시간: ([ ]도보 [ ]차량) 약 분		
		중학교	( ) 학교,	소요시간: ([ ]도보 [ ]차량) 약 분		
		고등학교	( ) 학교,	소요시간: ([ ]도보 [ ]차량) 약 분		

⑥ 관리에 관한 사항	경비실	[ ]있음 [ ]없음	관리주체	[ ]위탁관리 [ ]자체관리 [ ]그 밖의 유형
	관리비	관리비 금액: 총 원 관리비 포함 비목: [ ] 전기료 [ ] 수도료 [ ] 가스사용료 [ ] 난방비 [ ] 인터넷 사용료 [ ] TV 수신료 [ ] 그 밖의 비목( ) 관리비 부과방식: [ ] 임대인이 직접 부과 [ ] 관리규약에 따라 부과 [ ] 그 밖의 부과 방식( )		

⑦ 비선호시설(1km 이내)	[ ]없음 [ ]있음 (종류 및 위치:)

⑧ 거래예정금액 등	거래예정금액			
	개별공시지가(m²당)		건물(주택) 공시가격	

⑨ 취득 시 부담할 조세의 종류 및 세율	취득세	%	농어촌특별세	%	지방교육세	%
	※ 재산세와 종합부동산세는 6월 1일 기준으로 대상물건 소유자가 납세의무를 부담합니다.					

Ⅱ. 개업공인중개사 세부 확인사항

⑩ 실제 권리관계 또는 공시되지 않은 물건의 권리 사항

⑪ 내부·외부 시설물의 상태 (건축물)	수 도	파손 여부	[ ]없음　　　　[ ]있음 (위치:　　　　　　　)	
		용수량	[ ]정상　　　　[ ]부족함 (위치:　　　　　　　)	
	전 기	공급상태	[ ]정상　　　　[ ]교체 필요 (교체할 부분:　　　　)	
	가스(취사용)	공급방식	[ ]도시가스　　[ ]그 밖의 방식 (　　　　　　　)	
	소 방	단독경보형 감지기	[ ]없음 [ ]있음(수량:　　개)	※「소방시설 설치 및 관리에 관한 법률」제10조 및 같은 법 시행령 제10조에 따른 주택용 소방시설로서 아파트(주택으로 사용하는 층수가 5개층 이상인 주택을 말한다)를 제외한 주택의 경우만 적습니다.
	난방방식 및 연료공급	공급방식	[ ]중앙공급 [ ]개별공급 [ ]지역난방	시설 작동 : [ ]정상[ ]수선 필요 (　　　　) ※ 개별 공급인 경우 사용연한 (　　　　) [ ] 확인불가
		종류	[ ]도시가스　[ ]기름　[ ]프로판가스　[ ]연탄 [ ]그 밖의 종류 (　　　　　)	
	승강기	[ ]있음 ([ ]양호 [ ]불량)　[ ]없음		
	배 수	[ ]정상 [ ]수선 필요 (　　　　　　　　　　　)		
	그 밖의 시설물			

⑫ 벽면· 바닥면 및 도배 상태	벽 면	균열	[ ]없음　　[ ]있음 (위치:　　　　　　)
		누수	[ ]없음　　[ ]있음 (위치:　　　　　　)
	바닥면	[ ]깨끗함　　[ ]보통임　　[ ]수리 필요 (위치:　　　)	
	도 배	[ ]깨끗함　　[ ]보통임　　[ ]도배 필요	

⑬ 환경조건	일조량	[ ]풍부함　　[ ]보통임　　[ ]불충분 (이유:　　　　)	
	소 음	[ ]아주 작음 [ ]보통임 [ ]심한 편임	진동 : [ ]아주 작음[ ]보통임 [ ]심한 편임

⑭ 현장안내	현장안내자	[ ]개업공인중개사 [ ]소속공인중개사 [ ]중개보조원(신분고지 여부 : [ ] 예 [ ] 아니오) [ ]해당 없음

※ "중개보조원"이란 공인중개사가 아닌 사람으로서 개업공인중개사에 소속되어 중개대상물에 대한 현장안내 및 일반서무 등 개업공인중개사의 중개업무와 관련된 단순한 업무를 보조하는 사람을 말합니다.

※ 중개보조원은 「공인중개사법」 제18조의4에 따라 현장안내 등 중개업무를 보조하는 경우 중개의뢰인에게 본인이 중개보조원이라는 사실을 미리 알려야 합니다.

(6쪽 중 제4쪽)

Ⅲ. 중개보수 등에 관한 사항

⑮ 중개보수 및 실비의 금액과 산출내역	중개보수		＜산출내역＞ 중개보수 : 실 비 : ※ 중개보수는 시·도 조례로 정한 요율한도에서 중개의뢰인과 개업공인중개사가 서로 협의하여 결정하며 부가가치세는 별도로 부과될 수 있습니다.
	실 비		
	계		
	지급시기		

「공인중개사법」 제25조 제3항 및 제30조 제5항에 따라 거래당사자는 개업공인중개사로부터 위 중개대상물에 관한 확인·설명 및 손해배상책임의 보장에 관한 설명을 듣고, 같은 법 시행령 제21조 제3항에 따른 본 확인·설명서와 같은 법 시행령 제24조 제2항에 따른 손해배상책임 보장 증명서류(사본 또는 전자문서)를 수령합니다.

년   월   일

매도인 (임대인)	주소		성명	(서명 또는 날인)
	생년월일		전화번호	
매수인 (임차인)	주소		성명	(서명 또는 날인)
	생년월일		전화번호	
개업 공인중개사	등록번호		성명(대표자)	(서명 및 날인)
	사무소 명칭		소속공인중개사	(서명 및 날인)
	사무소 소재지		전화번호	
개업 공인중개사	등록번호		성명(대표자)	(서명 및 날인)
	사무소 명칭		소속공인중개사	(서명 및 날인)
	사무소 소재지		전화번호	

작성방법(주거용 건축물)

〈작성일반〉

1. "[　]"있는 항목은 해당하는 "[　]"안에 √로 표시합니다.
2. 세부항목 작성 시 해당 내용을 작성란에 모두 작성할 수 없는 경우에는 별지로 작성하여 첨부하고, 해당란에는 "별지 참고"라고 적습니다.

〈세부항목〉

1. 「확인·설명자료」 항목의 "확인·설명 근거자료 등"에는 개업공인중개사가 확인·설명 과정에서 제시한 자료를 적으며, "대상물건의 상태에 관한 자료요구 사항"에는 매도(임대)의뢰인에게 요구한 사항 및 그 관련 자료의 제출 여부와 ⑩ 실제 권리관계 또는 공시되지 않은 물건의 권리사항부터 ⑬ 환경조건까지의 항목을 확인하기 위한 자료의 요구 및 그 불응 여부를 적습니다.
2. ① 대상물건의 표시부터 ⑨ 취득시 부담할 조세의 종류 및 세율까지는 개업공인중개사가 확인한 사항을 적어야 합니다.
3. ① 대상물건의 표시는 토지대장 및 건축물대장 등을 확인하여 적고, 건축물의 방향은 주택의 경우 거실이나 안방 등 주실(主室)의 방향을, 그 밖의 건축물은 주된 출입구의 방향을 기준으로 남향, 북향 등 방향을 적고 방향의 기준이 불분명한 경우 기준(예: 남동향 – 거실 앞 발코니 기준)을 표시하여 적습니다.
4. ② 권리관계의 "등기부 기재사항"은 등기사항증명서를 확인하여 적습니다.
   가. 대상물건에 신탁등기가 되어 있는 경우에는 수탁자 및 신탁물건(신탁원부 번호)임을 적고, 신탁원부 약정사항에 명시된 대상물건에 대한 임대차계약의 요건(수탁자 및 수익자의 동의 또는 승낙, 임대차계약 체결의 당사자, 그 밖의 요건 등)을 확인하여 그 요건에 따라 유효한 임대차계약을 체결할 수 있음을 설명(신탁원부 교부 또는 ⑩ 실제 권리관계 또는 공시되지 않은 물건의 권리사항에 주요 내용을 작성)해야 합니다.
   나. 대상물건에 공동담보가 설정되어 있는 경우에는 공동담보 목록 등을 확인하여 공동담보의 채권최고액 등 해당 중개물건의 권리관계를 명확히 적고 설명해야 합니다.
   ※ 예를 들어, 다세대주택 건물 전체에 설정된 근저당권 현황을 확인·제시하지 않으면서, 계약대상 물건이 포함된 일부 호실의 공동담보 채권최고액이 마치 건물 전체에 설정된 근저당권의 채권최고액인 것처럼 중개의뢰인을 속이는 경우에는 「공인중개사법」 위반으로 형사처벌 대상이 될 수 있습니다.
5. ③ 토지이용계획, 공법상 이용제한 및 거래규제에 관한 사항(토지)의 "건폐율 상한 및 용적률 상한"은 시·군의 조례에 따라 적고, "도시·군계획시설", "지구단위계획구역, 그 밖의 도시·군관리계획"은 개업공인중개사가 확인하여 적으며, "그 밖의 이용제한 및 거래규제사항"은 토지이용계획확인서의 내용을 확인하고, 공부에서 확인할 수 없는 사항은 부동산종합공부시스템 등에서 확인하여 적습니다(임대차의 경우에는 생략할 수 있습니다).
6. ④ 임대차 확인사항은 다음 각 목의 구분에 따라 적습니다.
   가. 「주택임대차보호법」 제3조의7에 따라 임대인이 확정일자 부여일, 차임 및 보증금 등 정보(확정일자 부여 현황 정보) 및 국세 및 지방세 납세증명서(국세 및 지방세 체납 정보)의 제출 또는 열람 동의로 갈음했는지 구분하여 표시하고, 「공인중개사법」 제25조의3에 따른 임차인의 권리에 관한 설명 여부를 표시합니다.
   나. 임대인이 제출한 전입세대 확인서류가 있는 경우에는 확인에 √로 표시를 한 후 설명하고, 없는 경우에는 미확인에 √로 표시한 후 「주민등록법」 제29조의2에 따른 전입세대확인서의 열람·교부 방법에 대해 설명합니다(임대인이 거주하는 경우이거나 확정일자 부여현황을 통해 선순위의 모든 세대가 확인되는 경우 등에는 '해당 없음'에 √로 표시합니다).
   다. 최우선변제금은 「주택임대차보호법 시행령」 제10조(보증금 중 일정액의 범위 등) 및 제11조(우선변제를 받을 임차인의 범위)를 확인하여 각각 적되, 근저당권 등 선순위 담보물권이 설정되어 있는 경우 선순위 담보물권 설정 당시의 소액임차인범위 및 최우선변제금액을 기준으로 적어야 합니다.
   라. "민간임대 등록여부"는 대상물건이 「민간임대주택에 관한 특별법」에 따라 등록된 민간임대주택인지 여부를 같은 법 제60조에 따른 임대주택정보체계에 접속하여 확인하거나 임대인에게 확인하여 "[　]"안에 √로 표시하고, 민간임대주택인 경우 같은 법에 따른 권리·의무사항을 임대인 및 임차인에게 설명해야 합니다.

> ※ 민간임대주택은 「민간임대주택에 관한 특별법」 제5조에 따른 임대사업자가 등록한 주택으로서, 임대인과 임차인 간 임대차계약(재계약 포함) 시에는 다음의 사항이 적용됩니다.
> - 「민간임대주택에 관한 특별법」 제44조에 따라 임대의무기간 중 임대료 증액청구는 5퍼센트의 범위에서 주거비 물가지수, 인근 지역의 임대료 변동률 등을 고려하여 같은 법 시행령으로 정하는 증액비율을 초과하여 청구할 수 없으며, 임대차계약 또는 임대료 증액이 있은 후 1년 이내에는 그 임대료를 증액할 수 없습니다.
> - 「민간임대주택에 관한 특별법」 제45조에 따라 임대사업자는 임차인이 의무를 위반하거나 임대차를 계속하기 어려운 경우 등에 해당하지 않으면 임대의무기간 동안 임차인과의 계약을 해제·해지하거나 재계약을 거절할 수 없습니다.

마. "계약갱신요구권 행사여부"는 대상물건이 「주택임대차보호법」의 적용을 받는 주택으로서 임차인이 있는 경우 매도인(임대인)으로부터 계약갱신요구권 행사 여부에 관한 사항을 확인할 수 있는 서류를 받으면 "확인"에 √로 표시하여 해당 서류를 첨부하고, 서류를 받지 못한 경우 "미확인"에 √로 표시하며, 임차인이 없는 경우에는 "해당 없음"에 √로 표시합니다. 이 경우 개업공인중개사는 「주택임대차보호법」에 따른 임대인과 임차인의 권리·의무사항을 매수인에게 설명해야 합니다.

7. ⑥ 관리비는 직전 1년간 월평균 관리비 등을 기초로 산출한 총 금액을 적되, 관리비에 포함되는 비목들에 대해서는 해당하는 곳에 √로 표시하며, 그 밖의 비목에 대해서는 √로 표시한 후 비목 내역을 적습니다. 관리비 부과방식은 해당하는 곳에 √로 표시하고, 그 밖의 부과방식을 선택한 경우에는 그 부과방식에 대해서 작성해야 합니다. 이 경우 세대별 사용량을 계량하여 부과하는 전기료, 수도료 등 비목은 실제 사용량에 따라 금액이 달라질 수 있고, 이에 따라 총 관리비가 변동될 수 있음을 설명해야 합니다.

8. ⑦ 비선호시설(1km 이내)의 "종류 및 위치"는 대상물건으로부터 1km 이내에 사회통념상 기피 시설인 화장장·봉안당·공동묘지·쓰레기처리장·쓰레기소각장·분뇨처리장·하수종말처리장 등의 시설이 있는 경우, 그 시설의 종류 및 위치를 적습니다.

9. ⑧ 거래예정금액 등의 "거래예정금액"은 중개가 완성되기 전 거래예정금액을, "개별공시지가(m²당)" 및 "건물(주택)공시가격"은 중개가 완성되기 전 공시된 공시지가 또는 공시가격을 적습니다[임대차의 경우에는 "개별공시지가(m²당)" 및 "건물(주택)공시가격"을 생략할 수 있습니다].

10. ⑨ 취득시 부담할 조세의 종류 및 세율은 중개가 완성되기 전 「지방세법」의 내용을 확인하여 적습니다(임대차의 경우에는 제외합니다).

11. ⑩ 실제 권리관계 또는 공시되지 않은 물건의 권리 사항은 매도(임대)의뢰인이 고지한 사항(법정지상권, 유치권, 「주택임대차보호법」에 따른 임대차, 토지에 부착된 조각물 및 정원수, 계약 전 소유권 변동 여부, 도로의 점용허가 여부 및 권리·의무 승계 대상 여부 등)을 적습니다. 「건축법 시행령」 별표 1 제2호에 따른 공동주택(기숙사는 제외합니다) 중 분양을 목적으로 건축되었으나 분양되지 않아 보존등기만 마쳐진 상태인 공동주택에 대해 임대차계약을 알선하는 경우에는 이를 임차인에게 설명해야 합니다.

※ 임대차계약의 경우 현재 존속 중인 임대차의 임대보증금, 월 단위의 차임액, 계약기간 및 임대차 계약의 장기수선충당금의 처리 등을 확인하여 적습니다. 그 밖에 경매 및 공매 등의 특이사항이 있는 경우 이를 확인하여 적습니다.

12. ⑪ 내부·외부 시설물의 상태(건축물), ⑫ 벽면·바닥면 및 도배 상태와 ⑬ 환경조건은 중개대상물에 대해 개업공인중개사가 매도(임대)의뢰인에게 자료를 요구하여 확인한 사항을 적고, ⑪ 내부·외부 시설물의 상태(건축물)의 "그 밖의 시설물"은 가정자동화 시설(Home Automation 등 IT 관련 시설)의 설치 여부를 적습니다.

13. ⑮ 중개보수 및 실비는 개업공인중개사와 중개의뢰인이 협의하여 결정한 금액을 적되 "중개보수"는 거래예정금액을 기준으로 계산하고, "산출내역(중개보수)"은 "거래예정금액(임대차의 경우에는 임대보증금 + 월 단위의 차임액 × 100) × 중개보수 요율"과 같이 적습니다. 다만, 임대차로서 거래예정금액이 5천만원 미만인 경우에는 "임대보증금 + 월 단위의 차임액 × 70"을 거래예정금액으로 합니다.

14. 공동중개 시 참여한 개업공인중개사(소속공인중개사를 포함합니다)는 모두 서명·날인해야 하며, 2명을 넘는 경우에는 별지로 작성하여 첨부합니다.

제5절 **부동산거래 전자계약시스템**

(1) 부동산 전자계약서 작성

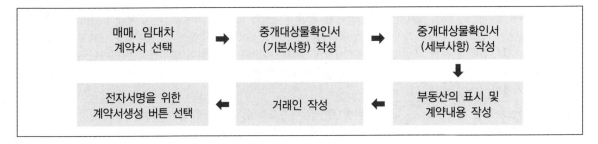

(2) 부동산 전자계약의 혜택

① 국 민

  ㉠ 공인중개사 신분확인 철저, 무자격·무등록 불법 중개행위 차단

  ㉡ 언제 어디서나 계약체결(고객중심)

  ㉢ 자동연계로 민원 첨부서류 최소화

  ㉣ 실거래 자동화 및 안심거래 담보

  ㉤ 정부책임의 개인정보보호 확실

  ㉥ 신청, 방문 없이 확정일자 무료 자동부여

② 기 업

  ㉠ 정보통합으로 처리비용 절감

  ㉡ 계약서 진본 확인, 부실한 계약 차단

  ㉢ 종이계약서 보관 불필요

  ㉣ 보증, 금융 및 ICT 융복합 산업 발달

③ 정 부

  ㉠ 불법 부동산 중개행위 차단

  ㉡ 다운, 이중계약 등 탈법행위 근절

  ㉢ 분쟁 예방 및 생산적 거래 정보 축적

  ㉣ 실시간 DB 융·복합 및 공유 가능

거래계약체결 후의 절차

제1절 │ **부동산 실권리자명의 등기에 관한 법률**

1 의 의

"명의신탁약정"이라 함은 부동산에 관한 소유권 그 밖의 물권(이하 "부동산에 관한 물권"이라 한다)을 보유한 자 또는 사실상 취득하거나 취득하려고 하는 자(이하 "실권리자"라 한다)가 타인과의 사이에서 대내적으로는 실권리자가 부동산에 관한 물권을 보유하거나 보유하기로 하고 그에 관한 등기(가등기를 포함한다. 이하 같다)는 그 타인의 명의로 하기로 하는 약정(위임·위탁매매의 형식에 의하거나 추인에 의한 경우를 포함한다)을 말한다. 다만, 다음의 경우를 제외한다.

① 채무의 변제를 담보하기 위하여 채권자가 부동산에 관한 물권을 이전받거나 가등기하는 경우

② 부동산의 위치와 면적을 특정하여 2인 이상이 구분소유하기로 하는 약정을 하고 그 구분소유자의 공유로 등기하는 경우

③ 「신탁법」 또는 「자본시장과 금융투자업에 관한 법률」에 따른 신탁재산인 사실을 등기한 경우

2 실권리자명의 등기의무

누구든지 부동산에 관한 물권을 명의신탁약정에 따라 명의수탁자의 명의로 등기하여서는 아니 된다. 채무의 변제를 담보하기 위하여 채권자가 부동산에 관한 물권을 이전받는 경우에는 채무자·채권금액 및 채무변제를 위한 담보라는 뜻이 기재된 서면을 등기신청서와 함께 등기관에게 제출해야 한다.

3 명의신탁약정의 효력

명의신탁약정은 무효로 한다. 명의신탁약정에 따라 행하여진 등기에 의한 부동산에 관한 물권변동은 무효로 한다. 다만, 부동산에 관한 물권을 취득하기 위한 계약에서 명의수탁자가 그 일방당사자가 되고 그 타방당사자는 명의신탁약정이 있다는 사실을 알지 못한 경우에는 그러하지 아니하다. 명의신탁약정의 무효와 물권변동의 무효는 제3자에게 대항하지 못한다.

(1) 등기명의신탁

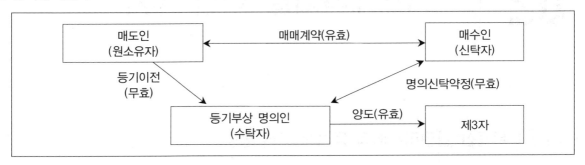

(2) 계약명의신탁

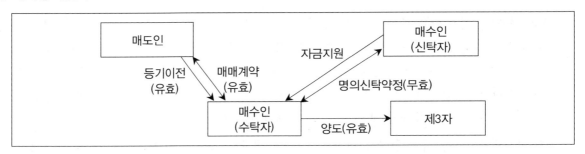

▷ 등기명의신탁과 계약명의신탁의 비교

구 분	등기명의신탁		계약명의신탁
	이전형 명의신탁	중간생략형 명의신탁	
명의신탁약정의 효력	무효	무효	무효
물권변동의 효력	무효	무효	유효
소유권의 귀속	신탁자	매도인	수탁자
수탁부동산의 반환청구	가능(명의회복)	가능(매도인 대위)	불가능
수탁자의 횡령죄	불성립	불성립	불성립
제3자 보호	선의 · 악의를 불문하고 보호		

4 종중 및 배우자에 대한 특례

종중이 보유한 부동산에 관한 물권을 종중(종중과 그 대표자를 같이 표시하여 등기한 경우를 포함한다) 외의 자의 명의로 등기한 경우와 배우자 명의로 부동산에 관한 물권을 등기한 경우에 해당하는 경우로 서 조세포탈, 강제집행의 면탈 또는 법령상 제한의 회피를 목적으로 하지 아니하는 경우에는 과징금, 이행강제금, 벌칙이 적용되지 아니하며 명의신탁약정과 그에 따른 물권변동은 유효가 된다.

5 제 재

(1) 벌 칙

① **5년 이하의 징역 또는 2억원 이하의 벌금**: 명의신탁약정의 금지에 위반한 명의신탁자

② **3년 이하의 징역 또는 1억원 이하의 벌금**: 명의수탁자

(2) 과징금

명의신탁자·장기미등기자·기존 명의신탁자에게 해당 부동산 가액의 30%에 해당하는 금액의 범위 내에서 과징금을 부과한다.

(3) 이행강제금

과징금을 부과 받은 명의신탁자는 지체 없이 자신의 명의로 등기하여야 하는데, 이를 위반한 경우에는 다음의 금액이 부과된다.

① **과징금 부과일로부터 1년 경과**: 부동산 평가액의 100분의 10(10%)을 부과한다.

② **과징금 부과일로부터 2년 경과**: 부동산 평가액의 100분의 20(20%)을 부과한다.

제2절 주택임대차보호법

1 적용범위

(1) 주거용 건물(이하 "주택"이라 한다)의 전부 또는 일부의 임대차에 관하여 이를 적용한다. 그 임차주택의 일부가 주거 외의 목적으로 사용되는 경우에도 또한 같다.

(2) 주택의 등기하지 아니한 전세계약에 관하여 이를 준용한다. 이 경우 '전세금'은 '임대차의 보증금'으로 본다.

(3) 이 법은 일시사용을 위한 임대차임이 명백한 경우에는 이를 적용하지 아니한다.

(4) 일정한 조건을 갖춘 법인이 임차인인 경우에도 적용된다(한국토지주택공사 또는 주택사업을 목적으로 설립된 지방공사, 중소기업).

2 존속기간 보장

(1) 임대차 기간

기간을 정하지 아니하거나 2년 미만으로 정한 임대차는 그 기간을 2년으로 본다(동법 제4조 제1항). 다만, 임차인은 2년 미만으로 정한 기간이 유효함을 주장할 수 있다(동법 제4조 제1항 단서). 임대차기간이 끝난 경우에도 임차인이 보증금을 반환받을 때까지는 임대차관계가 존속되는 것으로 본다(동법 제4조 제2항).

(2) 묵시적 갱신

① 묵시적 갱신의 의의

㉠ 임대인이 임대차기간이 끝나기 6개월 전부터 2개월 전까지의 기간에 임차인에게 갱신거절의 통지를 하지 아니하거나 계약조건을 변경하지 아니하면 갱신하지 아니한다는 뜻의 통지를 하지 아니한 경우에는 그 기간이 끝난 때에 전 임대차와 동일한 조건으로 다시 임대차한 것으로 본다(동법 제6조 제1항).

㉡ 임차인이 임대차기간이 끝나기 2개월 전까지 통지하지 아니한 경우에도 또한 같다(동법 제6조 제1항).

㉢ 임차인이 2기의 차임액에 달하도록 차임을 연체하거나 그 밖에 임차인으로서의 의무를 현저히 위반한 임차인에 대하여는 이를 적용하지 아니한다(동법 제6조 제3항).

② 묵시적으로 갱신된 경우 임대차의 존속기간: 묵시적 갱신이 된 경우에 임대차의 존속기간은 2년으로 본다(동법 제6조 제2항). 이 경우에 계약이 묵시적으로 갱신된 경우 임차인은 언제든지 임대인에게 계약해지를 통지할 수 있다(동법 제6조의2 제1항). 임차인의 계약해지통지는 임대인이 그 통지를 받은 날부터 3개월이 지나면 그 효력이 발생한다(동법 제6조의2 제2항).

(3) 차임 등의 증감청구권

① 당사자는 약정한 차임이나 보증금이 임차주택에 관한 조세, 공과금, 그 밖의 부담의 증감이나 경제사정의 변동으로 인하여 적절하지 아니하게 된 때에는 장래에 대하여 그 증감을 청구할 수 있다.

② 이 경우 증액청구는 임대차계약 또는 약정한 차임이나 보증금의 증액이 있은 후 1년 이내에는 하지 못한다.

③ 증액청구는 약정한 차임이나 보증금의 20분의 1의 금액을 초과하지 못한다. 다만, 특별시 · 광역시 · 특별자치시 · 도 및 특별자치도는 관할 구역 내의 지역별 임대차 시장 여건 등을 고려하여 본문의 범위에서 증액청구의 상한을 조례로 달리 정할 수 있다.

(4) 계약갱신요구권

① 묵시적 갱신에도 불구하고 임대인은 임차인이 임대차기간이 끝나기 6개월 전부터 2개월 전까지의 기간 이내에 계약갱신을 요구할 경우 정당한 사유 없이 거절하지 못한다.

다만, 다음의 어느 하나에 해당하는 경우에는 그러하지 아니하다.

1. 임차인이 2기의 차임액에 해당하는 금액에 이르도록 차임을 연체한 사실이 있는 경우
2. 임차인이 거짓이나 그 밖의 부정한 방법으로 임차한 경우
3. 서로 합의하여 임대인이 임차인에게 상당한 보상을 제공한 경우
4. 임차인이 임대인의 동의 없이 목적 주택의 전부 또는 일부를 전대(轉貸)한 경우
5. 임차인이 임차한 주택의 전부 또는 일부를 고의나 중대한 과실로 파손한 경우
6. 임차한 주택의 전부 또는 일부가 멸실되어 임대차의 목적을 달성하지 못할 경우
7. 임대인이 다음 각 목의 어느 하나에 해당하는 사유로 목적 주택의 전부 또는 대부분을 철거하거나 재건축하기 위하여 목적 주택의 점유를 회복할 필요가 있는 경우
    ① 임대차계약 체결 당시 공사시기 및 소요기간 등을 포함한 철거 또는 재건축 계획을 임차인에게 구체적으로 고지하고 그 계획에 따르는 경우
    ② 건물이 노후·훼손 또는 일부 멸실되는 등 안전사고의 우려가 있는 경우
    ③ 다른 법령에 따라 철거 또는 재건축이 이루어지는 경우
8. 임대인(임대인의 직계존속·직계비속을 포함한다)이 목적 주택에 실제 거주하려는 경우
9. 그 밖에 임차인이 임차인으로서의 의무를 현저히 위반하거나 임대차를 계속하기 어려운 중대한 사유가 있는 경우

② **갱신횟수 및 기간**
　㉠ 임차인은 계약갱신요구권을 1회에 한하여 행사할 수 있다.
　㉡ 갱신되는 임대차의 존속기간은 2년으로 본다.

③ **갱신되는 임대차 효력**
　㉠ 갱신되는 임대차는 전 임대차와 동일한 조건으로 다시 계약된 것으로 본다. 다만, 차임과 보증금은 증감할 수 있다.
　㉡ 증액청구는 약정한 차임이나 보증금의 20분의 1의 금액을 초과하지 못한다. 다만, 특별시·광역시·특별자치시·도 및 특별자치도는 관할구역 내의 지역별 임대차 시장 여건 등을 고려하여 본문의 범위에서 증액청구의 상한을 조례로 달리 정할 수 있다.

④ **갱신된 임대차의 해지** : 계약이 갱신된 경우 임차인은 언제든지 임대인에게 계약해지를 통지할 수 있다. 임대인이 그 통지를 받은 날부터 3개월이 지나면 그 효력이 발생한다.

⑤ **임대인의 갱신거절에 따른 손해배상**
　㉠ 임대인이 임대인(임대인의 직계존속·직계비속을 포함한다)이 목적 주택에 실제 거주하려는 경우에 해당되어 계약갱신을 거절하였음에도 불구하고 갱신요구가 거절되지 아니하였더라면 갱신되었을 기간이 만료되기 전에 정당한 사유 없이 제3자에게 목적 주택을 임대한 경우 임대인은 갱신거절로 인하여 임차인이 입은 손해를 배상해야 한다.
　㉡ 손해배상액은 거절 당시 당사자 간에 손해배상액의 예정에 관한 합의가 이루어지지 않는 한 다음 각 호의 금액 중 큰 금액으로 한다.

> 1. 갱신거절 당시 월차임(환산월차임)의 3개월분에 해당하는 금액
> 2. 임대인이 제3자에게 임대하여 얻은 환산월차임과 갱신거절 당시 환산월차임 간 차액의 2년분에 해당하는 금액
> 3. 갱신거절로 인하여 임차인이 입은 손해액

③ 대항력

(1) 주택임대차는 그 등기가 없는 경우에도 임차인이 주택의 인도와 주민등록을 마친 때에는 그 다음 날부터 제3자에 대하여 효력이 생긴다. 이 경우 전입신고를 한 때에 주민등록이 된 것으로 본다.

> **┃ 핵심다지기 ┃**
>
> 1. 다가구주택인 경우에 지번까지만 전입신고를 하면 대항력이 인정된다.
> 2. 다세대주택인 경우에 동과 호수까지 정확하게 전입신고가 되어야 대항력이 인정된다.
> 3. 다가구주택이 다세대주택으로 전환된 경우에는 주소정정을 하지 않아도 대항력이 인정된다.
> 4. 대항력을 유지하기 위한 요건으로서의 주민등록은 임차인뿐만 아니라 그 자녀의 주민등록도 유효하다.
> 5. 임차인이 전입신고를 올바르게 하고 입주했으나 공무원이 착오로 지번을 잘못 기재하였다면 대항력이 인정된다.
> 6. 임차인이 전입신고를 잘못한 경우에는 대항력이 인정되지 않는다.
> 7. 임차인이 공무원의 도움으로 전입신고를 잘못한 경우에는 대항력이 인정되지 않는다.
> 8. 주민등록이 직권말소된 경우에는 대항력이 인정되지 않는다.
> 9. 분양계약(매매계약)이 해제된 경우에 해제되기 전에 임차인이 대항력을 갖추고 있으면 임차인은 분양권자의 명도청구에 대항할 수 있다.
> 10. 임차인이 별도로 전세권설정등기를 마쳤고 세대원 전원이 다른 곳으로 이사를 가면 「주택임대차보호법」상의 대항력은 상실된다.
> 11. 임차인이 주택을 사용수익하려는 것이 아니라 소액임차인으로서 보호받아 채권을 회수하려는 목적인 경우에는 대항력이 인정되지 않는다.

(2) 임차주택의 양수인(기타 임대할 권리를 승계한 자를 포함한다)은 임대인의 지위를 승계한 것으로 본다.

④ 보증금 보장

(1) **최우선변제권**

① **요건**: 대항력(주택의 인도 + 전입신고) = 익일(00:00시)부터

이 경우에 임차인은 주택에 대한 경매신청의 등기 전에 대항력의 요건을 갖추어야 한다.

② **효력**: 다른 담보물권자(선순위 담보물권자)보다 우선하여 변제받을 권리가 있다.

③ **범위**: 보증금 중 일정액
  ㉠ 소액보증금의 범위(2021. 5. 11.부터 적용)

시행일자	지 역	최우선변제액
2021. 5. 11.부터	서울특별시	1억 6천 500만원 이하 임차인 중 5,500만원
	과밀억제권역(서울시 제외), 세종특별자치시, 용인시, 화성시 및 김포시	1억 4천 500만원 이하 임차인 중 4,800만원
	광역시(과밀억제권역에 포함된 지역과 군지역 제외), 안산시, 광주시, 파주시, 이천시 및 평택시	8,500만원 이하 임차인 중 2,800만원
	그 밖의 지역	7,500만원 이하 임차인 중 2,500만원

  ㉡ 소액보증금 적용의 시점: 최선순위 담보물권이 설정된 시점
    ⓐ 「주택임대차보호법」(1989. 12. 30. 법률 제4188호) 부칙 제3항에 의하면 이 법 시행 전에 임대주택에 대하여 담보물권을 취득한 자에 대하여는 종전의 규정에 의한다고 규정하고 있어 현행법 시행 전에 부동산에 대하여 근저당권을 취득한 자에 대한 관계에 있어서는 구 「주택임대차보호법」에 따라 소액임차인에 해당하는지 여부를 가려야 한다(대판 1993.9.14, 92다49539).
    ⓑ 임차주택에는 건물 뿐만 아니라, 그 부지도 포함하는 것으로 봄이 상당하다(대판 2000. 3.15, 99마4499).
  ㉢ 임차인의 보증금 중 일정액이 주택의 가액의 2분의 1을 초과하는 경우에는 주택의 가액의 2분의 1에 해당하는 금액에 한하여 최우선 변제권이 있다.
  ㉣ 하나의 주택에 임차인이 2인 이상이고, 그 각 보증금 중 일정액의 합산액이 주택의 가액의 2분의 1을 초과하는 경우에는 그 각 보증금 중 일정액의 합산액에 대한 각 임차인의 보증금 중 일정액의 비율로 그 주택의 가액의 2분의 1에 해당하는 금액을 분할한 금액을 각 임차인의 보증금 중 일정액으로 본다.
  ㉤ 하나의 주택에 임차인이 2인 이상이고 이들이 그 주택에서 가정공동생활을 하는 경우에는 이들을 1인의 임차인으로 보아 이들의 각 보증금을 합산한다.

(2) 우선변제권

① **요건**: 대항요건(주택의 인도＋전입신고＝익일부터)과 임대차 계약서상에 확정일자를 받으면 그날부터

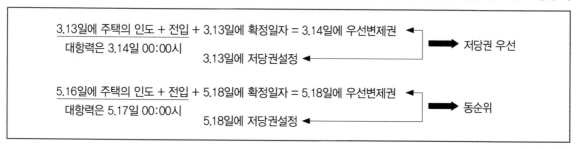

│ 핵심다지기 │

확정일자
1. **의의**: 임대차계약서상의 확정일자란 그 날짜 현재 그 문서가 존재하고 있었다는 사실을 증명하기 위하여 임대차계약서의 여백에 기부(記簿)번호를 기입하고 확정일자인을 찍어 주는 것을 말한다.
2. **확정일자부여기관**: 확정일자는 주택 소재지의 읍·면사무소, 동 주민센터 또는 시(특별시·광역시·특별자치시는 제외하고, 특별자치도는 포함한다)·군·구(자치구를 말한다)의 출장소, 지방법원 및 그 지원과 등기소 또는 「공증인법」에 따른 공증인(이하 이 조에서 "확정일자부여기관"이라 한다)이 부여한다(「주택임대차보호법」 제3조의6 제1항).
3. **확정일자부여기관의 의무**: 확정일자부여기관은 해당 주택의 소재지, 확정일자 부여일, 차임 및 보증금 등을 기재한 확정일자부를 작성해야 한다. 이 경우 전산처리정보조직을 이용할 수 있다(동법 제3조의6 제2항). 주택의 임대차에 이해관계가 있는 자는 확정일자부여기관에 해당 주택의 확정일자 부여일, 차임 및 보증금 등 정보의 제공을 요청할 수 있다. 이 경우 요청을 받은 확정일자부여기관은 정당한 사유 없이 이를 거부할 수 없다(동법 제3조의6 제3항).
4. **임대차 정보제공**: 임대차계약을 체결하려는 자는 임대인의 동의를 받아 확정일자부여기관에 정보제공을 요청할 수 있다(동법 제3조의6 제4항). 또한 확정일자를 부여받거나 정보를 제공받으려는 자는 수수료를 내야 한다(동법 제3조의6 제5항).
5. **확정일자부 기재사항 등**: 확정일자부에 적어야 할 사항, 주택의 임대차에 이해관계가 있는 자의 범위, 확정일자부여기관에 요청할 수 있는 정보의 범위 및 수수료, 그 밖에 확정일자부여사무와 정보제공 등에 필요한 사항은 대통령령 또는 대법원규칙으로 정한다(동법 제3조의6 제6항).

│ 판례 │

1. 확정일자를 받은 임대차계약서가 당사자 사이에 체결된 해당 임대차계약에 관한 것으로서 진정하게 작성된 이상, 위와 같이 임대차계약서에 임대차 목적물을 표시하면서 아파트의 명칭과 그 전유 부분의 동·호수의 기재를 누락하였다는 사유만으로 「주택임대차보호법」 제3조의2 제2항에 규정된 확정일자의 요건을 갖추지 못하였다고 볼 수는 없다(대판 1999.6.11, 99다7992).
2. 주택의 임차인이 주택의 인도와 주민등록을 마친 당일 또는 그 이전에 임대차계약증서상에 확정일자를 갖춘 경우 같은 법 제3조의2 제1항에 의한 우선변제권은 같은 법 제3조 제1항에 의한 대항력과 마찬가지로 주택의 인도와 주민등록을 마친 다음 날을 기준으로 발생한다(대판 1999.3.23, 98다46938).

---

② **효력**: 후순위 물권에 우선

│ 판례 │

임대차계약증서에 확정일자를 갖춘 경우에는 부동산담보권에 유사한 권리를 인정한다는 취지이므로, 부동산 담보권자보다 선순위의 가압류채권자가 있는 경우에 그 담보권자가 선순위의 가압류채권자와 채권액에 비례한 평등배당을 받을 수 있는 것과 마찬가지로 위 규정에 따라 우선변제권을 갖게 되는 임차보증금채권자도 선순위의 가압류채권자와 평등배당의 관계에 있게 된다(대판 1992.10.13, 92다30597).

---

③ **범위**: 무제한

◻ 최우선변제권과 우선변제권의 비교

구 분	최우선변제권	우선변제권
요 건	대항요건	대항요건 + 확정일자인
효 력	다른 담보물권자(타 권리자) 보다 우선변제	후순위 권리자 기타 채권자 보다 우선변제
범 위	소액보증금	무제한
우선변제 범위	소액보증금 중 일정액	보증금 전액
제 한	주택가격의 1/2 범위 안에서	무제한
대항요건 완비시기	경매개시결정 기입등기 전	시기에 상관 없음
법인 적용 여부	적용대상이 아님	적용대상임

(3) 임대인의 정보 제시 의무

임대차계약을 체결할 때 임대인은 다음 각 호의 사항을 임차인에게 제시하여야 한다.

> 1. 해당 주택의 확정일자 부여일, 차임 및 보증금 등 정보. 다만, 임대인이 임대차계약을 체결하기 전에 동의함으로써 이를 갈음할 수 있다.
> 2. 「국세징수법」에 따른 납세증명서 및 「지방세징수법」에 따른 납세증명서. 다만, 임대인이 임대차계약을 체결하기 전에 「국세징수법」에 따른 미납국세와 체납액의 열람 및 「지방세징수법」에 따른 미납지방세의 열람에 각각 동의함으로써 이를 갈음할 수 있다.

(4) 보증금 반환채권의 양수

① 의의: 금융기관 등이 우선변제권을 취득한 임차인의 보증금반환채권을 계약으로 양수한 경우에는 양수한 금액의 범위에서 우선변제권을 승계한다(동법 제3조의2 제7항).

② 우선변제권을 승계한 금융기관 등(이하 "금융기관 등"이라 한다)은 다음의 어느 하나에 해당하는 경우에는 우선변제권을 행사할 수 없다.

> 1. 임차인이 법 제3조 제1항·제2항 또는 제3항의 대항요건을 상실한 경우
> 2. 법 제3조의3 제5항에 따른 임차권등기가 말소된 경우
> 3. 「민법」 제621조에 따른 임대차등기가 말소된 경우

③ 금융기관 등은 우선변제권을 행사하기 위하여 임차인을 대리하거나 대위하여 임대차를 해지할 수 없다.

5 임차권등기명령

(1) 임대차가 끝난 후 보증금이 반환되지 아니한 경우 임차인은 임차주택의 소재지를 관할하는 지방법원·지방법원지원 또는 시·군법원에 임차권등기명령을 신청할 수 있다.

(2) 임차권등기명령신청을 기각하는 결정에 대하여 임차인은 항고할 수 있다.

(3) 임차권등기명령의 집행에 따른 임차권등기를 마치면 임차인은 대항력과 우선변제권을 취득한다. 다만, 임차인이 임차권등기이전에 이미 대항력 또는 우선변제권을 취득한 경우에는 그 대항력이나 우선변제권은 그대로 유지되며, 임차권등기 이후에는 대항요건을 상실하더라도 이미 취득한 대항력 또는 우선변제권을 상실하지 아니한다.

(4) 임차권등기명령의 집행에 따른 임차권등기가 끝난 주택(임대차의 목적이 주택의 일부분인 경우에는 해당 부분에 한한다)을 그 이후에 임차한 임차인은 선순위 물권에 우선하는 우선변제를 받을 권리가 없다.

(5) 임차권등기의 촉탁, 등기관의 임차권등기 기입 등 임차권등기명령의 시행에 관하여 필요한 사항은 대법원규칙으로 정한다.

(6) 임차인은 임차권등기명령의 신청과 그에 따른 임차권등기와 관련하여 든 비용을 임대인에게 청구할 수 있다.

▌판례▐

「주택임대차보호법」 제3조의3 규정에 의한 임차권등기는 이미 임대차계약이 종료하였음에도 임대인이 그 보증금을 반환하지 않는 상태에서 경료되게 되므로, 이미 사실상 이행지체에 빠진 임대인의 임대차보증금의 반환의무와 그에 대응하는 임차인의 권리를 보전하기 위하여 새로이 경료하는 임차권등기에 대한 임차인의 말소의무를 동시이행관계에 있는 것으로 해석할 것은 아니고, 특히 위 임차권등기는 임차인으로 하여금 기왕의 대항력이나 우선변제권을 유지하도록 해 주는 담보적 기능만을 주목적으로 하는 점 등에 비추어 볼 때, 임대인의 임대차보증금의 반환의무가 임차인의 임차권등기 말소의무보다 먼저 이행되어야 할 의무이다(대판 2005.6.9, 2005다4529).

---

6 경매에 의한 임차권의 소멸

임차권은 임차주택에 대하여 민사집행법에 따른 경매가 행하여진 경우에는 그 임차주택의 경락에 따라 소멸한다. 다만, 보증금이 모두 변제되지 아니한 대항력이 있는 임차권은 그러하지 아니하다.

☝ 경매와 임차권

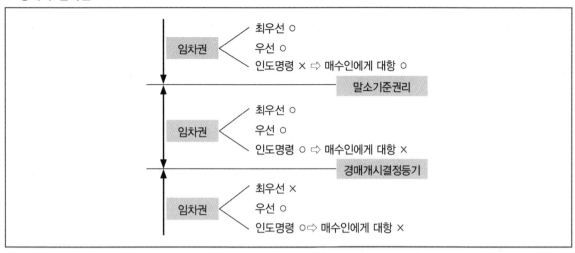

제3절 **상가건물 임대차보호법**

1 적용범위

사업자 등록의 대상이 되는 영업용 건물의 임대차에 대해서만 적용되며, 아래 표에 의한 보증금액 이하의 임대차에만 적용된다.

▷「상가건물 임대차보호법」 보호대상 보증금액

구 분	법적용대상 보증금액
서울특별시	9억원 이하
「수도권정비계획법」에 따른 과밀억제권역(서울특별시는 제외) 및 부산광역시	6억 9천만원 이하
광역시(「수도권정비계획법」에 따른 과밀억제권역에 포함된 지역과 군지역, 부산광역시는 제외한다), 세종특별자치시, 파주시, 화성시, 안산시, 용인시, 김포시 및 광주시	5억 4천만원 이하
그 밖의 지역	3억 7천만원 이하

❋참고 보증금액을 산정함에 있어 보증금의 월차임이 있는 경우에는 월차임에 100을 곱한 금액을 보증금에 합산한다.
❋참고 임차인의 대항력, 계약갱신요구권, 권리금회수기회 보호는 「상가건물 임대차보호법」의 보호대상이 되는 보증금액을 초과하는 임대차에 대하여도 적용된다.

2 대항력(인도 + 사업자등록)

상가건물임차인이 건물의 인도와 부가가치세법 등의 규정에 의한 관할세무서장에게 사업자 등록을 한 때에는 익일(다음 날 오전 0시)부터 제3자에게 대항할 수 있다.

③ 우선변제권(대항요건 + 확정일자)

대항요건을 갖추고 임대차계약서상의 확정일자(관할세무서장에게 받음)를 받은 임차인은 「민사집행법」에 의한 경매 또는 「국세징수법」에 의한 공매시 임차건물(임대인 소유 대지 포함)의 환가대금에서 후순위권리자 그 밖의 채권자보다 우선하여 보증금을 변제받을 권리가 있다.

④ 최우선변제(대항요건 + 소액보증금)

상가임대차의 소액임차인은 임차건물의 경매신청등기 전에 대항요건을 갖추었다면 경매·공매시 낙찰대금으로부터 보증금 중 일정액에 대해 최우선변제를 받을 수 있다.

🏳 **보증금 중 일정액의 범위와 최우선 변제금액**

구 분	소액임차보증금액	최우선 변제금액
서울특별시	(환산보증금) 6,500만원 이하	2,200만원까지
「수도권정비계획법」에 따른 과밀억제권역 (서울특별시는 제외한다)	(환산보증금) 5,500만원 이하	1,900만원까지
광역시(과밀억제권역과 군지역은 제외한다), 안산시, 용인시, 김포시 및 광주시	(환산보증금) 3,800만원 이하	1,300만원까지
그 밖의 지역	(환산보증금) 3,000만원 이하	1,000만원까지

※ 참고 최우선변제대상 소액보증금 중 일정액의 합계가 낙찰대금의 1/2을 초과하는 경우에는 1/2에 해당하는 금액의 한도 내에서 최우선변제가 인정된다.

🏹 **환산보증금에 따른 적용범위**

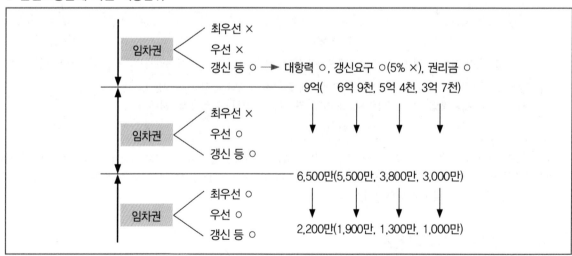

5 계약갱신요구 등

(1) 계약갱신요구권

임차인은 최초의 임대차기간을 포함한 전체 임대차기간이 10년을 초과하지 않는 범위 내에서 갱신을 요구할 수 있으며, 계약갱신 요구에 대하여 임대인은 정당한 사유 없이 이를 거절하지 못한다. 임대인의 동의를 얻어 임대차계약을 체결한 경우에 전차인은 임차인의 계약갱신요구권 행사기간 범위 내에서 임차인을 대위하여 임대인에게 계약갱신요구권을 행사할 수 있다.

> **판례**
>
> 「상가건물 임대차보호법」 제10조 제2항은 '임차인의 계약갱신요구권은 최초의 임대차기간을 포함한 전체 임대차기간이 10년을 초과하지 않는 범위 내에서만 행사할 수 있다'라고 규정하고 있는바, 위 법률규정의 문언 및 임차인의 계약갱신요구권을 전체 임대차기간 10년의 범위 내에서 인정하게 된 입법 취지에 비추어 볼 때 '최초의 임대차기간'이라 함은 위 법 시행 이후에 체결된 임대차계약에 있어서나 위 법 시행 이전에 체결되었다가 위 법 시행 이후에 갱신된 임대차계약에 있어서 모두 해당 상가건물에 관하여 최초로 체결된 임대차계약의 기간을 의미한다고 할 것이다(대판 2006.3.23, 2005다74320).

(2) 계약갱신거절

임대인은 아래와 같은 정당한 사유에 해당하는 경우에는 계약갱신을 거절할 수 있다.

① 임차인이 3기의 차임액에 해당하는 금액에 이르도록 차임을 연체한 사실이 있는 경우

② 임차인이 거짓이나 그 밖의 부정한 방법으로 임차한 경우

③ 서로 합의하여 임대인이 임차인에게 상당한 보상을 제공한 경우

④ 임차인이 임대인의 동의 없이 목적 건물의 전부 또는 일부를 전대한 경우

⑤ 임차인이 임차한 건물의 전부 또는 일부를 고의 또는 중대한 과실로 파손한 경우

⑥ 임차한 건물의 전부 또는 일부가 멸실되어 임대차의 목적을 달성하지 못할 경우

⑦ 임대인이 다음의 어느 하나에 해당하는 사유로 목적 건물의 전부 또는 대부분을 철거하거나 재건축하기 위하여 목적 건물의 점유를 회복할 필요가 있는 경우

> ㉠ 임대차계약 체결 당시 공사시기 및 소요기간 등을 포함한 철거 또는 재건축 계획을 임차인에게 구체적으로 고지하고 그 계획에 따르는 경우
> ㉡ 건물이 노후·훼손 또는 일부 멸실되는 등 안전사고의 우려가 있는 경우
> ㉢ 다른 법령에 따라 철거 또는 재건축이 이루어지는 경우

⑧ 그 밖에 임차인이 임차인으로서의 의무를 현저히 위반하거나 임대차를 계속하기 어려운 중대한 사유가 있는 경우

⑶ 갱신된 임대차의 조건 등

갱신되는 임대차는 전 임대차와 동일한 조건으로 다시 계약된 것으로 본다. 다만 임대인 및 임차인은 차임과 보증금에 대해 증감액을 청구할 수 있으며, 차임 또는 보증금의 증액청구는 청구 당시의 차임 또는 보증금의 100분의 5의 금액을 초과하지 못한다. 이는 경제사정의 변동 등으로 인한 차임 등의 증액청구에도 또한 같다.

> **판례**
>
> 1. 사업자등록신청서에 첨부한 임대차계약서상의 임대차목적물 소재지가 해당 상가건물에 대한 등기부상의 표시와 불일치하는 경우에는 특별한 사정이 없는 한 그 사업자등록은 제3자에 대한 관계에서 유효한 임대차의 공시방법이 될 수 없다. 또한 위 각 법령의 위 각 규정에 의하면, 사업자가 상가건물의 일부분을 임차하는 경우에는 사업자등록신청서에 해당 부분의 도면을 첨부하여야 하고, 이해관계인은 임대차의 목적이 건물의 일부분인 경우 그 부분 도면의 열람 또는 제공을 요청할 수 있도록 하고 있으므로, 건물의 일부분을 임차한 경우 그 사업자등록이 제3자에 대한 관계에서 유효한 임대차의 공시방법이 되기 위해서는 사업자등록신청시 그 임차 부분을 표시한 도면을 첨부해야 한다(대판 2008.9.25, 2008다44238).
> 2. 상가건물의 임차인이 임대차보증금 반환채권에 대하여 「상가건물 임대차보호법」상 대항력 또는 우선변제권을 가지기 위한 요건 및 사업자등록을 마친 사업자가 폐업신고를 한 후에 다시 같은 상호 및 등록번호로 사업자등록을 한 경우, 「상가건물 임대차보호법」상의 대항력 및 우선변제권이 소멸된다(대판 2006.10.13, 2006다56299).
> 3. 「부가가치세법」 제5조 제4항, 제5항의 규정 취지에 비추어 보면, 상가건물을 임차하고 사업자등록을 마친 사업자가 임차 건물의 전대차 등으로 해당 사업을 개시하지 않거나 사실상 폐업한 경우에는 그 사업자등록은 「부가가치세법」 및 「상가건물 임대차보호법」이 상가임대차의 공시방법으로 요구하는 적법한 사업자등록이라고 볼 수 없고, 이 경우 임차인이 상가건물 임대차보호법상의 대항력 및 우선변제권을 유지하기 위해서는 건물을 직접 점유하면서 사업을 운영하는 전차인이 그 명의로 사업자등록을 해야 한다(대판 2006.1.13, 2005다64002).

6 상가권리금 보호

✦ 권리금 회수기회 보호

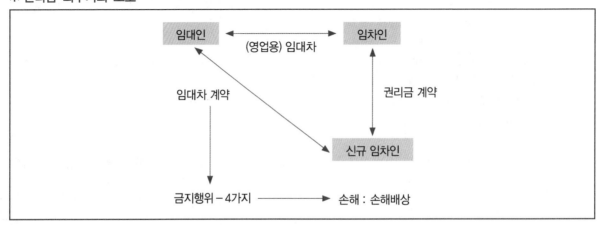

(1) 권리금의 정의

① 권리금이란 임대차 목적물인 상가건물에서 영업을 하는 자 또는 영업을 하려는 자가 영업시설·비품, 거래처, 신용, 영업상의 노하우, 상가건물의 위치에 따른 영업상의 이점 등 유형·무형의 재산적 가치의 양도 또는 이용대가로서 임대인, 임차인에게 보증금과 차임 이외에 지급하는 금전 등의 대가를 말한다.

② 권리금 계약이란 신규임차인이 되려는 자가 임차인에게 권리금을 지급하기로 하는 계약을 말한다.

(2) 권리금 회수기회 보호 등

① **권리금 회수기회 보호** : 임대인은 임대차기간이 끝나기 6개월 전부터 임대차 종료시까지 다음의 어느 하나에 해당하는 행위를 함으로써 권리금 계약에 따라 임차인이 주선한 신규임차인이 되려는 자로부터 권리금을 지급받는 것을 방해하여서는 아니 된다.

   ㉠ 임차인이 주선한 신규임차인이 되려는 자에게 권리금을 요구하거나 임차인이 주선한 신규임차인이 되려는 자로부터 권리금을 수수하는 행위

   ㉡ 임차인이 주선한 신규임차인이 되려는 자로 하여금 임차인에게 권리금을 지급하지 못하게 하는 행위

   ㉢ 임차인이 주선한 신규임차인이 되려는 자에게 상가건물에 관한 조세, 공과금, 주변 상가건물의 차임 및 보증금, 그 밖의 부담에 따른 금액에 비추어 현저히 고액의 차임과 보증금을 요구하는 행위

   ㉣ 그 밖에 정당한 사유 없이 임대인이 임차인이 주선한 신규임차인이 되려는 자와 임대차계약의 체결을 거절하는 행위

② **권리금 회수기회 보호의 예외**

   ㉠ 임대인이 계약갱신을 거절할 수 있는 어느 하나에 해당하는 사유가 있는 경우에는 권리금 회수기회 보호가 적용되지 아니한다.

   ㉡ 다음의 어느 하나에 해당하는 경우에는 임대인이 임차인이 주선한 신규임차인이 되려는 자와 임대차계약의 체결을 거절할 수 있다.

   > ⓐ 임차인이 주선한 신규임차인이 되려는 자가 보증금 또는 차임을 지급할 자력이 없는 경우
   > ⓑ 임차인이 주선한 신규임차인이 되려는 자가 임차인으로서의 의무를 위반할 우려가 있거나 그 밖에 임대차를 유지하기 어려운 상당한 사유가 있는 경우
   > ⓒ 임대차 목적물인 상가건물을 1년 6개월 이상 영리목적으로 사용하지 아니한 경우
   > ⓓ 임대인이 선택한 신규임차인이 임차인과 권리금 계약을 체결하고 그 권리금을 지급한 경우

ⓒ 권리금 적용 제외 : 다음의 어느 하나에 해당하는 상가건물 임대차의 경우에는 적용하지 아니한다.

> ⓐ 임대차 목적물인 상가건물이 「유통산업발전법」 제2조에 따른 대규모점포 또는 준대규모점포의 일부인 경우(다만, 「전통시장 및 상점가 육성을 위한 특별법」 제2조 제1호에 따른 전통시장은 제외한다)
> ⓑ 임대차 목적물인 상가건물이 「국유재산법」에 따른 국유재산 또는 「공유재산 및 물품관리법」에 따른 공유재산인 경우

(3) 손해배상

임대인이 임차인의 권리금 회수기회 보호에 위반하여 임차인에게 손해를 발생하게 한 때에는 그 손해를 배상할 책임이 있다.

① **손해배상액** : 손해배상액은 신규임차인이 임차인에게 지급하기로 한 권리금과 임대차 종료 당시의 권리금 중 낮은 금액을 넘지 못한다.

② **손해배상의 시효** : 임대인에게 손해배상을 청구할 권리는 임대차가 종료한 날부터 3년 이내에 행사하지 아니하면 시효의 완성으로 소멸한다.

③ **정보제공** : 임차인은 임대인에게 임차인이 주선한 신규임차인이 되려는 자의 보증금 및 차임을 지급할 자력 또는 그 밖에 임차인으로서의 의무를 이행할 의사 및 능력에 관하여 자신이 알고 있는 정보를 제공해야 한다.

(4) 표준계약서 등

① **표준권리금계약서의 작성 등** : 국토교통부장관은 법무부장관과 협의를 거쳐 임차인과 신규임차인이 되려는 자의 권리금 계약 체결을 위한 표준권리금계약서를 정하여 그 사용을 권장할 수 있다.

② **권리금 평가기준의 고시** : 국토교통부장관은 권리금에 대한 감정평가의 절차와 방법 등에 관한 기준을 고시할 수 있다.

③ **차임연체와 해지** : 임차인의 차임연체액이 3기의 차임액에 달하는 때에는 임대인은 계약을 해지할 수 있다.

④ **표준계약서의 작성 등** : 법무부장관은 국토교통부장관과 협의를 거쳐 보증금, 차임액, 임대차기간, 수선비 분담 등의 내용이 기재된 상가건물임대차표준계약서를 정하여 그 사용을 권장할 수 있다.

▷ 「주택임대차보호법」과 「상가건물 임대차보호법」의 차이점

구 분	「주택임대차보호법」	「상가건물 임대차보호법」
적용범위	주거용 건물의 전부 또는 일부의 임대차에 적용	영업용 상가건물의 임대차에 적용
	보증금 규모에 관계없이 주택이면 적용	일정 보증금액 이하의 상가임대차에 적용 단, 예외 있음
	중소기업, 한국토지주택공사 등 일부 법인만 적용	사업자 등록한 법인 모두 적용이 원칙
임대차 기간	2년이 원칙. 단, 2년 미만으로 약정한 경우에 임차인은 주장가능	1년이 원칙. 단, 1년 미만으로 약정한 경우에 임차인은 주장가능
대항력	주택의 인도 + 주민등록 = 익일(0시)	건물의 인도 + 사업자등록신청 = 익일(0시)
임대차위원회	법무부에 둔다.	없음
보증금보장 (최우선 변제권)	주택가액의 1/2 범위 내에서	상가건물가액의 1/2 범위 내에서
	1. 서울특별시: 1억 6천 500만원 이하 중 5,500만원	1. 서울특별시: 6,500만원 이하 중 2,200만원
	2. 과밀억제권역(서울시 제외), 세종특별자치시, 용인시, 화성시 및 김포시: 1억 4천 500만원 이하 중 4,800만원	2. 과밀억제권역(서울시 제외): 5,500만원 이하 중 1,900만원
	3. 광역시(과밀억제권역에 포함된 지역과 군지역 제외), 안산시, 광주시, 파주시, 이천시 및 평택시: 8,500만원 이하 중 2,800만원	3. 광역시(과밀억제권역과 군지역 제외), 안산시, 용인시, 김포시, 광주시: 3,800만원 이하 중 1,300만원
	4. 기타 지역: 7,500만원 이하 중 2,500만원	4. 기타 지역: 3,000만원 이하 중 1,000만원
보증금보장 (우선변제권)	대항요건과 확정일자(동사무소, 법원등기소, 공증인사무소)	대항요건과 확정일자(관할 세무서)
계약갱신요구	인정(1회에 한하여)	인정(10년까지)
묵시적 갱신	• 임대인이 기간만료 전 6월부터 2월까지 • 임차인이 기간만료 전 2월까지	• 임대인이 기간만료 전 6월부터 1월까지 • 상가임차인에 관해서는 규정 없음
증감청구권	사정변경에 따라 당사자는 장래에 대하여 그 증감을 청구가능 ⇨ 20분의 1	사정변경에 따라 당사자는 장래에 대하여 그 증감을 청구가능 ⇨ 100분의 5
분쟁조정 위원회 설치	• 대한법률구조공단의 지부에 둔다. • 특별시·광역시·특별자치시·도 및 특별자치도에 분쟁조정위원회를 둘 수 있다.	• 대한법률구조공단의 지부에 둔다. • 특별시·광역시·특별자치시·도 및 특별자치도에 분쟁조정위원회를 둘 수 있다.

Chapter 03 매수신청대리인 등록과 경매

제1절 매수신청대리인 등록규칙

1 총 설

(1) 규칙의 목적

이 규칙은 「공인중개사법」(이하 "법"이라 한다)이 대법원규칙에 위임한 개업공인중개사의 매수신청대리인 등록 및 감독에 관한 사항과 그 시행에 관하여 필요한 사항을 규정함을 목적으로 한다.

(2) 매수신청대리권의 범위

법원에 매수신청대리인으로 등록된 개업공인중개사가 매수신청대리인의 위임을 받은 경우 다음의 행위를 할 수 있다.

① 매수신청 보증의 제공

② 입찰표의 작성 및 제출

③ 차순위매수신고

④ 매수신청의 보증을 돌려 줄 것을 신청하는 행위

⑤ 공유자의 우선매수신고

⑥ 구 「임대주택법」에 따른 임차인의 임대주택 우선매수신고

⑦ 공유자 또는 임대주택 임차인의 우선매수신고에 따라 차순위매수신고인으로 보게 되는 경우 그 차순위매수신고인의 지위를 포기하는 행위

(3) 매수신청대리인의 대상물

① 토지

② 건물 그 밖의 토지의 정착물

③ 「입목에 관한 법률」에 따른 입목

④ 「공장 및 광업재단저당법」에 따른 공장재단 및 광업재단

₽ 공인중개사법령과 매수신청대리인 등록규칙의 비교

근거법령		공인중개사법령	매수신청대리인 등록규칙
과 정		자격취득 ⇨ 실무교육 ⇨ 개설등록 ⇨ 실무교육 ⇨ 대리인등록	
등록	등록관청	시 · 군 · 구청장	지방법원장
	등록신청자	공인중개사 법인	공인중개사인 개업공인중개사 법인인 개업공인중개사
	등록기준	업무보증설정 ×	업무보증설정 ○
	등록신청시	보증설정증명서면 ×	보증설정증명서면 ○
	등록통보	7일 이내	14일 이내
실무 교육	실시권자	시 · 도지사	법원행정처장이 지정하는 기관
	대상자	개업공인중개사, 법인의 사원 · 임원, (분)책 임자가 되고자 하는 자, 소속공인중개사	공인중개사인 개업공인중개사 법인인 개업공인중개사(대표자만)
	교육시간	28시간 이상 32시간 이하	32시간 이상 44시간 이하
	위 탁	학교, 협회, 공기업 또는 준정부기관	학교, 협회
확인 설명	설명사항	경제적 가치 ×	경제적 가치 ○
	설명서 보관	3년	5년
협회	감독권자	국토교통부장관	법원행정처장
	시 · 도지부	국토교통부장관	지방법원장
업무 정지	기 간	6월 이하	1월 이상 2년 이하
	출입문 표시	표시 ×	표시 ○
보수 지급시기		약정이 없을시는 거래대금지급이 완료된 날	약정이 없을시는 매각대금의 지급기한일

② 매수신청 대리행위

(1) 대리행위의 방식

개업공인중개사는 대리행위(매수신청 보증의 제공, 입찰표의 작성 및 제출, 차순위매수신고, 매수신청의 보증을 돌려 줄 것을 신청하는 행위, 공유자의 우선매수신고, 「임대주택법」 규정에 따른 임차인의 임대주택 우선매수신고, 우선매수신고에 따른 차순위매수신고인의 지위를 포기하는 행위)를 함에 있어서 매각장소 또는 집행법원에 직접 출석해야 한다. 개업공인중개사는 대리행위를 하는 경우 각 대리행위마다 대리권을 증명하는 문서를 제출해야 한다. 다만 같은 날 같은 장소에서 대리행위를 동시에 하는 경우에는 하나의 서면으로 갈음할 수 있다.

(2) 제출서류

대리권을 증명하는 문서라 함은 본인의 인감증명서가 첨부된 위임장과 대리인등록증 사본을 말한다. 법인인 개업공인중개사의 경우에는 위임장과 대리인등록증 사본 이외에 대표자의 자격을 증명하는 문서를 제출해야 한다.

대리권을 증명하는 문서는 매사건마다 제출해야 한다. 다만, 개별매각의 경우에는 매 물건번호마다 제출해야 한다.

(3) 위임장 기재사항

위임장에는 사건번호, 개별매각의 경우 물건번호, 대리인의 성명과 주소, 위임내용, 위임인의 성명과 주소를 기재하고, 위임인의 인감도장을 날인해야 한다.

③ 협회 및 개업공인중개사 등의 감독

(1) 법원행정처장

① 법원행정처장은 매수신청대리업무에 관하여 협회를 감독한다.

② 법원행정처장은 협회로부터 보고받은 내용 중 행정처분이 필요한 사항을 관할 지방법원장에게 통지한다.

(2) 지방법원장

① 지방법원장은 매수신청대리업무에 관하여 관할 안에 있는 협회의 시 · 도지부와 매수신청대리인 등록을 한 개업공인중개사를 감독한다.

② 지방법원장은 매수신청대리업무에 대한 감독의 사무를 지원장과 협회의 시 · 도지부에 위탁할 수 있고, 이를 위탁받은 지원장과 협회의 시 · 도지부는 그 실시결과를 지체 없이 지방법원장에게 보고해야 한다.

(3) 협 회

협회는 등록관청으로부터 중개사무소의 개설등록, 휴업 · 폐업의 신고, 자격의 취소, 자격의 정지, 등록의 취소, 업무의 정지 등에 관한 사항을 통보받은 후 10일 이내에 법원행정처장에게 통지해야 한다.

제2절 **경매 · 공매**

1 경매 · 공매의 종류

(1) 임의경매

담보권(저당권, 전세권 등)의 실행을 위한 경매이다.

(2) 강제경매

강제경매란 집행력이 있는 집행권원을 가진 채권자의 신청에 따라 집행권원에 표시된 이행청구권을 실현하기 위하여 법원이 채무자의 소유재산을 압류 · 환가한 금액으로 부동산을 매각하는 강제환가절차를 말한다.

> ※참고 집행권원 : 확정된 이행판결, 가집행선고부 판결, 확정된 지급명령, 각종 조서(화해조서, 청구인락조서 등), 공증된 금전채권문서(채무자가 강제집행을 승낙한 취지의 기재가 있는 것) 등을 말한다.

(3) 공 매

① **수탁 부동산 공매** : 금융기관이 법원경매에서 담보물을 경락받아 취득한 비업무용 부동산으로서 한국자산관리공사가 매각을 의뢰받아 일반인에게 매각하는 공매이다.

② **고정자산 공매** : 부실 금융기관의 업무용 또는 비업무용 부동산을 한국자산관리공사가 매수하여 일반인에게 다시 매각하는 공매이다.

③ **압류부동산 공매** : 「국세징수법」 등에 근거하여 국가기관 등이 체납자의 재산을 압류한 후에 한국자산관리공사에 위임하여 이루어지는 공매이다.

구 분	법원경매	압류부동산 공매	수탁부동산 공매
권리분석의 위험성	크다	크다	적다
명도책임	매수자	매수자	금융기관
대금납부	일시납	일시납	분납가능
소유권취득	대금완납	대금완납	등기
유찰시 저감율	20%씩	통상 10%	통상 10%
낙찰가격	비교적 저렴	비교적 비쌈	비교적 비쌈
토지거래허가	면제	면제	받음, 단 3회 이상 유찰시 면제
농지취득자격증명	받음	받음	받음

2 경매절차

♠ 경매절차의 개요

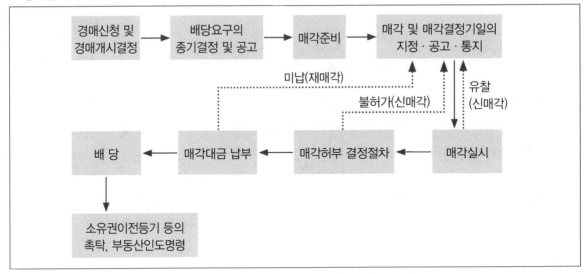

(1) **배당요구의 종기결정 및 공고**: 배당요구의 종기는 첫 매각기일 전

   ① **배당요구를 해야만 배당을 받을 수 있는 채권자**: 등기부에 나타나지 않는 채권자

   ② **배당요구를 하지 않아도 배당을 받을 수 있는 채권자**: 등기부상 권리자

(2) **매각방법**: 호가, 기일, 기간입찰

(3) **입찰보증금**: 최저매각가격의 10%

(4) **항고제도**: 매각허부에 항고하려는 사람은 매각대금의 10%의 보증금 제출

   ① **소유자나 채무자의 항고기각**: 항고보증금 미반환

   ② **소유자나 채무자 외(낙찰자 등)의 항고기각**: 이자를 공제하고 반환

(5) **매각대금 납부**: 즉시 소유권취득

(6) **인도명령신청**: 매각대금 완납 후 6월 이내에 신청

(7) **신매각**

   ① **유찰**: 저감률 적용 20~30%

   ② **불허가**: 저감률 미적용, 입찰보증금 반환

(8) **재매각**: 매각대금 미납 ⇨ 입찰보증금 미반환, 저감률 미적용

⑼ **차순위 매수신고**

최고 매수신고가격에서 입찰보증금을 뺀 금액을 넘는 가격으로 입찰한 사람에 대하여 차순위매수신고를 할 수 있다.

⑽ **공유자 우선매수신고제도**

공유자는 최고매수신고가격과 동일한 가격으로 공유지분을 우선매수하겠다는 신고를 할 수 있는데 이를 공유자 우선매수신고제도라고 한다.

③ 권리분석

⑴ **기준권리**

최선순위 (근)저당권, 담보가등기, 압류, 가압류, 배당요구를 한 건물전체에 대한 전세권 등이다.

⑵ **삭제주의**

최선순위 기준권리보다 후에 설정된 모든 권리는 누가 매각을 신청했는지를 불문하고 소멸되는 것이 원칙이다. 소멸되는 권리는 경락대금에서 권리의 순위에 따라 배당을 받는다.

⑶ **인수주의**

① 최선순위 기준권리보다 먼저 설정된 용익물권이나 청구권보존의 가등기 등은 경락인에게 인수된다.

② 기준권리가 없는 경우에는 매각개시결정등기보다 빠른 용익물권 등은 경락인에게 인수된다.

③ 유치권, 예고등기, 법정지상권 등은 순위에 관계없이 경락인에게 인수되는 것이 원칙이다.

⌐ **소멸되는 권리와 인수되는 권리**

	항상 소멸되는 권리	저당권, 근저당권, 압류, 가압류, 담보가등기, 경매개시결정등기 등
	항상 인수되는 권리	유치권, 법정지상권, 분묘기지권 등
(시간)소멸·인수되는 권리	기준권리에 대항 ○ ⇨ 인수	지상권, 지역권, 전세권, 본래의 가등기, 가처분, 등기된 임차권 등
	기준권리에 대항 × ⇨ 소멸	

※참고 말소기준권리 ⇨ 최선순위 (근)저당권, 담보가등기, 압류, 가압류, 배당요구를 한 건물전체에 대한 전세권 등

⑷ **배당순서**

① **원 칙**

㉠ 물권은 채권에 우선한다.

㉡ 특별법은 일반법에 우선한다.

㉢ 물권 상호간에는 먼저 성립된 물권이 우선한다.

㉣ 채권 상호간에는 평등하다(채권자 평등의 원칙).

② 순 서

⊙ 제1순위 : 주택임차권의 소액보증금 중 일정액, 최종 3월분의 임금채권, 최종 3년간의 퇴직금, 재해보상금

ⓛ 제2순위 : 해당세, 매각물에 부과된 국세(상속세, 증여세 등), 지방세(등록세, 취득세 등)와 그 가산금

ⓒ 제3순위 : 제2순위 이외의 국세 및 지방세, 확정일자를 받은 임차보증금, 담보물권(저당권, 근저당권, 전세권, 담보가등기), 등기된 임차권

ⓔ 제4순위 : 최종 3월분의 임금채권 또는 최종 3년간의 퇴직금을 제외한 근로관계채권

ⓜ 제5순위 : 법정기일이 담보물권보다 늦은 국세, 지방세 등

ⓗ 제6순위 : 의료보험료, 산업재해보상보험료, 국민연금 등

ⓢ 제7순위 : 일반채권

4 입찰에 참여가 제한되는 자

(1) 재매각에 있어서 전 낙찰자

(2) 채무자(임의매각의 경우에 물상보증인은 참여할 수 있다)

(3) 타인의 매수신청을 방해한 자 및 그 교사자, 부당하게 담합하거나 그 밖의 매각의 적정한 실시를 방해한 자 및 그 교사자

(4) 집행법원을 구성하는 법관 · 담임사무관, 입찰부동산을 평가한 감정인 및 그 친족, 집행관 또는 그 친족은 그 집행관 또는 다른 집행관이 매각하는 물건에 관하여 입찰에 참여할 수 없다.

(5) 매각 관련된 죄로 유죄판결을 받고 그 판결확정일부터 2년이 경과하지 아니한 자

(6) 제한능력자, 단 미성년자와 피한정후견인은 법정대리인의 동의가 있으면 가능하고, 제한능력자가 단독으로 입찰에 참여한 경우에는 낙찰허부결정시까지 추완하면 가능하다.

| 부록 | 숫자정리 종합 |

구 분	내 용
법령상 7일	① 중개사무소 개설등록의 신청을 받은 등록관청은 개업공인중개사의 종별에 따라 구분하여 개설등록을 하고, 개설등록 신청을 받은 날부터 **7일** 이내에 등록신청인에게 서면으로 통지해야 한다. ② 전속중개계약을 체결한 개업공인중개사는 **7일** 이내에 중개대상물을 부동산거래정보망 등에 공개해야 한다. ③ 등록한 인장을 변경한 경우에는 개업공인중개사 및 소속공인중개사는 변경일부터 **7일** 이내에 그 변경된 인장을 등록관청에 등록해야 한다. ④ 공인중개사자격증을 반납하려는 자는 자격취소처분을 받은 날부터 **7일** 이내에 그 공인중개사자격증을 교부한 시·도지사에게 공인중개사자격증을 반납해야 한다. ⑤ 중개사무소등록증을 반납하려는 자는 등록취소처분을 받은 날부터 **7일** 이내에 등록관청에 그 중개사무소등록증을 반납해야 한다. ⑥ 중개사무소의 개설등록이 취소된 경우로서 법인인 개업공인중개사가 해산한 경우에는 그 법인의 대표자이었던 자가 등록취소처분을 받은 날부터 **7일** 이내에 등록관청에 중개사무소등록증을 반납해야 한다. ⑦ 토지거래 허가구역의 통지를 받은 시장·군수 또는 구청장은 지체 없이 그 사실을 **7일** 이상 공고하고, 그 공고 내용을 15일간 일반이 열람할 수 있도록 해야 한다(「부동산 거래신고 등에 관한 법률」 제10조 제4항). ⑧ 매각결정기일은 매각기일로부터 **7일** 뒤, 항고기간 1주 내, 배당요구의 종기는 압류의 효력이 생긴 때부터 1주 내에 지정된다.
법령상 10일	① 개업공인중개사는 중개사무소를 이전한 때에는 이전한 날부터 **10일** 이내에 등록관청에 이전사실을 신고해야 한다. ② 시·도지사 및 등록관청은 국토교통부장관의 모니터링 결과보고서에 따른 필요한 조사 및 조치를 요구 받으면 신속하게 조사 및 조치를 완료하고, 완료한 날부터 **10일** 이내에 그 결과를 국토교통부장관에게 통보해야 한다. ③ 부동산거래질서 교란행위 신고센터로부터 신고사항의 조사 및 조치요구를 받은 시·도지사 및 등록관청 등은 신속하게 조사 및 조치를 완료하고, 완료한 날부터 **10일** 이내에 그 결과를 신고센터에 통보해야 한다. ④ 부동산거래질서 교란행위 신고센터는 **매월 10일**까지 직전 달의 신고사항 접수 및 처리결과 등을 국토교통부장관에게 제출해야 한다. ⑤ 개업공인중개사는 소속공인중개사 또는 중개보조원과 고용관계가 종료된 경우에는 종료된 날부터 **10일** 이내에 등록관청에 신고해야 한다. ⑥ 등록관청은 매월 중개사무소의 등록·행정처분 및 신고 등에 관한 사항을 다음 달 **10일**까지 공인중개사협회에 통보해야 한다. ⑦ 국토교통부장관, 시·도지사 또는 등록관청은 부동산거래질서를 확립하고, 부동산거래사고 피해를 방지하기 위하여 부동산거래사고 예방을 위한 교육을 실시하려는 경우에는 교육일 **10일** 전까지 공고하거나 교육대상자에게 통지해야 한다.

법령상 10일	⑧ 개업공인중개사에게 과태료를 부과한 신고관청은 부과일부터 **10일** 이내에 해당 개업공인중개 사의 중개사무소(법인의 경우에는 주된 중개사무소를 말한다)를 관할하는 시장·군수 또는 구청장에 과태료 부과 사실을 통보해야 한다. ⑨ 개업공인중개사는 중개사무소를 이전한 경우, 휴·폐업을 한 경우, 공인중개사 자격이 취소된 경우 등은 **10일** 이내에 지방법원장에게 그 사실을 신고해야 한다.
15일	① 개업공인중개사는 보증보험금·공제금 또는 공탁금으로 손해배상을 한 때에는 **15일** 이내에 보증보험 또는 공제에 다시 가입하거나 공탁금 중 부족하게 된 금액을 보전해야 한다. ② 모니터링 기관은 수시 모니터링 업무를 수행한 경우에는 결과보고서를 해당 모니터링 업무를 완료한 날부터 **15일** 이내에 국토교통부장관에게 제출해야 한다. ③ 외국인 부동산 취득 등 특례에 따라 토지취득 허가 신청서를 받은 신고관청은 신청서를 받은 날부터 **15일** 이내에 허가 또는 불허가 처분을 해야 한다. ④ 토지거래허가신청서를 받은 허가관청은 지체 없이 필요한 조사를 하고 신청서를 받은 날부터 **15일 이내**에 허가·변경허가 또는 불허가 처분을 해야 한다. ⑤ 시장·군수 또는 구청장은 지체 없이 그 사실을 7일 이상 공고하고, 그 공고 내용을 **15일간 일반이 열람**할 수 있도록 해야 한다. ⑥ 선매자로 지정된 자는 그 **지정일부터 15일 이내**에 매수가격 등 선매조건을 기재한 서면을 토지소유자에게 통지하여 선매협의를 하여야 하며, **지정일부터 1월 이내**에 국토교통부령으로 정하는 바에 따라 선매협의조서를 시장·군수 또는 구청장에게 제출해야 한다(「부동산 거래신고 등에 관한 법률 시행령」 제12조 제2항).
30일	① 모니터링 기관은 **매 분기가 끝난 후 30일 이내**에 국토교통부장관에게 기본 모니터링 결과보고서를 제출해야 한다. ② 거래당사자는 부동산 거래계약을 체결한 경우 그 실제 거래가격 등 대통령령으로 정하는 사항을 거래계약의 체결일부터 **30일** 이내에 신고관청에게 공동으로 신고해야 한다. ③ **거래당사자는** 부동산거래신고를 한 후 해당 거래계약이 해제, 무효 또는 취소된 경우 해제 등이 확정된 날부터 **30일 이내**에 해당 신고관청에 **공동으로 신고해야 한다.** ④ 법인 또는 매수인이 법인 신고서 또는 자금조달·입주계획서를 부동산거래계약 신고서와 분리하여 제출하기를 희망하는 경우 법인 또는 매수인은 자금조달·입주계획서를 거래계약의 체결일부터 **30일** 이내에 별도로 제출할 수 있다. ⑤ 임대차계약 당사자는 주택(「주택임대차보호법」 제2조에 따른 주택을 말하며, 주택을 취득할 수 있는 권리를 포함한다. 이하 같다)에 대하여 대통령령으로 정하는 금액을 초과하는 임대차 계약을 체결한 경우 그 보증금 또는 차임 등 국토교통부령으로 정하는 사항을 임대차 계약의 체결일부터 **30일** 이내에 주택 소재지를 관할하는 신고관청에 공동으로 신고해야 한다. ⑥ 국토교통부장관은 지정신청을 받은 때에는 지정신청을 받은 날부터 **30일** 이내에 지정처분을 하고 지정서를 교부해야 한다. ⑦ 이행강제금 부과처분을 받은 자가 이의를 제기하려는 경우에는 부과처분을 고지받은 날부터 **30일** 이내에 해야 한다. ⑧ 개인묘지를 설치한 자는 묘지를 설치한 후 **30일** 이내에 해당 묘지를 관할하는 시장 등에게 신고해야 한다.

MEMO

제36회 공인중개사 시험대비 **전면개정판**

2025 박문각 공인중개사
신정환 필수서 2차 공인중개사법 · 중개실무

초판인쇄 | 2025. 2. 1. **초판발행** | 2025. 2. 5. **편저** | 신정환 편저
발행인 | 박 용 **발행처** | (주)박문각출판 **등록** | 2015년 4월 29일 제2019-000137호
주소 | 06654 서울시 서초구 효령로 283 서경 B/D 4층 **팩스** | (02)584-2927
전화 | 교재 주문 (02)6466-7202, 동영상문의 (02)6466-7201

저자와의
협의하에
인지생략

정가 22,000원
ISBN 979-11-7262-510-8